高校英语教学与发展研究

付 丹 ◎ 著

吉林出版集团股份有限公司

图书在版编目（CIP）数据

高校英语教学与发展研究 / 付丹著. — 长春：吉
林出版集团股份有限公司，2024.2
ISBN 978-7-5731-4652-6

Ⅰ．①高… Ⅱ．①付… Ⅲ．①英语－教学研究－高等
学校 Ⅳ．①H319.3

中国国家版本馆 CIP 数据核字（2024）第 049373 号

高校英语教学与发展研究
GAOXIAO YINGYU JIAOXUE YU FAZHAN YANJIU

著　　者　付　丹

出版策划　崔文辉

责任编辑　孙骏骅

封面设计　文　一

出　　版　吉林出版集团股份有限公司

　　　　　（长春市福祉大路 5788 号，邮政编码：130118）

发　　行　吉林出版集团译文图书经营有限公司

　　　　　（http://shop34896900.taobao.com）

电　　话　总编办：0431-81629909　营销部：0431-81629880/81629900

印　　刷　廊坊市广阳区九洲印刷厂

开　　本　787mm×1092mm　　1/16

字　　数　212 千字

印　　张　13

版　　次　2024 年 2 月第 1 版

印　　次　2024 年 2 月第 1 次印刷

书　　号　ISBN 978-7-5731-4652-6

定　　价　78.00 元

如发现印装质量问题，影响阅读，请与印刷厂联系调换。电话：0316-2803040

前　言

　　大学英语教学在几十年的发展过程中取得了巨大的成就，培养了大批具有专业水准的精通外语的复合型人才，为我国的改革开放和对外交流做出了重大贡献。随着中国经济的飞速发展，与世界各国的交流更加密切，社会对大学生英语应用能力提出了更高层次的要求。目前，我国的大学英语教学正处于一个新的起点，既要总结过去国内英语教学的成功经验，又要探索如何更好地贯彻素质教育的精神，还要探究如何同国外外语教学接轨。教育部、外语学术界及各大高校对此都高度重视，新一轮的大学英语教育教学改革也成为众多教育家和学子的共识。

　　英语作为一门贯穿于我国学校教育体系的语言学科，在跨文化交际语境下呈现出越来越重要的地位，它不仅是衡量高校综合教育水平的重要指标，同时对大学生社会适应能力、工作能力、竞争能力等也有着重大影响。使语言跟上社会发展的脚步，对教育教学资源进行高效整合，成为很多语言教育者关注的热点话题。特别是在英语课堂教学中，如何在时间和地点较为有限的课堂上对学生的英语综合能力进行提高，是一个非常重要的问题。对高校英语教育而言，"新形势"可进一步分解为新环境、新挑战和新方向，其中新环境主要指"互联网＋教育"生态环境，新挑战主要指多元文化碰撞，新方向主要指跨文化交际能力培养，一系列的新要求势必导向高校英语教学方法的革新，既要保障高校英语教育效率和质量，也要构建起英语教育理论与实践统一的新范式。

　　由于笔者水平有限，本书难免存在不妥甚至谬误之处，敬请广大学界同人与读者朋友批评指正。

目　录

第一章 高校英语教学概述

第一节 高校英语教学的理论基础

语言的发展史十分漫长，相比较来说，对语言本质进行的讨论从未间断，并且有更多的专家和学者在对语言本质进行深入的认识和探讨。本节主要从语言本质理论出发，并结合二语习得理论、语言学习理论进行具体的讨论和分析。

一、语言本质理论

（一）语言功能的理论

英国的韩礼德（M.A.K.Halliday）是功能学派的标志性人物，他主要致力于研究社会功能层面，并且他主张语言是不断变化的，语言的社会功能也会相应地对其本身产生一定的影响。这就有必要对语言的充分使用进行探究，才能将语言的全部功能及其构成意义的全部成分进行集中。下面将具体讲述韩礼德主张的语言功能分类。

1. 微观功能

韩礼德认为微观功能主要出现在儿童进行母语学习的初始阶段，并且包括了七种功能，分别为：①个人功能；②规章功能；③想象功能；④启发功能；⑤工具功能；⑥相互关系功能；⑦信息功能。

2. 宏观功能

与微观功能进行比较可以发现，宏观功能相对更加复杂、更加丰富和更加抽象。宏观功能是儿童向成人语言过渡时产生的语言功能，主要分为以下两种：

（1）实用功能

该功能指儿童在学习语言的早期，由工具、相互关系和控制三种功能所延伸出来的功能，并且是儿童把语言作为做事的方式和手段的功能。

（2）理性功能

该功能衍生于儿童学习语言早期微观功能当中的个人、启发功能，并且是儿童把学习知识和观察事物作为一种手段和途径的功能。

3.纯理功能

韩礼德主张的纯理功能对语言学派有不可忽视的影响，主要包括以下三个方面：

（1）人际功能方面

人际功能方面指的是语言所具有的表明、建立与维护社会关系方面的功能。运用这种功能，讲话的人能够在某种环境下将自己真实的想法、推断和态度进行完整表达，并在一定程度上对他人产生影响。

（2）篇章功能方面

篇章功能方面是指语言所具有的创造通顺的话语和连贯的篇章，并且十分切合题目的功能。他还认为语篇其实是具有一定功能的语言。

（3）概念功能方面

概念功能方面是指人们运用恰当的语言对自己亲身经历的事情和自身的感想进行概述的功能。也就是说，人们通过概念来对经验进行解码，从而达到对事物的表达及阐述。韩礼德还主张，每个句子都可以在一定程度上体现出上述三种功能，且通常以并存形式存在。关于语言的本质，韩礼德的观点不仅为人类提供了新的角度，有助于语言学界对语言的进一步理解和探究，也为后来产生的交际法教学流派建立了一定的理论基础。

（二）言语行为的理论

奥斯汀（Austen）建立了言语行为的相关理论。随后来自美国的塞尔（Serre）又在其基础上进行了改进，并逐渐发展出一种用来解释人类语言与交际的理论，即言语行为理论。该理论不仅促进了语言教学的发展，还为意念大纲的产生和发展提供了宝贵的理论基础。在一般的语言教学与大纲设计当中，言语行为通常被叫作"功能"或"语言功能"。下面主要介绍奥斯汀和塞尔的言语行为理论。

1.奥斯汀

奥斯汀将话语分成了两个方面：一是表述句；二是施为句。除此之外，奥斯汀还以此为基础，提出了言语行为的三分说理论。

（1）表述句

表述句是指用于描写客观事物、报道客观事件、陈述客观事实的句子。关于表述句，能够进行验证。

（2）施为句

施为句是指通过创造新事态来对世界进行改变的句子。施为句是不能进行验证的，也就没有真假值之分。

由此看来，上述两类句子最主要的区别是，前者是以言指事与以言叙事，而后者则是以言行事与以言施事。

（3）三分说理论

奥斯汀提出的三分说具体可以分为以下几个方面：

第一，以言指事的行为。该行为就是指通过对发音器官的移动，发出相应的话语，从而按照一定的规则将这些话语排列成相应的词组或句子。一般都是代表意义上的行为。

第二，以言行事的行为。该行为就是采用说话的方式来实施相应的行为或进行做事。该行为具体表明的是说话人的意图（语力）。奥斯汀把该语言行为分成了五个方面：①评价行为；②施权行为；③承诺行为；④论理行为；⑤表态行为。

第三，以言成事的行为。该行为通过言语方式的不同产生不同的效应，也就是说话所带来的一定的后果。在这里要特别表明的一点是，以言成事行为和以言取效行为都是指通过说话导致的相应结果，且不管结果怎样，都与说话人的意图没有关系。

2. 塞尔

塞尔在奥斯汀理论的基础上进行了相应的改良，并提出了相应的间接言语行为理论。下面进行具体分析。

（1）以言行事行为的分类

第一，承诺类。该分类指说话的人对未来即将发生事情的行为所进行的不同程度的保证和承诺，承诺类以言行事行为的动词 threaten、guarantee、promise、commit 等。

第二，表达类。该分类指说话的人具有的某种心理状态。表达类以言行事行为的动词有 apologize、welcome、regret、boast 等。

第三，断言类。该分类指说话的人针对某一事情所做出的判断和态度的表明。断言类以言行事行为的动词有 state、remind、inform、claim 等。

第四，宣告类。该分类指说话的人所要表明的命题的相关内容和客观现实是相同的。宣告类以言行事行为的动词有 nominate、announce、declare、resign 等。

第五，指令类。该分类指说话的人指使或者命令别人去做相应的事情。指令类以言行事行为的动词有 invite、order、advise、suggest 等。

塞尔提出的重新分类的方法由于其科学性和实用性，至今仍在运用。

（2）间接言语行为理论

间接言语行为就是指采用对另一行为的实施的方法，从而达到间接实施言语行为的目的一种行为。

塞尔还提出，把间接言语行为分为以下两类：

第一，规约性间接言语行为。该行为一般是基于对听话人的礼貌行为，并且依据说话人使用的句法形式可以推断出相应的语意。

第二，非规约性间接言语行为。该行为一般相对复杂，并且一般都要依据交际双方的共识语言信息对当下的处境等情况做出合理判断。

二、二语习得理论

（一）二语习得理论的概念

20 世纪 60 年代开始，有人研究人们获得语言能力的机制尤其是获得外语能力的机制，并结合了包括语言学和社会学等多种学科，逐渐发展成第二语言习得学科，通常简称"二语习得"。

（二）二语习得研究的流派

从 20 世纪 70 年代开始，人们便开始从不同的角度对二语习得进行探讨和研究，所对应的研究方法也是各有特色。罗德·埃利斯（Rod Ellis）就在其撰写的《第二语言习得研究》中指出，第二语言习得研究正在向多个角度进行扩展，所对应的研究理论来源及视角也是多种多样的（如心理学角度和神经语言学角度等）。20 多年以来，第二语言的相关理论正在不断产生和发展，这些都得益于多种层面和多种方法的不断研究，其中主要有以下两个方面：

1. 普遍语法理论

（1）基本内涵

乔姆斯基（Noam Chomsky）与支持乔姆斯基理论的人认为，人们所具有的普遍的语言方面的知识都是来自遗传基因的作用，因此乔姆斯基将这种来自先天的知识叫作"普遍语法"。普遍语法理论一方面强调的是先天的语言机制对语言习得产生的作用，另一方面则是强调语言中存在的共同的规律性对语言习得产生的作用。如果这种天赋不存在的话，第一语言和第二语言都将不复存在。这是因为，在进行语言习得时，语言的有关数据是不够充分的，还不足以产生习得这一行为。所以乔姆斯基主张语言在一定程度上也是说话人本身的心理活动产生的相应结果。就好像婴儿与生俱来的语言学习能力，因此在遇到语言错误时，不需要纠正。随着年龄的逐渐增加，他们会从生活中逐渐总结经验，从而进行自我纠正。有部分人在使用语言的过程中，总是习惯通过语法核对，从而保证话语的正确性，其实这就是通过学习这一行为所进行的自我监控。当这些人的语言水平随着年龄的增加而不断提高后，自我监控的使用就会相对变少。所以从本质上讲，语言并不是通过"学习"得到，是存在于人们脑中的语法原则，是生物性天赋的重要组成部分，不需要进行专门的学习，但是也不能违反其规则。

在普遍语法模式里的基本概念既包括原则，也包括参数，这二者分别对语言与语言间的共性和差异性进行了具体的讨论和解释。

第一，原则。原则就是适用于所有人类语言的高度抽象化的语法属性。

第二，参数。参数是语言间差异性的具体体现，有大于等于两个的值，因此不同语言之间的差异性可以用相应的参数值来体现。

（2）普遍语法与二语习得

普遍语法理论强调第二语言的获得过程是以语言相应的参数值为基础的，并且将第一、第二语言当中所体现的语言的规律和语言的特性与第二语言习得的过程相结合，从而对习得的现象进行具体的解释和分析。该假设想要证明第二语言来源于相对独立的语言机制，并不来源于认知系统。该假设所体现出的优点是，以最新的原因理论为基点，对二语习得进行理解和探究，同时引起相关研究者对语言迁移现象的认识和评估。然而，有不少学者对该理论还是持怀疑的态度。并且由于此理论相较于其他理论来讲较为抽象，普遍的语法理论不能够从根本上对具体的实践教学产生积极方面的引导作用，也在一定程度上影响了普遍语法理论在二语习得中的适用度。

2.语言监控理论

20世纪70年代，来自美国的克拉申（Krashen）针对二语习得提出了影响深远的语言监控理论，主要由五个假设组成。该理论的提出对传统重视语法的外语教学产生了巨大的冲击，下面进行具体分析。

（1）习得/学习的假设

在此种假设当中，克拉申以"学习"和"习得"二者之间的差别作为研究重点，将二者进行明确的分离，他认为习得是学习者下意识地获得语言的过程，而学习是学习者有意识地采用各种方式进行语言学习的过程，并且从神经语言学的层面来进行分析，学习的知识和习得的知识分别处在大脑的不同部位。

（2）自然顺序的假设

该假设主张人类对语言结构知识的相关习得都是遵循一定的自然顺序进行的。并且他认为该假设并没有要求人们依据此顺序进行教学大纲的相关制定。事实上，如果想要习得相应的语言能力，就要按照一定的语法顺序进行教学才行。

（3）监控的假设

此种假设与习得 / 学习的假设是紧密相连的，在一定程度上表现出了语言习得与学习的内在关联。区别"习得"和"学习"，二语习得就应该像幼儿习得母语一样。幼儿的语言习得从来不是有意识地被人教过，也不是有意识地学习过。他们和成年人（通常是父母）进行的大量语言交流活动，是伴随着真实情景进行的交流。他们使用语言的能力来自无数次下意识的语言交流。因此，在"教"学习者第二语言时，教师应该在教授的过程中加入幼儿的自然母语习得，并且要为二语学习创造更为多样的语言环境。比如，过去教学中采用的一些方法都强调模拟一种真实的习得语言的场景，正是这种观念的一种反映。

由此可以看出，语言习得和学习的作用各有千秋。语言习得系统实则是人体的潜意识语言知识和真正具备的语言能力。而语言学习系统则是一种有意识的语言知识，主要在第二语言运用的过程中起监控和编辑的作用，并且该监控功能既可以在语言输出之前，也可以在语言输出之后。但是，监控功能是否能充分发挥其作用还要看时间、形式和规则这三个条件。

相较于书面表达，口语表达更加注重说话的内容，而容易忽略其语法规则与形式，因此，如果在说话的过程中进行语法监控，就会在一定程度上对说话产生影响，造成说话结巴，从而影响语言交流。而书面的表达则相对较好，因为在写作过程中，作者能够通过充足的时间进行反复推敲，从而选用最佳的语法规则。

（4）输入的假设

输入的假设是克拉申语言习得研究理论的重点部分。他认为，语言习得者只有接触到了"可理解的语言输入"，也就是说接触到的第二语言输入内容稍高于习得者具有的语言水平，并且该习得者既能从形式上进行理解又能从意义和信息两个方面进行理解的时候，语言习得才能够产生。这就是至今仍非常著名的 i+1 理论。其中 i 表示习得者现有的语言水平，1 则代表了稍高于习得者水平的语言内容和材料。克拉申还认为，该公式的输入无须刻意提供，只需进行理解输入，并且达到了一定的量，输入便会自动生成。

（5）情感过滤的假设

该假设主张，有相应的可理解输入的环境≠学好目的语，二语习得还受许多情感因素的作用和影响。语言输入只有经历了情感过滤的考验才能够真正吸收。克拉申还认为，影响习得语言的情感因素包括动力、性格和情感状态在内的诸多情感因素影响。

三、语言学习理论

（一）行为主义学习理论

该理论主要来自巴甫洛夫的"条件反射"理论，受"条件反射"概念的启发和影响，人们开始从实验角度和理论角度对儿童的语言学习过程进行具体的分析和探讨。经过探究发现，儿童的语言学习过程实际上就是在不断地进行"刺激—反应"，并且在此过程中逐渐掌握了母语。该理论的主要代表人物有以下几位。

1. 华生

20 世纪初期，华生建立的行为主义学习理论，标志着这一理论的产生。华生所谓行为指可以通过一些客观方法进行直接观察的行为。他还认为，人与动物所产生的所有复杂的行为都是受一定的环境影响，并逐渐进行学习而获得的，并且有刺激与反应这一共同的因素作用。基于此，他便提出了"刺激—反应"公式。

2. 伯尔赫斯·弗雷德里克·斯金纳

斯金纳将自己的理论建立在华生之上，进行了进一步的继承和拓展，并且在《言语行为》一书中提到了一系列行为主义对言语行为系统的看法，于1957 年进行发表。该书的出版还确立了行为主义在语言教学理论中占据的主导地位。

斯金纳认为人们的一些言语或是言语的一部分都是某种刺激所产生的相应结果，而刺激又包括三个方面：一是言语刺激；二是外部刺激；三是内部刺激。通过反复刺激这一动作不仅能够强化学习的效果，还能在一定程度上教会人们使用合适的语言形式。由此可见，重复刺激在学习过程中的地位举足轻重。

行为主义学习理论在美国盛行了几十年，以至于在如今的教育机制中地位仍很突出。所以，教师能够采用一些干预活动来指导学生的行为，从而在一定程度上帮助学生掌握学习知识，发展语言的有关技能。除此之外，为学习者提供有关接触语言的材料也是行为学习理论的表现之一。

（二）认知主义学习理论

20 世纪前半叶，行为主义学习理论占据了主要地位。但是行为主义把所有思维看成"刺激—反应"，在一定程度上忽视了人的意识问题，所以越来越多的学者对其产生了意见和不满。在这样的背景之下，认知主义学习理论开始逐渐发展。它强调学习是对情境的一定领悟和认知而逐渐形成的认知结构，并且主张研究学习的内部条件和内部过程两个方面的内容。其代表性的观点主要有以下几种：

1. 顿悟说

苛勒（Kohler）是德国著名的心理学家，也是格式塔心理学的先驱。格式塔具体指的是被分离的整体或一些组织结构。该理论主张，在学习语言的过程中，要想解决一定的问题，首先就要对情境中事物之间的联系进行准确的理解，这样才能构成完形，实现语言的学习这一目标。

他还在格式塔理论的基础上提出了顿悟说，该学说主要分为以下观点。

第一，学习并不是"刺激—反应"这一活动的简单连接，而是有一定目的和主动进行了解或顿悟而逐渐组成的完形。

第二，学习并不是由不断尝试错误总结实现的，而是通过顿悟实现的。

2. 发生认识论

瑞士著名心理学家让·皮亚杰（Jean Piaget），主张以发生认识论为核心，主要研究的内容都是有关人类的认识，包括概念、语言、认识发展等多个方面。在他看来，每个人都能追溯到童年时期，甚至胚胎时期。值得研究的相关问题还有人在出生之后是怎样形成的认识和发展思维，这些思维的产生都受什么因素的影响和制约，不同年龄和水平的智力差别和思维结构等。所以皮亚杰把自己的研究重点主要放在了认知发展的阶段性方面和认知发展的机制方面。

他把无法进行探测的大脑进行活动的过程统一抽象成能够直接进行观察的心理模型，并运用一些客观方法对人类的高级认知活动和复杂认知活动进行探究，从而在一定程度上促进了人们对自身的进一步了解和认识。

3. 发现学习理论

杰罗姆·布鲁纳（Jerome Seymour Bruner）的发现学习理论观点认为，学习的本质就在于主动形成的认知结构，该结构还能够用来感知与概括新事物的一般方式。认知结构实际上是建立在一定的经验基础上，通过不断的改变，从而逐渐了解和学习新知识的内部因素和相应的基础。他将学习分成了三个过程：一是知识的获得；二是知识的转换；三是知识的评价。学习任何一门学科都要学习一系列的新知识，因此每种知识的学习都要经过知识的获得、知识的转换和知识的评价这三个过程。所以，发现学习在某种程度上来讲是最好的学习方式。

发现学习的中心是学生，前提是教师进行的一系列激发学生的学习兴趣和动机，通过引导学生进行观察活动、分析活动和归纳活动，来逐渐培养学生独立分析问题与解决问题的能力。该理论的提出是布鲁纳结合学习论和教育论做出的巨大贡献。

4.认知—同化学习理论

戴维·保罗·奥苏贝尔（David Pawl Ausubel）在总结了前人的理论之后，将学习分为了两个维度。

（1）以学习方式进行划分

按照此种划分标准，可分为以下两种类型：

第一，接受学习。接受学习指通过定论的形式将要学习的内容传授给学生。

第二，发现学习。与接受学习相比，发现学习并不是将要学习的内容直接呈现给学生，而是通过安排学生进行一系列活动，从而逐渐发现这些内容，再逐渐内化到学生的认知结构当中。

（2）以学习资料和学习者知识结构的关系进行划分

按照此种划分标准，可分为以下两种类型：

第一，机械学习。机械学习的意思是学习者并没有对所学知识进行透彻理解，而是仅仅机械地记住了部分符号的词句或是组合形式。

第二，意义学习。意义学习的意思是把符号代表的对应的新知识和学生已有的观念等相结合，建立一种非人为的、实质性的联系。

上述两种维度的结合能够对学习进行再度划分，分为四种类型：①有意义的接受学习；②有意义的发现学习；③机械的接受学习；④机械的发现学习。

奥苏贝尔还认为有意义的接受学习能够在相对较短的时间里让学生获得大量的系统知识，是进行教学的第一目标。

他还认为相对有意义的学习过程其实就是原来的观念对新观念的逐渐同化过程，且该过程主要有以下几种方式：一是总括学习，又叫作"上位学习"，意思就是在已具备的部分从属观念的基础之上总结归纳出一个总的观念或观点；二是类属学习，又叫作"下位学习"，意思就是将从属观念与总的观念进行结合，从而建立起一定的联系；三是并列结合学习，这种方式是指在学习的过程中，前面所学的知识和现在所学的新知识在某种程度上是相通的，所以，可以借助之前的知识来获得新知识的意义。

还有一点需要注意，虽然学习的意义结束了，但是同化的过程还在继续，因此在之后必须对知识进行整合和重组，这样知识才能够掌握得更加牢固。

（三）建构主义学习理论

20世纪90年代，一个新的理论在美国诞生——建构主义（Constructivism），它是对多个学科进行综合而发展起来的一个学科，所以它的理论体系很多，非常烦琐。不同的研究者有不同的学科理论，这也使得建构主义的理论不同。但是他们都认同知识不是被动接受的，而是认知主体进行积极主动建构的结果。因此这一观点也被所有的建构主义研究者叫作"建构主义的第一信条"。除此之外，建构主义研究的目的就是强调人类对认识的能动性，展现人类的认识对经验、环境以及社会的作用以及对它们的依赖作用，并且指出，知识的意义并不是一成不变的，而是随着学习环境的变化不断发生改变。建构主义所研究的相关内容对人类的教育以及对教育的研究都有很重要的指导意义，因此，建构主义在发展过程中逐渐和教育实践相结合，就构成了建构主义学习理论，并且不断为各个国家的教育改革提供思想上的指导。

1. 建构主义学习思想

建构主义的影响是非常广泛和深刻的，对它的定义很难具体化，它的思想的进化是一个曲折的过程。建构主义思想始于18世纪，学者代表就是意大利的维柯（Vico）和德国的哲学家康德（Immanuel Kant），而皮亚杰、维果斯基（Vogotsgy）被公认是现代建构主义学习理论研究的先驱。

在建构主义学习思想的研究中，有一个鼻祖式的人物，那就是苏联的心理学家维果斯基。他提出了"文化历史发展理论"。这一理论指出了学习者在认知过程中社会文化历史背景所起到的关键作用，还在其基础上发明了新的理论——最近发展区。通过上面的理论，维果斯基指出，个体的学习过程离不开特定的历史背景和社会文化，而且个体在学习的过程中，社会在这个过程中会发挥积极作用。维果斯基在前面理论的基础上将个体的发展水平分为了两种：一种是现实的，另一种是潜在的。前一种就是指个体通过自己的活动能够达到的水平，后一种就是个体不能够独立完成，通过他人的帮助完成的水平。"最近发展区"不属于这两种的任意一种，而是处于两者之间的区域。维果斯基属于位列鲁学派，他们这个学派还在前面理论的基础上对"活动"与"社会交往"和人的高级心理机能的发展之间的作用关系进行了研究。他们的研究都给建构主义理论添砖加瓦，使其更加丰满，同时也为这一理论应用于教学提供了条件。

2.建构主义学习主张

（1）建构主义知识观

第一，知识是不断发展和演化的。建构主义指出，知识并不能表现出某一问题的最终结果或是标准的答案，也不能客观地反映出现实的各种现象，只是人们对现实世界的一种"假设"或"解释"，而且在这一过程中要借助符号系统的作用。知识不是一成不变的，而是随着社会的推移也会发生改变。

第二，知识存在于主体内部。这一理论认为知识不会存在于个体的外部，而且是以实体的形式，只能存在于主体的内部。虽然人们将知识通过语言符号的形式使得知识有了其外在表现的样式，但是这并不能说明不同的学习者对相同知识的理解是一样的。因为不同的学习者之间有不同的经验和背景，而且不同的学习过程对知识的理解也会有影响。

第三，知识没有绝对，而且不存在终极真理。知识只是通过个人的经验将其进行合理化，而不能对世界的真理进行说明。知识也不能解释世界上任何活动或是任何问题的解决办法，因为知识总是个体在自己的主观意识上进行建构的。因此，在对问题进行解决时，要根据问题所处的环境进行具体分析，而不只是将知识转移过去。

第四，生存的目的就是掌握知识。掌握知识最根本的目的不是对世界中存在的真理进行研究和分析，而是为了最根本的生存问题。建构主义的知识大部分都是针对学科知识，是对学科知识的理解和认识，而且必须具备一定的用处。科学的知识等同于建构的知识，必须从一定的相关关系、兴趣以及问题立场上对其进行验证，还要对它的"生存力"和"可操作性"进行验证。如果在验证过程中，能够发现其在各种各样的语境中都存在合适的知识，并且是有用的，那么它就具有了生存力，并且会被应用。

（2）建构主义教学观

第一，教学目标。建构主义的教学目标有其侧重点，主要侧重于以下几个方面：一是在教学中，注重"理解的认知过程"和起到作用的"意义建构"，并将它们作为中心目标。建构主义强调，如果学生是一个认知者，那么他的生存和感知过程中所做的就是将建构的作用有用化。因此，在教学中，其最基础的目标就是对这种建构的过程进行认可和支持。二是在教学目标中加入专业化知识。客观真理在建构主义的认识理论中是不存在的，但这也不能说明建构主义不承认客观真理的存在，而且在教学目标中将其拒之门外，而是提倡在教学过程中，也要设计某种学科的专业知识。但是，在激进建构主义看来，学科的知识是某个科学家的论述，并且意识一致而形成的一种理论，而不是一定正确，且不存在矛盾的真理。三是将社会化和文化适应纳入教学目标的行列。社会文化共同体中的儿童或是青少年的发展都离不开社会化和文化适应，并且也成为现代教育的一种教学目标。在建构主义理论中，他们指出，社会化和文化适应能够使人们在成长这一过程产生的思维和行动和其他人有一样的地方，而要实现这种相同的地方，就要学习。

第二，教学活动。教学活动在开展的过程中要体现出一定的特点，在建构主义者看来，优秀的教学活动应体现出以下几个特点：首先，教学环境应该多样化，教学活动在这种环境中开展。这种多样化的教学环境可以使得联系多元化，能够使学习者在这一过程中将新的知识和原来所学的知识相结合，使得理解的角度更多。教学活动要是真实存在的情景和问题，学习者可以在这种环境中对新知识进行理解和建构。其次，通过开展教学活动使得教学环境更加多样化，使得学习者能够在这种学习环境中进行自我建构，并且完成经验的积累和知识的建构。如果学生在这一教学活动中主动对空间进行利用，自觉地意识到学习的时机，并且活动和发挥的空间都是自由的，那么就可以说这次的学习活动成功了。再次，能够给学生提供一个使其进行自我发挥的环境是建构主义认为的重要的事情。因此，教师不能够根据自己的意愿来组织教学活动，而是要根据学生的认知结构、观念世界以及相关经验来进行建构。建构主义教学活动具有以下显著特征：使学生之间的对话增多，不直接将问题的答案讲授给学生；教学活动实施过程中，鼓励学生对一些错误和矛盾进行论述，并对真理提出疑问。最后，整个教学过程要使学习者一直在"最近发展区"使学生的发展最大化。因此，教师在组织教学活动时，要结合学生的当前情况，并且对问题进行及时解决。

第三，教学过程。具体教学过程可以进行以下总结：学生通过教师的帮助，能够自主地对相关知识进行建构。这个过程是在学生个体的内部进行的。这个过程要依靠于学生当前所拥有的知识、态度和兴趣，并与新的经验进行结合。所以，教师在这一过程中，也要以学生当前所拥有的知识、态度和兴趣为基础，建构出的教学环境能够使得学生在教学过程中获得经验，这样学生才能够在教师的促进中，对自己当前的知识进行建构。

第四，用建构主义看待教师及其专业发展。不要将某种主义、某种教学法强加给教师，而是根据各种途径了解教师现阶段所处的真实环境、思想观念等，还要根据他们的各种要求对教师开展相关的培训工作。可以进行反思式的教学，也就是说教师在教学过程中，可以对自己的教学方法或教学过程进行记录，然后再进行相关的讨论，从而对自己在教学过程中出现的问题进行反思。

第二节　高校英语教学的构成要素

一、教师

教师是教学活动的组织者，也是影响教学效果的最重要变量之一。教师的主导作用是在与学生的交往中得以实现的。教师在教学过程中，除了要充分发挥自身的主导作用，更要注重自身素质的提高。一名合格的高校英语教师应该具备以下三个方面的基本素质：

（一）专业素养

高校英语教师专业方面的素养包括以下几个方面：

1. 综合教学能力

综合教学技能是指在英语教学中所需要的语言本身之外的教学能力，主要包括书写、唱歌、绘画、制作、表演等。较强综合教学技能要求如下：能写，即书写字迹工整规范；能唱，即能够结合学生学习的进程编写、教唱学生喜爱的英文歌曲；会画，即会画简笔画，并能运用于教学中；会制作，即能够设计制作适用于教学的各种教具，包括幻灯片、录像、电脑软件等；善表演，即能够充分利用体态语，以丰富的表情、协调的动作表达意义或情感，做到有声有色。

2. 系统的教学理论知识

系统的教学理论知识也是英语教师必须掌握的。所谓系统的教学理论知识，是指教师除了要具备教育学、心理学理论以外，还要掌握英语教学理论知识，这主要包括现代语言知识、英语习得理论知识和英语教学法知识等。

3. 较高的语言水平

较高的语言水平是一名英语教师的基础能力，主要包括扎实的语言专业知识和较高的语言技能。教师不仅要具备系统的英语语音、语法知识，还要具备较大的词汇量，同时要具有良好的听、说、读、写能力。较高的语言水平是开展教学活动的基本保障，教师只有具备较高的语言水平，才能全面地掌握教材，才能向学生传授英语语言知识，培养学生的英语语言技能。

4. 英语教学的组织能力

英语教学组织能力主要指教师动员和组织学生集体进行学习的能力。这一能力主要表现在教师有效地掌握课堂、有效地动员学生积极参加学习等方面。在有效掌握课堂方面，教师要做到以下几点：注意教材内容、自己的言语和言语表达；注意学生理解和表达的正确性，包括语音、语法、词汇及思想表达等方面的内容；注意课堂情绪和纪律；注意掌握学生的注意力。做到以上几点，教师才可以使课堂教学井然有序。要想有效动员学生积极参与学习，教师需要具有一定的创造性。教师一进课堂就会进入一种创造性的境界，思维活跃，能够很容易地自由运用知识技能，从而使学生得到感染，愿意全身心地投入教师引导的学习活动中。教师流利的英语本身就是动员学生的一种力量，教师发音要清晰、准确、流利，讲授内容要易懂、明确，还要能根据学生的语言水平来组织自己的语言，使用学生学习过的词汇和语法结构。

5. 传授和培养英语知识技能的能力

（1）教师要善于讲解

讲解是所有教师必须具备的最主要、最基本的工作能力。一名合格的教师要善于将复杂的教学内容变得通俗易懂，能够深入浅出地进行讲解。为此，教师不仅要充分了解学生的心理、生理特点以及学生的英语水平，还要认真细致地做好备课，并且要根据不同的内容选择适当的讲授方法，在讲解的过程中还要做到重点突出。

（2）教师要善于示范

英语教学既要传授知识，又要培养技能。学生语言技能的训练包括发音、书写、朗读、说话，这些都需要教师进行示范，然后学生对教师的示范进行模仿。教师要将示范和讲解相结合，用示范配合讲解，或者用讲解来突出示范中的重点，做到示范正确标准。由于示范是为了让学生进行模仿，因此还要与学生的实践相结合。

（3）教师要善于提问启发

向学生提问是英语教学的重要手段，教师要善于使用这一手段。例如，在讲授新知识之前通过提问来复习旧知识，用提问检查与复习讲授的内容。使用提问教学手段时教师要注意两点：提出的问题要适合学生的实际水平，提问要注意调动全班学生的积极性。

（4）教师要善于引导学生进行练习

语言技能的培养需要大量的语言实践，如语音练习、语法练习、口语表达练习、听力培养练习、阅读练习、写作练习等。教师要熟悉各种练习形式的作用，并在英语课堂教学中引导学生进行各种练习活动，有效培养学生的语言技能。

（5）教师要善于纠正学生言语中的错误

学生学习英语是一个逐步进步的学习过程，在这个过程中难免会出现错误。有些错误是学生可以自行改正的，教师对此类错误不必纠正。而对于有些必须纠正的错误，教师也应该有策略、有技巧地进行纠正。哪些错误需要纠正，哪些错误不需纠正，在何时纠正，如何纠正，都反映着教师的教学实践素质。

6. 较强的科研能力

以往的英语教学只要求教师具备一定的语言水平和教学水平。但是随着时代的发展，教育对教师提出了新的要求，即教师除了要具备语言水平和教学水平外，还要具备较强的教育科研意识和科研能力。

（二）师德素养

师德素养是教师最重要的素养，也是教师从事教育教学活动的动力源泉。师德决定着教师对学生的热爱、对事业的忠诚、对教学执着的追求和对人格的塑造。同时，师德还直接影响着学生的成长。因此，英语教师必须具有坚定的理想信念，科学的世界观、人生观、价值观，忠于人民的教育事业，具有爱岗敬业的奉献精神，热爱学生。教师只有自身真正懂得奉献、体现公正、具有责任感，才能言传身教。

（三）人格素养

人格素养是教师素养的综合体现。"学高为师，身正为范"概括了教师的职业特征和专业特征，同时也概括了对现代英语教师人格塑造的要求。一名优秀的英语教师应具有高尚的道德品行，令人愉快的个人性格，宽容、谦逊、好学的品质，正确的自我意识，良好的心理素质，幽默的语言表达，和谐的人际交往，端庄的仪表风度，崇高的审美素质，积极耐心的工作态度以及丰富的知识经验等。这些方面并不是孤立的，而是相互联系、相互影响的。

二、学生

学生是英语课堂教学的主体和中心。每个学生都是独特的个体，他们之间存在着各种差异，这些差异尤其体现在语言潜能、认知风格、学习动机、学习态度以及自身性格等方面，而且这些差异使他们理解和掌握新知识的速度和程度不尽相同。这里重点分析一下学生在各方面存在的差异。

（一）语言潜能差异

语言潜能是学习英语所需要的认知素质，或是学习英语的能力倾向。努力提高学生英语素质就是要培养学生的综合语言运用能力，而语言潜能正是就学生的认知素质来预测其学习英语的潜在能力。卡洛尔（Carroll）提出外语学习能力应包括以下几种：

第一，语音编码、解码能力，即关于输入处理的能力。

第二，归纳性语言学习能力，它是有关语言材料的组织和操作能力。

第三，语法敏感性，它是从语言材料中推断语言规则的能力。

第四，联想记忆能力，它是关于新材料的吸收和同化能力。

不同学生的语言潜能存在着差异。在教学过程中，教师应了解学生的语言潜能进而因材施教，使之针对不同的学习任务在不同场合发挥各自的长处，以收到事半功倍的效果。

（二）认知风格差异

认知风格是指人在信息加工（包括接受、储存、转化、提取和使用）过程中，表现出来的认知组织和认知功能方面的持久一贯的风格，它既包括个体知觉、记忆、思维等认知过程方面的差异，也包括个体态度、动机等人格形成和认知功能与认知能力方面的差异。不同的学习个体有不同的认知风格。应该说，不同的认知风格各有其优势和劣势，但这并不代表学生的学习成绩有差别。学生之间可以有各自偏爱的信息加工方式，在学习不同材料时也会各有所长。当学生的认知风格与教师的教学风格、学习环境中的其他因素相吻合时，其学习成绩会更好。因此，教师应了解并尊重学生不同的认知风格类型，针对不同的学习任务和学习环境因材施教，妥善引导，使自己的教学特点与学生的需要有机联系，进而取得良好的教学效果。

（三）情感因素差异

情感因素方面的差异主要涉及以下几个方面：

1. 学习动机

学习动机是指激发个体进行学习活动，维持已引起的学习活动，并使行为朝向一定的学习目标的一种内在过程或内部心理状态。其是直接推动学生进行英语学习的内部动力，是影响英语学习成绩的一个关键因素。学习动机来源于学习活动，也是学习活动得以发动、维持、完成的重要条件，并由此影响学习效果。

2. 性格

性格是指一个人对现实的态度和行为方式表现得比较稳定但又可变的心理特征，其是学生的重要情感因素，也是决定学生英语学习成功与否的关键因素之一。人的性格大体可以分为外向型和内向型两种。埃利斯（R.Ellis）认为，外向型的学生善于交际方面的学习，因其喜欢交际，不怕出错，能积极参与英语学习活动，并在活动中寻求更多的学习机会；而内向型的学生在发展认知型学术语言能力上更占优势，因其善于利用沉静的性格从事阅读和写作。对教师来说，研究学生性格差异的最终目的，是为了充分了解学生的个体差异和不同的心理状态，发挥不同性格学生的优势，因材施教，以获得更理想的教学效果。

3. 态度

态度是指个体对待他人或事物的稳定的心理倾向或为达到某种目的而做出的一定努力，其是影响英语学习的重要因素之一。态度包括三个方面：情感成分，即对某一个目标的好恶程度；认知成分，即对某一个目标的信念；意动成分，即对某一个目标的行动意向以及实际行动。一般来说，对异域文化抱有好感，向往其生活方式，渴望了解其历史、文化和社会习俗的学生，对其文化与语言会持积极的态度，这样就可以获得良好的学习效果。此外，学生对学习材料、教学活动的组织形式及对教师的态度，都会影响他们的英语学习效果。对学生个体差异的分析是为了使教师能够根据学生的个体差异制订教学计划，选择适合的教学材料和方法，具有重要的实践意义。

三、教学内容

教学内容是连接学生和教师之间的桥梁，也是教学实践中不可或缺的一个重要构成因素。所谓教学内容，就是指在教学活动中为实现教学目标，师生共同作用的知识、技巧、技能、思想、观点、概念、事实、问题、行为习惯等的总和。教学内容是一种特殊的知识系统，既不同于语言知识本身，也不同于日常经历；既要考虑英语学科本身的知识体系，又要考虑学生的年龄特点和实际需求等。一般来说，教学内容包括以下几个方面。

（一）语言知识

基础英语语言知识是综合英语运用能力的有机组成部分，是语言学习和语言运用的重要内容之一。没有扎实的语言知识，就不可能具有较强的语言能力。

（二）语言技能

听、说、读、写是学习和运用语言必备的四项语言基本技能，是形成综合语言运用能力的重要基础和手段。听是分辨和理解话语的能力，说是运用口语表达思想、输出信息的能力，读是辨认和理解书面语言的能力，写是运用书面语表达思想、输出信息的能力。学生通过大量听、说、读、写的专项和综合性语言实践活动，形成这四种技能的综合运用能力，为真实语言交际奠定基础。

（三）情感态度

所谓情感态度，是指兴趣、动机、自信、意志和合作精神等影响学生学习过程和学习效果的相关因素。在教学中，教师应不断激发并强化学生的学习兴趣，引导他们逐渐将兴趣转化为稳定的学习动机，树立自信心，锻炼克服困难的意志，认识学习的优势与不足，乐于与他人合作，养成和谐和健康向上的品格。

（四）文化意识

在英语教学中，文化指所学语言国家的历史地理、风土人情、传统习俗、生活方式、文学艺术、行为规范、价值观念等。对学生来说，接触和了解英语国家文化有益于学生对英语的理解和使用，加深对本国文化的理解与认识，有利于提高人文素养，培养世界意识。因此，教师在教学中要根据学生的年龄特点和认知能力，传授文化知识，培养学生的文化意识和世界意识。

（五）学习策略

学习策略是指学生为有效地学习和发展而采取的各种行动和步骤。英语学习策略包括认知策略、调控策略、交际策略和资源策略等。培养学习策略有助于学生有效学习英语，为终身学习奠定基础。使用有效的英语学习策略，可以改进英语学习方式，提升学习效果，还可以让学生学会如何学习，从而培养学生自主的终身学习能力。因此，教师要有意识地帮助学生形成适合自己的学习策略，对自己的学习过程和效果进行监控和反思，培养学生根据学习风格不断调整学习策略的能力，引导学生观察他人的学习策略，与他人交流学习体会，尝试不同的学习策略。

教材是教学内容的重要载体。在新课程改革中，教材是重要的教育教学因素。教材是教师用来教学的材料，也是学生用来学习的材料。简单地说，教材是为教师的教和学生的学服务的，是课堂的必需要素。而学生是不断变化的，教材受编者水平和资料的限制可能会存在某些缺点和不足，如果教师一味地以完成教学任务为目的，忽略学生的反应，按部就班地使用教材，恐怕不能很好地起到促进学习的作用。因此，在教学过程中，教师应灵活处理不同的教材，在课上或课下询问学生的感受，及时调整教学方法和进度。

四、教学方法

语言教学教无定法，贵在有法。在英语教学历史上，有多种教学方法都曾经发挥过重要作用，有效地促进了英语教学的发展。例如，翻译法、直接法、自觉对比法、听说法、视听法、认知法、功能法，以及由此派生出来的口语法、全身反应法、自然法、沉默法、暗示法、交际法等。但是，实践证明，没有哪一种教学方法是最好的、最有效的，也没有哪一种方法适用于所有时期、所有地区、所有教学内容。一个教师在英语教学中采用一成不变的教学方法，必然会使学生感到厌烦。而且，不同的教学方法对不同的语言知识、语言技能各有侧重，综合、灵活地运用各种教学方法，才能有效促进学生英语能力的提高，才有利于学生英语水平的全面发展。

在高校英语教学中，教师应该注意无论使用什么样的教学方法，都必须以学生的语言交际作为教学的出发点，尽量将教学与日常实际生活结合起来，鼓励学生创造性地、有目的地运用已学语言材料，在新的生活场景中重新组织语句，表达自己的感情。同时，教师应力求教学过程交际化，教材内容选自真实生活中的自然交际，适合学生的年龄，对处于不同阶段的学生采取不同的教学方法。

第三节　高校英语教学的开展原则

一、以学生为中心原则

学生是教学活动的主体与内在因素，英语教学要以学生为中心，充分发挥学生的主观能动性，提高教学效率。在英语教学中，实施学生中心原则要求教师从以下两个方面着手进行：教材分析要以学生为中心、教学方法与手段的选择要以学生为中心。

（一）教材分析要以学生为中心

教材分析时，教师应充分理解并把握教学内容，了解学生所处的不同阶段的实际情况以及学生的学习能力状况，以此作为调整教学目标与任务的依据；教师还要根据学生的需要，对教材内容和活动进行心理化处理和最优化处理，使教材与学生的经验与体验结合起来，将教材内容变成问题的链接和师生对话的中介，使教材更好地服务于教学。

（二）教学方法和手段的选择要以学生为中心

在英语教学过程中，教师应选取多样化的教学方法和手段，做到以学生为中心。直观的教学方法可以使学生直接感受和理解语言，通过视、听、说可以激发学生参与的兴趣，强化记忆。形象化教学手段可以适应学生的直觉思维特点，因此教师可选择一些利于激发学生兴趣和好奇心的媒体，如投影、模型、录音、图片等，使他们积极地参与课堂学习，自然地感知语言，满足个人需求。

二、循序渐进原则

英语教学的循序渐进原则主要包括以下三层含义：

第一，语言的学习应从口语开始，然后逐渐过渡到书面语。英语包括两种形式，口语和书面语，且口语早于书面语出现。与书面语相比，口语词汇通常较为常用，句子结构简单，学习起来比较容易。学生通过口语的学习可以尽快地获得交际技能，满足日常交际的需要，这样就达到了学用结合的目的。

第二，就听、说、读、写等语言技能的培养而言，教师应该首先侧重培养学生的听说能力，逐渐过渡到读写技能的培养上。听、说、读、写是英语的四项基本技能，应该全面发展，但是在不同的阶段，侧重点应有所不同。听说教学能使学生掌握基础的语言知识，包括语音、词汇、句子结构等，这为读写能力的培养奠定了基础。因此，在英语学习的初级阶段，教师应加强"听、说"教学，然后再逐步向"读、写"教学过渡。

第三，英语语言知识、语言技能以及使用语言的能力的完成与提高是一个循序渐进的过程。学习英语是一个螺旋式发展的过程，需要反复地循环，但这种循环并非单一地重复，每一次重复在难度和深度上都有所提高。此外，循环往复要求教学中要做到以旧带新，从已知到未知。因此，教师应以学生已有的语言知识和已熟悉的语言技能为出发点，传授新知识，培养新技能。

三、输入优先原则

英语教学要坚持输入优先原则。所谓输入和输出，是指学生通过听和读接触英语语言材料以及学生通过说和写来进行表达。语言输入的量越大、质量越好，语言输出的能力就越强。可见，输入是输出的基础。

输入优先原则的主要依据是埃利斯（R.Ellis）对外语学习中对待语言输入的三个方面特点的总结和归纳：①可理解性，是对所输入语言材料的理解。②趣味性和恰当性，指学习者对所输入的语言材料要感兴趣。③足够的输入量。足够的输入量在英语教学中也至关重要，但目前英语教学对这一点有所忽视。

基于埃利斯对语言输入三方面特点的总结，在英语教学中坚持输入优先原则要注意以下几个方面：

第一，注重输入内容和输入形式的多样化。输入形式可以包括声音、图像、文字等，语言题材和体裁要内容广泛、来源多样。例如，利用在日常生活中每天都会接触的文具、衣服、道路标志、电器等就可以帮助学生在不知不觉中学到许多英语。

第二，教师可以通过视听、听和读等多种手段，尽可能多地让学生接触英语，多给学生可理解的语言输入。教师应该打破课内外的界限，利用声像材料以及贴近学生日常生活和学习、适合学生的英语水平、具有时代特色的读物等，扩大学生的语言接触面，增加学生的语言输入，以利于学生更好地学好英语。

第三，着重强调学生的理解能力，为学生提供的语言材料要切合学生的实际情况，具有可理解性与趣味性。向学生输入的材料要符合学生的现有水平，只要求学生理解，不必刻意要求学生即刻输出。就教学方法而言，这也坚持了先输入、后输出的原则。然而仅依靠语言的输入不可能掌握英语并形成综合运用英语的能力，还需要适当的口头和笔头的表达来检验和促进语言的输入。

第四，鼓励学生进行模仿。有效的模仿是模拟生活中的真实情景，注意语言结构所表达的内容。换句话说，模仿最好是让学生身临其境地去使用所要模仿的语言。例如，在结对练习、小组练习的时候，让学生根据实际情况使用所学习的语言，才能把声音和语言的意义结合起来，学生才会在课外运用所学语言。模仿是在优先输入语言的基础上，对语言进行的有效练习和输出实践。

四、兴趣性原则

在高校英语教学中，教师应意识到兴趣的巨大作用，尽可能地调动学生的内在动机，激发学生对英语学习的主观愿望，以获得更好的教学效果和学习效果。在英语教学中，教师可从以下几个方面入手来调动学生的学习兴趣：

第一，尊重学生的主体性，充分了解学生的特点。教师必须清楚地认识到学生是英语课堂的主体，学生通过积极主动的尝试与创造，才能获得认知和语言能力的发展，教学活动也才能达到预期的效果。教师要根据学生的心理和生理特点，遵循语言学习规律，采用多种教学方式，让学生通过体验和实践进行学习，从而形成语感，提高交流能力。

第二，改变强调死记硬背、机械操练的教学方式以及传统的英语测试方式。英语学习需要一定的死记硬背和机械操练的活动，但是如果机械性操练太多太滥，则很容易使学生降低甚至失去学习英语的兴趣。为此，教师应该以学生感兴趣的方式帮助学生获取知识，使他们在获得交际能力的同时，综合素质也得到相应提高。

第三，对教材进行深度挖掘。教师在备课过程中，应认真地研究教材，挖掘教材中学生感兴趣的内容与话题，使每节课都有让学生感兴趣的内容和活动，以最大限度地调动学生的积极性。

五、系统性原则

在英语教学过程中要遵循系统性原则，目的是使学生对所学内容能有比较系统、完整的概念，在各部分知识之间和新旧知识之间建立有机的联系，在消化所学内容时思路清晰而有层次。具体来说，系统性原则主要涉及以下几点。

（一）系统安排教学工作

英语教学工作的安排要有计划性，要求做到以下几点：

第一，教师要有计划地备课。例如，一篇课文要上八课时，在备课时要一下子备完，不能今天上两节课就备两节课的内容，要一次性备好。

第二，教师的讲解要逐步深入、条理分明、前后连贯、新旧联系、突出重点，一环套一环，一课套一课，形成一个有机而系统的体系。

第三，教学的步骤和培养技能的方法应该符合掌握语言的过程。要根据课程的最终教学目的，由易到难，逐步提高要求。

第四，练习布置要具有计划性。要先进行训练性练习，然后再进行检查性练习。此外，练习的形式要具有体系性，相同的练习形式也要有不同的要求。

第五，布置课后作业和讲课的重点应当密切结合。每次作业要有明确的目的，课内课外要通盘考虑。

第六，要经常检查学生掌握知识和技能的情况，每堂课要有一定的提问并做相应的记录，这可以对学生起到督促作用。对于学生的平时成绩不能仅凭教师的印象来评定，因此对学生平时所做的口、笔头作业要有记录。

（二）系统安排教学内容

英语教学内容的安排要有严密的计划和顺序。教师应该按教科书的安排特点和班级的情况合理组织讲课的内容，确定讲课的重点。当出现一个生词时，不要急于一次性把这个生词的所有意义、用法全部教给学生。当教授一条新的语法规则时，不要一次向学生交代有关这条规则的全部知识，要将知识分步教给学生。教学内容的安排应该服从教学的系统。这样才能由浅入深，由易到难，由分散到系统。

（三）系统安排学生学习

教师要指导学生进行连贯的学习。学习要循序渐进，要经常、持久连贯地学习。因此，教师在教育学生时要有恒心，经常及时地带领学生进行复习和做好功课。此外，教师还要指导学生正确处理好平时和期末的关系。必须向学生明确，即将学习重点放在平时，平时训练要从难从严。坚决反对那种平时学习不努力，期末考试临时抱佛脚、突击开夜车的做法。此外，教师还要经常关心和指导学生的学习方法，并针对学生的个人特点因材施教。

六、真实性原则

鲁子问指出，在英语教学中，坚持真实性原则就是要在教学各个环节上做到真实，以培养学生综合语言运用能力为总目标，以交际法和任务型教学为策略，在真实环境中获得真实语言能力。语用真实是真实性原则的重要内涵。

在英语教学中，教师要实现语用真实，应做到以下几个方面：把握真实语言运用的目的、采用语用真实的教学内容、设计组织语用真实的教学活动、设计语用真实的教学检测评估方案。

（一）把握真实语言运用的目的

英语教学的最终目的是培养学生的综合语言运用能力，这种能力实际上就是一种语用能力。这里的语用目的是指教学内容体现在语用能力方面的教学目的，主要表现在以下三个方面：①语句的语用功能目的；②对话语篇的语用功能目的；③短文语篇的语用功能目的。

（二）采用语用真实的教学内容

在教学开始之前，教师应从语用的角度对课文进行详细全面的分析，研究语句使用的真实语境，准确把握课文中所有语句的真实语用内涵，选用语用真实的例句与练习，这样就可以在教学前就指向语用教学，从而保证学生能够获得语用真实的英语运用能力。

（三）设计组织语用真实的教学活动

对学生语用能力的培养应贯穿于整个英语教学过程，教师应基于语用真实的指导思想来设计教学活动，将语用能力的培养与呈现、讲解、例释、训练、巩固等课堂教学活动紧密结合起来。

（四）设计语用真实的教学检测评估方案

教学检测评估对教与学都具有重要的作用。设计语用真实的教学检测评估方案，可以找出学生的语用能力存在的不足之处，从而对教学进行有针对性的调整与改进。此外，语用真实会引导学生在学习中更加自觉地把握学习内容的真实语用内涵，强化学生运用英语的自我意识。

七、课内外活动相结合原则

在教学实践中，要遵循课内与课外活动相结合原则，主要是因为二者之间存在的互补性，具体体现在以下两个方面：一是课外活动具有自愿性和选择性，学生可以根据自己的兴趣爱好自愿选择参加感兴趣的活动。课内活动一般是非自愿的，也是无法自由选择的。课内活动必须按照规定的教学大纲有序进行，一般具有统一的课程和课时，这样可以保证全班同学在相同的教育过程中保持相同的步调，既有利于培养学生个性的共同点，又有利于学生系统地习得语言知识。而课外活动则基本上是以学生的兴趣为主，遵循学生的自愿性进行。二是课外活动是真正以学生为中心，由学生独立进行和完成的教学活动，教师只是在有需要的情况下提供适当的帮助，因此课外活动更能发挥学生的主动性和独立性，更能培养学生自主学习的能力。相对而言，课堂教学活动则具有一定的局限性。尽管我们一直提倡课堂教学要以学生为中心，但实践起来并非易事，往往会遇到各种各样的实际困难。

根据我国目前高校的英语教学现状，为了更好地将课堂教学与课外活动相结合，发挥它们的互补作用，我们就要在优化课堂教学的同时，加强课外活动，具体可从以下两个方面着手：

第一，激发学生在课堂活动中的主体积极性。课堂教学实际上是教师与学生以教学影响为中介的交互作用过程，这个过程能否发挥交互作用，很大程度上取决于学生的主体积极性。因此，如何激发学生的主体积极性就成为贯穿英语课堂教学始终的问题。

第二，减少课堂教学时间，提高课堂教学效益。就目前我国的高校教学来看，课堂时间总量太大，课外活动时间过少是普遍现象。在苏霍姆林斯基管理的帕夫雷什学校里，只有上午是课内教学，整个下午均为课外活动，但在我国，学校教学基本上等同于课堂教学，课外活动少之又少，这对于学生的个性发展，培养学生的兴趣、爱好非常不利。学生的潜能和优势得不到发挥，学生的创造性得不到锻炼，学生的综合素质怎能有效提高呢？因此，我们提倡高校应减少课堂教学时间，增加课外活动时间总量。与此同时，要提高课堂教学效益，即师生以最少的时间和体脑耗费取得最大的教学效果，只有在减少教学时间的同时，提高教学效益才能保证整体的教学质量。

八、合理使用母语原则

在英语教学中，教师应当提倡学生多说英语、多用英语，但这并不意味着不能使用母语。在英语课堂上可以合理使用母语，利用母语优势帮助学生理解学习过程中的难点，这对提高教学效果有利无害。合理使用母语原则，包括在英语教学中利用母语的优势和避免母语的干扰两个方面。

（一）利用母语的优势

教师在英语教学中要学会利用母语的优势，借助汉语对一些词义抽象的单词和复杂的句子加以解释。英语学习是在学生已经熟练掌握母语之后进行的学习实践，学生在英语学习之前对时间、地点以及空间等概念已经形成，已学会了表达这些概念的语言手段，况且英汉两种语言在结构和使用方面也存在许多差异，这些语言文化差异往往会造成学习英语的障碍。因此，利用母语的解释可以帮助学生更快、更好地学习和掌握英语的某些概念。适当地使用母语进行教学，有助于学生理解母语和英语之间的差异，了解英语结构和规则的特点，有助于师生之间的顺利沟通和深化对语言差异的理解和消化，从而提高学习效果。

（二）避免母语的干扰

母语交际先于英语第二语言的学习且已基本上被学生熟练掌握。英语的学习是个相当复杂的过程，母语的使用习惯可能会给英语学习带来障碍。在学习英语过程中适当使用母语，用母语简单讲授英、汉两种语言在某一结构、某一用法上的差异和特点是可以的。但对母语优势的利用一定要掌握一个"度"，避免将母语的使用规则迁移到英语的使用上。如果过多地或一味地使用母语，会在很大程度上给英语学习带来不利。在英语教学中利用和控制使用母语，要注意以下几个方面：

第一，目前而言，科学的发展、教学方法的改进和现代教学手段的运用，多用母语作为教学手段的效果日益减弱且劣势日益明显。英语教师结合现代化教学设备，运用更加直观的教学手段有更大的创造空间。

第二，在英语教学中，学生对所学英语词句的理解是相对的。理解包括知道这些语言现象及其隐藏在现象后的本质。在初始阶段，没有必要引导学生过分追求本质，这主要是由于英语的很多用法是习惯问题，很多情况用逻辑推理不通。

第三，在英语教学中，教师应控制使用母语，尽量用英语上课。要充分考虑教师运用英语的能力、学生的理解能力和接受效果，教师尽量用教过的英语讲话，也可借助图画、实物、表情、手势等直观手段，也可以将关键词写在黑板上，使师生的交际能力在课堂教学中得到有效的提高。

总之，英语教学过程要成为有意识地控制使用母语和有目的地以英语作为语言交际工具和媒介的过程，坚持合理使用母语原则才能更有效地优化教学效果。

九、最优化原则

在英语教学中，最优化原则体现在某一方面知识内容的教学中，在几种教学媒体都可用的情况下，选用教学效果最好的媒体；教法选择最优化；结构安排最优化；角色搭配最优化；具体运用最优化。针对在非母语环境下进行英语教学的现状，努力营造轻松自然的语言氛围，促进语言习得。因此，多媒体软件和课件要便于学习者操作和控制。具体来说，课件的内容、布局、导航图标性能、菜单功能设计以及学习者的自由度，是影响学习者操作和控制课件的主要因素。为了提高学习效率，减少学习者的焦虑感，增强他们的学习兴趣和信心，课件应该从学习者的需要出发，尽可能地使课件方便使用。

十、精讲多练原则

精讲多练原则既肯定了讲和练的作用，又明确了讲和练的地位。讲涉及的是语言知识，练涉及的是语言技能。下面进行具体分析。

（一）语言知识促进语言技能的培养

既然英语教学将交际能力作为培养目标，那么实践性就是英语教学的特点之一。在英语课上必须以语言实践为主，课堂上绝大部分时间要用于实践。但是适当地传授语言知识，可以帮助学生更好地进行实践，提高学习效果。语言知识讲授的范围、深度、方法和时机，要由语言实践和教学需要来决定。

在初级阶段的英语教学中，教材简单并且每课只包含有限的句型和单词，通过反复直接练习就能熟练地掌握。本阶段的教学重点是引导学生养成运用英语的习惯和正确的学习方法。语言材料的有限性，使语言知识的讲授对学生的学习没有多大帮助。当英语教学向高级阶段推进，学生需要学习更多的句型和单词时，教师就需要使学生利用单词或句子间的关联来学习，并且从一些语言材料里总结出语法规则。在这一阶段，语言知识的讲授对学生才能发挥出应有的作用。然而，此时还是要注意精讲多练，不能喧宾夺主。

在英语教学的后期，语言知识的讲授有助于培养学生的自学能力。不是所有一切都在规则的统领之下，有时候最常用、最简单的单词，往往具有不合常规的词形变化和发音规则。这就要求学生多模仿教师，教师不要急于引导学生过多地追问为什么。精讲多练是学习英语稳妥而有效的方法，但随着学习进程的推进和学习内容的复杂化，就很有必要通过适当地讲授一些语言知识来发挥思维理解的作用。

（二）语言操练交际化

语言操练并不等于语言交际，前者关注的是语言形式，使学生在语言操练中掌握语言形式；后者关注的是语言内容，使双方达到相互了解。

1.语言操练是交际能力培养的手段

英语教学中的语言操练包括以下三种练习形式：机械练习，如句型操练等；有意义的操练，如围绕课文或情景所进行的模仿、问答、复述等；交际性操练，如联系自己的生活实际，利用课文里的词句叙述自己的思想、表达课文学习后的体会等。这三种练习形式的难度、与语言交际的接近程度都在递进，体现出由操练到交际的进程。英语教学的目的是培养学生的英语交际能力，而不是使学生掌握语言形式。但是培养学生的交际能力，必须借助语言操练这个手段。二者对于英语教学目的的实现都非常重要，缺一不可。语言操练和语言交际相互联系、相互区别，有时没有明显的分界线。教师每次讲授新材料时，都要先进行机械练习，再进行有意义的练习，再进行交际性练习，使学生最后能运用所学的新材料进行交际。不能把语言操练和语言交际对立起来，而是要看到它们之间的联系，一步一步地将语言操练推向语言交际。

2. 将交际场合迁入课堂练习

教师应尽量将交际场合迁入课堂练习，使课堂练习接近语言交际。教师应该创造一定的情境，多给学生一些用英语进行交际的机会，鼓励学生带着表情和肢体动作进行英语交际，要像演戏一样将生活中的交际场合搬进课堂练习。在这个过程的开始阶段，性格严肃的教师和学生可能觉得不好意思，但是随着练习的增多，他们会逐渐习惯这种情况并觉得很自然。教师借助适当的表情、肢体动作进行英语交际，不仅能增加说话的力量，还能激发学生的兴趣，帮助学生记忆，从而提高教学效果。

3. 将交际形式迁入课堂练习

教师应尽量将交际形式迁入课堂练习，使英语课堂教学模拟日常生活中的交际形式，为学生在日常生活中使用课堂上所学的英语创造条件。日常交际形式包括：问候、打招呼，会话，自言自语，讲故事，对人、物、画面的介绍，请求、命令，解释或说明事物或问题，演说、做报告，写信等。英语教学可以采用这些形式的课堂练习，课堂上将生活里常见的交际形式训练到自然的程度，学生的交际能力就会逐渐提高。

英语课堂的活动包括教师组织教学，讲解单词、课文和语法，布置作业，对学生进行讲评和考核，学生请教师解答疑难问题等，所以教师和学生不缺乏用英语进行交际的机会。教师要努力将所学英语用到师生间的交际中去，积极扩大使用英语的阵地，这样学生运用英语的能力和习惯才能养成。在注意课堂上用英语进行操练的同时，教师还要注意引导学生在课外活动和生活中使用英语。操练服务于使用，使用是对操练的检查和扩展。只有将操练和使用相结合，英语教学的目的才有可能实现。

第四节　高校英语教学的基本思路

一、英语教学的基本思路概述

在应试环境下，英语教育仍把升学率作为培养学生的终极目标。教师苦教，学生苦学，只重视传授应试的书本知识、应试的技能、应试的能力，忽视学生的个性特点、个别差异和身心发展的内在要求，阻碍了教学方法的创新，尤其在英语教学中，存在着重语言知识、轻交际能力的倾向。为适应时代需求，对英语教育进行认真的研究和深入的创新势在必行。这对全面推进素质教育，实现教育面向现代化、面向世界、面向未来具有重大意义。因此，21世纪的英语教学要注入以下新思想、新理念。

（一）教师应注重自身全面素质的提高

英语教师应该加强各方面教育理论的学习，特别是学习有关英语教与学的心理知识，提高教学理论水平。

在加强自我学习的基础上，英语教师应积极参加再教育学习，接受再培训，不断提高专业水平，进行知识更新，甚至是教育理念的更新；不能只是传授知识，而更应该给学生提供更多的学习方法。教师也要不断提高自己的语音、语调、听说、示范技能以及现代化外语教学技术等能力。教师可以到校外观摩学习名师的教学方法和教学技巧，亲身体验，提升灵活使用教学资源和发挥学生主体作用的教学技能。在教学工作中，教师应多开展教研教改活动，经常进行听课、讲课、评课工作，与同事们进行交流，组织集体备课、搞课堂教学专题研究、优质课评比等活动，相互学习，共同提高，从而促进自己的教学工作，提高教学教研水平。英语教师还应开动脑筋，通过自制教具、创设情境等方法解决辅助教具不足以及外语教学设备缺乏的问题。

（二）教师应以素质教育为基础，倡导人性化英语教学模式

人性化教育又称为人本教育，体现了在教育过程中知识接受者的主体地位。随着知识经济在全世界的兴起，人性化教育作为一种世界性的教育潮流已成不可阻挡之势。树立主体意识，造就独立人格，已成为现代国际教育思想改变的一个重要标志，因此任何成功的教育必须充分考虑到学习主体的个性特征。

（三）教师应使教学方法和教学手段多元化，实施网络环境的英语教学新模式

现代社会信息渠道的多元化必然导致学生获取知识渠道的多元化。从实施素质教育的高度出发，通过多种教学形式，将学生学习能力的培养有机地渗透到整个教学过程中去。为此，教师应努力探寻和运用行之有效的教学方法和手段，通过形式多样、效果显著的教学方法的尝试和运用，来充分调动学生学习的积极性。语言是文化的载体，也是文化最主要的表现形式。语言离不开文化，文化依靠语言；不同民族有着不同的文化、历史、风俗习惯和风土人情等，各民族的文化和社会风俗又都在该民族的语言中表现出来。英语教学作为一种语言教学，当然也离不开文化的教育。比如，英语词汇在长期使用中积累了丰富的文化内涵，所以我们在教学中要注意对英语词汇文化内涵和文化背景的展示和介绍，以避免学生望文生义，单纯从词汇本身做出主观而片面的认知和评价。作为第一线的英语教师，必须在学习和实践中不断更新教育教学观念，不断适应时代要求，从教育教学的实际出发，不断学习，不断探索，积极投身到素质教育的伟大实践中去，走进新课程，拥抱新思想，迎接新挑战。

二、英语教学中实施创新性思维教学的途径和方法

（一）设疑启智，创设情境，营造氛围，提供创新环境

教育心理学研究表明：学生在没有精神压力，没有心理负担，心情舒畅，情绪饱满的状态下，大脑皮层形成兴奋中心，创新思维也容易被激活。这就要求教师必须营造一个和谐、宽松的教学氛围，发挥教师的主导作用，突出学生的主体地位。英语课堂教学中每一教学步骤都应多设信息沟，层层递进，可根据一定的教学内容或语言材料，设计适量灵活性较大的思考题，或让学生从同一来源的材料或信息中探求不同答案，培养学生积极求异的思维能力。设计此类思考题，让学生进行讨论、争论、辩论，既调动了学生积极运用语言材料组织新的语言内容，又训练了他们从同一信息中探求不同答案的求异思维能力。

（二）培养独立探究能力，寓创新思维于英语教学中

素质教育是培养 21 世纪人才的教育，学生需要能够继续获得知识和能力的科学方法。良好的学习方法，能使学生更好地发挥天赋能力。学生应该是

课堂学习活动的主体，教师应注重培养学生独立学习的能力，给他们更多的自主学习、独立思考的时间与空间；让学生在学习中学会如何去获得知识，以达到培养创新意识、提高创新能力的目的。心理学研究表明，想象是一种可贵的心理品质，是创造的基础。教学中，教师可以通过词汇、句型、语篇教学等启发学生的创新思维。

教授学生进行语篇分析时应注意培养学生思维的多样性和灵活性。教师引导学生对某概念或问题的理解不应限制在某个既定的范围，而应在时间和空间上做些拓宽或变换角度进行思考和分析。

（三）培养发散思维，提高创新思维能力

有研究表明，讨论式、质疑式的教学有利于发散思维、创新思维的发展。要让学生丰富想象，积极探索求异，坚持独立见解，这就要求教师善于挖掘教材中蕴含的创造性因素，通过设疑创设情境，给予每位学生参与的机会，让学生积极运用所学的知识，大胆进行发散创造。

课文教学中，教师要善于设计新颖别致并能引起学生共鸣的问题，让学生在独立思考的基础上，再进行集体讨论，集思广益。也可以用所教的知识，让学生自由地求异发散，编写新的内容。如一篇文章教完之后可以在黑板上写出几个关键词，让学生自己去编一些内容。这样会使学生相互启发、相互交流，从而以创新意识来灵活运用语言知识，让学生凭自己的能力与摸索解决新问题，掌握新知识。在此过程中学生的创新实践能力也得以真正提高。

总之，学生的学习过程既是一种认识过程，也是一种探究过程。教育的过程本身就是一种探索与创造，英语的课堂教学只有学生的主体作用与教师的主导作用很好地进行统一，不断探索课堂教学的新思路、新方法，引导学生发现、探究、解决问题，才能培养学生的开拓精神和创新意识，逐步培养其求异创新能力。

三、英语教学新思路

新时期社会及经济的快速发展为学生提供了机遇，也带来了挑战，英语交流能力成为人才选拔的基本标准之一，而高校英语固定的教学模式直接影响着教学质量的提高。

英语教学一直以来就是高校教育体系中的重要内容，特别是近年来随着改革开放程度的日益深入和国家与世界交流的日益频繁，使得英语已经渗透到了我们生活中的方方面面，这也就对我们的英语教学提出了更高的要求。

就高校英语教学而言，随着高校扩招工作的开展，越来越多的优秀青年进入高校之中，英语作为高校教学的必修课，其重要性显而易见。

与此同时，如何改进和完善高校英语教学模式，提高英语教学水平，培养学生的综合素质，成为当前高校英语教学的一个重要课题。

新课程标准在对高校英语教学目标的界定上，有了更高层次的要求。它要求高校学生在英语课堂学习中着重培养自己收集获取信息和分析处理问题的能力，努力用英语思维方式进行交流和表达，从而提升自己的对外交际能力和对外来文化的认知能力，并培养英语的综合运用能力。英语作为一门语言，是人们进行思维表达的工具，其实用性才是学习的真正目的所在。

学习兴趣是学生内部动机的一项重要指标，是学生学习行为的兴奋剂和调节器。学生的学习兴趣一旦被激发和调动，将有效地促进学生的自主学习，从而带来惊人的学习积极性和学习效果。教师应当尊重、保护、支持、培养学生的英语学习兴趣，从学生的需求出发，组织设计英语教学。

针对高校英语教学课时压缩、高校学生英语基础情况不同的特点，现代高校英语教学中，除注重课堂教学有效性的提高外，还应加强课外教学活动的开展，利用高校校园网络教学平台对不同英语基础的学生进行分层教学。在校园网络教学平台教学内容设计中，应充分考虑高校学生英语基础情况。基于学生基础的不同进行网络教学内容的设计与应用。对英语基础薄弱的学生完善英语基础知识架构，对口语需求较高的学生进行口语教学与训练内容的设置，对笔译需求较高的学生进行相应专业词汇与语法的教学内容设计。通过以具有针对性的分层教学法为基础的网络教学平台设计，促进高校英语教学有效性的提高。

在课堂教学中，唯有教师与学生以及学生之间能有良好的配合，英语课才能成功。一个好的教学成果需要学生踊跃地参与课堂活动，虽然教师组织和设计了各种教学活动，但是追根究底，学生才是教学最终的目的和主体。教师应该给学生足够的自学空间和机会，因为学生有自主学习的权利。随着科技的发展，教学方法也在不断地更新，有了多媒体的加入，再配合各种设备和软件的综合运用。这些都为学生提供了实用的现代信息和真实的语言环境，不断地促进学生学习英语的积极性，真正让学生做到自学自练、有话可说，最大限度地激发其学习热情，使学以致用的目的得以实现。

语言是文化的载体，学习语言也就是学习文化。因此，文化能力的培养是高校英语教学不可或缺的组成部分，而传统的高校英语教学一般着重于语音、词汇和语法的传授以及机械的句型、单词练习，却忽视了英美国家文化背景知识的介绍。高校教师要通过多种方法在课堂上进行文化知识的引入，引导学生针对课文进行相关文化背景知识的收集，并在课堂上对收集的资料以小组形式进行讨论，充分挖掘文章蕴含的英美文化知识，让学生了解英美文化知识的同时，加深对本国文化的理解，以此调动学生学习的积极性，也加深对课文自身的理解。另外，可以截取一些英语电影片段，让学生观看体会。英语电影从多方面、多角度地展示英语国家的文化，经典台词和电影故事本身及电影画面等都向观众传达着文化信息，可以帮助学生了解英语国家及其人民的思维方式、生活习俗等。

以学生为中心，强调学生对知识的主动探索、主动发现和对所学知识意义的主动建构。外语教学互动模式的建立正是基于这种学习理论，通过对学生学习方法的指导，提高学生语言实际运用能力和终身学习的能力。

一节外语课要想上成功，必须做到以下三点：一是学生要有高度的积极性和参与性；二是教师要按计划地使学生熟悉语言材料；三是在课堂上要进行模拟真实的语言交际行为。这也就是所说的课堂教学三要素 ESA，它分别代表 Engage（激发兴趣）、Study（语言学习）和 Activate（交际运用）。

上外语课时有些人容易开小差，这是因为他们对所学的内容不感兴趣，没有把感情投入学习中去。如果教师能采取某种方式来激发他们，或给他们以挑战，学生的参与积极性会大增。激发兴趣的方法很多，可根据学生的年龄和客观条件采取不同的方式。总体来说，可以通过以下方式：做游戏、唱歌、讨论、讲故事、用实物或多媒体展示等。

根据我国目前外语教学的现状，我们不能完全摒弃传统教学方法。语言学习所指范围较广，从最基本的发音、词汇、语法规则到语言的深层含义以及语言风格等都是语言学习的内容。在教学过程中，我们必须坚持让学生进行语言知识的训练，使他们积累丰富的语言知识。

外语课堂的第三个因素即交际运用，要求在教师的指导下学生用所学的语言尽可能多地进行自由的模拟真实交际。交际运用可以采取很多不同的方式，如角色扮演、讨论、描述、做设计、做采访、讲故事、写作等。

第二章 高校英语教学理论基础与创新融合

　　高校英语教学应该是一种启发性质的教学,学生在教师的指导下,可以选择相应的专题进行分析与探索,高校英语教学应以教学材料为载体,不断增加丰富的文化背景知识。任何一项教学活动的改革都需要有先进的指导思想作为保障,高校英语创新教学的前提就是要在教学思路上做出重大的变革,通过将英语理论基础与创新理念相融合,实现良好的教学效果。

第一节 高校英语教学理论基础

一、高校英语教学的基本原则

(一)交际性原则

　　语言是交际的工具,人们主要通过语言来交流思想、传递信息。交际是在特定的语境中,说话者和听话者、作者和读者之间的意义转换。学习英语的首要目的就是使用英语进行交际,而英语教学的首要目标就在于培养学生的交际能力。交际能力的核心就是能够运用所学的语言知识在不同的场合下与不同的对象进行有效的得体的交际。因此,我们在高校英语教学中首先要贯彻交际性原则,使学生能够运用所学的英语知识与人进行交流,要在教学过程中努力做到以下几点:

　　1.充分认识英语课程的性质

　　英语课首先是一种技能培养型的课程,要把语言作为一种交际的工具来教、来学、来使用,而不是把教会学生一套语法规则和零碎的词语用法作为英语教学的最终目标,要使学生能用所学的语言与人交流,获取信息。在教学过程中,教、学、用三个方面构成一个有机的相辅相成的统一体,其中的核心在于使用。因此,教师转变以往陈旧的教学观念,明确课程的性质,是落实交际性原则首先需要解决的问题。

2. 创设情境，开展多种形式的丰富多彩的交际活动

语言是交际的工具，而交际的发生总是处于特定的情境之中。情境包括时间、地点、参与者、交际方式、谈论的题目等要素。在某一特定的情境中，讲话者所处的时间、地点以及本人的身份都制约着其说话的内容、语气等。因此，在基础英语教学中，要使教学的内容置于一种有意义的情境之中。同时，在一定的情境之中学习英语，可以使学生身临其境，提高学习英语的兴趣。因此，高校英语教学活动要充分考虑交际性的特点，结合教材内容，尽量利用各种教具，创设与学生生活密切相关的各种情境，进行真实或逼真的英语交际训练活动。这样不仅使学生学得有兴趣、有成效，而且能够真正做到学用结合。

3. 注意培养学生语言使用的得体性

高校英语教学的首要目标在于培养学生进行有效交际的能力，传统的英语教学只偏重语法结构的正确性，而根据交际性原则，学生要具备良好的交际能力，需要在适当的时间、适当的地点，以适当的方式，向适当的人，讲适当的话。这一点与上面一点密切相关，创设情境，开展多样的交际活动，课堂游戏、讲故事、猜谜语、编对话、角色扮演、话剧表演、专题讨论或者辩论等，都有助于学生在创设的情境中充分表现自己，从而掌握地道的语言。

4. 精讲多练

高校英语课堂的工作不外乎讲和练两种，前者是指讲授语言知识，后者是进行语言训练。在课堂上，适当地讲授一些语言知识是必要的，可以提高学生学习的效果。这就如同学习游泳一样，在下水之前，教师讲解一些注意事项、游泳的动作要领，有助于提高学生在水里训练的效果。但是，英语首先是一种技能，技能只有通过实际训练才能获得。因此，教师必须清楚，讲解的目的在于帮助学生更好地训练。在语言训练过程中，要针对学生的具体问题给以"画龙点睛"式的点拨。这不仅有利于学生语言交际能力的培养，还有助于学生养成良好的学习与思维习惯。在进行了必要的讲解之后，要给学生留出足够的训练时间。

5. 注重教学内容与教学活动的真实性，贴近学生的生活

语言与实际生活密切相关，教学活动的设计与教学内容的选择一定要考虑这一因素。在高校英语教学中，要把语言和学生所关心的话题结合起来，要为学生提供充足的、内容丰富的、题材广泛的、贴近学生生活的信息材料。另外，教学内容的真实性还要求教材的语言和教师的语言是真实的。

（二）兴趣性原则

1.鼓励学生树立学习英语的信心

信心对做任何一件事情来说都是很重要的，好的开始是成功的一半。教师应根据学生水平的不同制定不同的学习任务。这里要注意几点：（1）设置任务难度是否恰当。在现今大学体系下，学生的分班都是根据入学的专业不同而分在不同的班级，这样势必会带来每个班中学生的英语水平分层化，教师分配任务时就必须考虑到学生水平的差异性。学生如果在多数情况下都能较好地完成教师分配的任务，自信心也就自然地得到了提升。（2）教师在布置任务前一定要仔细揣摩细节，要做到布置的任务下达到学生，学生能明白他们要做什么任务。在高校英语教学过程中，教师一定要摒弃随意布置任务的想法，每次任务都是学生提高能力的机会，教师一定要重视。多用鼓励性、肯定性的评价，让学生体会到学习英语的成就感。通常情况下，学生在完成任务后，都会希望得到教师的肯定。这样，一是学生会感觉到其付出获得了应有的回报，二是肯定了学生完成任务的能力。教师要善于发现学生的闪光点，容忍学生在学习过程中的错误，对学生的评价以表扬和鼓励为主，这样就更容易调动学生的积极性，帮助学生树立学习的自信心，对部分有困难的学生，教师更应该加倍留心观察，及时发现他们的努力成果，对其加以表扬激励。

2.培养学生对英语学习的兴趣

教师要改变传统的教学观念。传统的教学观念是把知识看成定论，把学习看成是知识从外到内的输入，同时低估了学生的认知能力、知识经验及其差异性，并在教学中表现出过于简单化的倾向。传统的教学观念缺乏互动性，是一个强调由教师教什么到学生学什么的单向过程，而忽视了学生掌握程度的反馈。英语作为一门语言，是一种互动性的工具，自然在互动的场合下更容易掌握；同时，语言的学习又必须强调学习者的认知能力和能动性，所以使用传统的教学观念来对英语进行教学，其效果不佳。在高校英语教学中，必须摒弃传统的教学观念。低估学生的认知能力和忽视学生的信息反馈，必定使得学生产生倦怠感，更无从谈兴趣了。应多采用互动的教学模式，最大限度地鼓励学生去表达。英语既然是一门语言，那么就要强调表达。

语言的主要功能是交际，是应用语言来达到交际的目的。具体可以从以下几个方面来呈现互动教学：（1）采用做游戏的方式。游戏作为一种最轻松的方式，能营造出很欢快的气氛。在这样的环境下，更容易让学生感觉到学习是和娱乐联系在一起的，可以极大地提升学生学习英语的兴趣。有了兴趣后，学生就更乐意去表达，去学习英语。（2）演讲方式。演讲是最综合的互动方式，它既涉及书写部分，也涉及表达部分，并能让学生体验到在较严肃场合的感觉。当然，演讲方式对个体学生的要求比较高，可以考虑一组学生一起来完成。这样，既可以让基础好的学生得到提升的空间，又可以让基础差些的学生产生强烈的荣誉感（不过必须合理地分配组内各个学生的任务），共同提升对英语学习的兴趣。（3）多参加英语角活动。英语角已经是当今大学英语学习体系中的重要部分，它可以是以班级分的，也可以以学院分，甚至有的学校全体学生都可参加。英语角活动对学生来说是最接近自己生活的，他们可以在那里畅所欲言，用英语自由表达，不需要顾及太多其他因素。英语角是最能提升学生口语水平和交际能力以及英语兴趣的场所。教师要鼓励学生多去参加，必要时，可以带领部分学生去参加，并将此活动纳入一定的加分体系中。

（三）灵活性原则

1.教学方法的灵活性

在英语教学史上，曾经出现了许多种不同的教学方法和流派，例如语法翻译教学法、视听教学法、交际教学法等。每种方法都有其自身的优势与不足，教师应该兼收并蓄，集各家所长，切忌拘泥于某种所谓流行的教学方法。英语教学包括语言知识和语言技能两个方面，语言知识包括语音、词汇、语法等内容，不同的语音、不同的词汇、不同的语法项目都具有不同的特点；语言技能包括听、说、读、写、译等几个方面，其中又包括许多微技能。而学习者的个体差异也是千差万别的。因此，在英语教学过程中，要综合学生特点、教学内容以及教师自身的特点，创造性地开展多种多样的教学活动，充分体现教学方法的多样性和创新性，使英语课堂活泼有趣，从而激发学生学习英语的热情，挖掘学生的潜能。教学内容也要体现多样性的原则，不仅要教授英语知识，还要讲授学习方法，结合英语教学教会学生如何做人。

2.学习的灵活性

教学方法和教学内容的灵活性可以有效地带动英语学习的灵活性。要努力改变以往单纯地死记硬背的机械性学习方法，帮助学生探索合乎英语语言学习规律和符合学生生理、心理特点的自主性学习模式，使学生能够自我导向、自我激励、自我监控；将静态、动态相结合，基本功操练与自由练习相结合；单项和综合练习相结合。通过大量的实践，使学生具有良好的语音、语调、书写和拼读的基础，并能用英语表情达意，开展简单的交流活动，提高听、说、读、写、译等综合运用语言的能力。

3.语言运用的灵活性

英语学习的关键在于运用，教师要通过自身灵活地运用英语来带动与影响学生使用英语。教师应尽可能多地用英语组织教学，用英语讲解，用英语提问，用英语布置作业等等，使学生感到他们所学的英语是活的语言。英语教学的过程不应只是学生听讲和做笔记的过程，而应是学生积极参与，运用英语来实现目标、达成愿望、体验成功、感受快乐的有意义交际的活动过程。另外，教师还可以通过灵活性的作业布置使学生灵活地使用英语。作业的布置应侧重实践能力，如可以让学生用磁带录制口头作业，让学生轮流进行值日报告，陈述和评议时事、新闻等。

（四）输入输出原则

所谓输入是指学生通过听和读接触英语语言材料，所谓输出是指学生通过说和写来进行表达。心理语言学研究表明，输出建立在输入的基础之上；在此意义上，输入是第一位的，输出是第二位的。首先，学生在学习英语的过程中，能理解的东西总是比能表达的要多。换而言之，学生所能听懂的，永远比能说的要多。学生能欣赏小说、散文、诗歌等优秀的文学作品，但学生并不一定能写得出来。其次，语言输入的量越大，语言输出的能力就越强。也就是说，学生听的东西越多，读的东西越多，学生的表达能力就会越强。因此，教师在教学过程中，应该注意以下几点：

1.尽可能多地让学生接触英语

要通过视、听、读等手段，多给学生易理解的语言输入，如声像材料的示范和贴近学生日常生活和学习、适合学生的英语水平、具有时代特色的读物等。另外，学生学习的内容不要局限在教材之内，教师应该打破课内外的界限，帮助学生扩大语言接触面。

2.输入内容和输入形式的多样化

学生接触的英语既要有声的，又要有图像的，还要有文字的，而且语言的题材和体裁以及内容要广泛，来源要多样化。比如，在日常生活中，尤其是在大中城市中，每天都会接触到许多英语，如文具、衣服、道路标志、电器等的上面，就标注有许多英语。如果我们能充分利用这些英语资源，学生就可能轻轻松松地学到许多英语。另外，我们还要注意根据上述语言输入的分类，尽可能地为学生提供多种形式的输入。

3.关注学生的理解能力

只要学生能理解的，就可以让他们听，让他们读。同时，还可以只要求学生理解，而不必立刻要求他们用说和写的方式来表达。就教学目标而言，对学生的语言技能应该有全面的要求，但是从教学的方法来看，应该先输入，后输出。

4.. 符合学生的实际情况

为学生提供的语言材料要符合学生的实际情况，要符合可理解性、趣味性与恰当性的要求。当然，仅仅依靠语言的输入是不可能全面掌握英语、形成综合运用英语的能力的，还需要通过口头和笔头的表达来检验和促进语言的输入。在增加可理解的语言输入的同时，在理解的基础上不断地进行有效的实践活动。这些实践活动在基础英语教学中包括一定的模仿练习。学习语言的确需要模仿，问题的关键在于如何模仿和模仿什么。如果只是机械地模仿，只注意语言的形式，那并不能保证学习者能在生活中真正地使用语言。比如，只是要求学生注意语音、语调的准确性，只要求他们死记硬背句型结构，而没有使其真正了解这些句型结构所表达的含义，那么，学生并不能在课外使用。模仿最好是模拟生活中的真实情景，注意语言结构所表达的内容，这种模仿才是有效的。

二、高校英语教学模式和方法

（一）高校英语教学模式

1. 关于传统英语课堂教学模式的思考

在我国几十年的英语教学中，存在多种英语教学模式和方法，其中广泛采用的是传统的"语法翻译"教学模式。外语课堂教学区别于其他学科的特点表现在四个方面：（1）必须通过积累大量的言语材料去激发教学活动参与者的兴趣，在事实积累的基础上去掌握大量的理论；（2）必须通过对集体作业和个别作业的安排去吸引学生的注意力，即以练习安排作为课堂教学的外部手段，学生能否学得起劲，主要在于练习是否安排得当；（3）构成课堂教学的各个环节衔接紧密，有时两个环节要交叉进行，比如讲授新的课程后马上进行初步巩固；（4）作为课堂教学基本媒介的语言受到限制。一方面教师经常因学生有限的目的语能力而不能充分自由地使用工具语言，另一方面受课堂教学自身的局限，我国高校英语教学模式在很长时间里主要是以教师为中心，教师讲课文、讲词汇、讲语法，组织操练。这种传统的教学模式在一定程度上忽视了学习者的能动性和主动性，但依靠教师的丰富经验和个人魅力以及因材施教的小班教学方法，确实培养了一代又一代的优秀人才。然而国家和社会对人们英语能力的要求进一步提升，这种教学模式面临着极大的挑战。

2.以"教师为中心"英语教学模式的反思

在我国，英语教学历来以课堂形式进行，且课堂教学模式采取的是"教师中心"模式。"教师中心"模式，顾名思义就是将教师作为整个教与学过程的中心。整个教学活动的进程相对而言，学生是知识传授的对象，是外部刺激的被动接受者，学生始终处于被动的接受状态，偶尔对教师的讲授提出回应或疑问。在传统课堂上，教学媒体是辅助教师授课的演示工具，而教师的教学主要依赖于传统的教学媒体。黑板、教材作为承载教学信息的主要工具，其单一的媒体呈现模式也限制了学生信息量的输入，满足不了信息时代学生对知识的需求。教学媒体是辅助教师授课的主要工具，学生通过教学媒体获得教师传递的知识和观点，但教学媒体向学生传递的信息有限，主要依赖于教师的讲解，学生几乎无法对教学媒体进行操作与控制。网络在高校英语教学中的介入，要求在教学中教师应以网络技术为支撑，以现代教学和学习理论为指导，充分利用开放的网络资源和网络交互技术，处理好教师、学生、教学内容和教学媒体的关系。教师在课堂上可用多媒体教学平台，或连接网络资源或展示教师自制的PPT电子课件，但是，此模式仍然是以教师为中心。一些教师仍把计算机网络教学简单地理解为在传统的教学方法和教学模式中加入现代教学技术手段，而忽略了对相关现代教育思想理论的学习，只是用新瓶装旧酒，片面追求形式，未能根据新的教学要求去更新教学方法和精心设计多媒体教学手段辅助下的新的教学模式。

（二）教学模式改革的理论基础

1.建构主义理论和多媒体、网络技术的结合

建构主义认为，知识是人们永无止境的探索，而不是一成不变的真理。教师不能把现成的知识教给学生，而要引导学生主动探究，让学习者掌握学习和解决问题的方法，成为一个自主的学习者和知识的创造者。高校英语教师不但要传授语言知识，还要承担帮助学生掌握英语学习方法和学习策略的重任。在高校英语教学中，要确立以学生为中心的理念，培养学生的自主学习能力和终身学习能力，发挥他们的英语学习主动性，在运用英语完成各种交际任务过程中建构英语语言知识，提升其英语应用能力。教师在英语教学中应采用各种方法和手段，帮助学生形成对语言的认识，使英语教学不仅在课堂中进行，而且可以延伸到课外，为在高校英语教学环境中实现从"学习英语"到"用英语学习"的课程转换创造条件。

2.教学模式的建构原则：以学习者为中心

建构主义思想作为高校英语教学模式改革实践的重要理论基础，指出学

生不应简单、被动地接受教师输出的或书本的知识信息，而是要靠学生自己主动建构知识意义，但是传统的教学模式无法实现这一目标。因为传统教学模式是以教为主，即教师根据自己对教学内容的理解备课、讲课，并且习惯于讲精、讲细、讲透；学生则习惯于机械地理解记忆，教师与学生的交流和互动极少，学生学习的积极性、主动性没有充分发挥出来。同时，现代网络技术的介入对传统教学模式形成了一定冲击。学生可以借助现代多媒体设备根据自身知识组成情况，选择配套的网络课程学习，这就使高校英语教学不再受时间和地点的限制，而朝个性化学习和自主化学习方向发展。在高校英语教学中实现此转向的目的就是改变教师在教学过程中的绝对主导者角色，教师转变为学生自主学习、自我思考、自我发现的促进者，指导学生在多媒体的网络环境下主动地、积极地学习英语，最大限度地发挥他们的潜能。建构主义理论的核心是以学生为中心，强调学生对知识的主动探索、主动发现和对所学知识意义的主动建构。计算机网络环境下的课堂教学模式与自主学习模式应结合教学的现实要求，遵循建构主义教学理论；在课堂教学过程中，教师应该避免单纯的知识点教授，要充分利用开放的网络资源和网络交互技术，融知识教学与综合能力培养为一体。课堂教学是在一个相对单一、闭塞的环境中进行的，教师应充分利用现有条件，拓展教学空间和课堂知识点操练环节，尽可能多地开展师生之间的课堂互动交际，在实际操练中进行语言知识教学，帮助学生成为学习的主体，并设计复杂和开放性的语言学习环境与问题情境，激发、驱动并支撑学习者探索与解决问题的活动。同时，教师也可以在课堂上利用多媒体手段，如播放幻灯片或与学习主题相关的影像资料，使文字与图像信息相互交融，在激发学生学习积极性的基础上，对课堂知识点加以拓展。网络多媒体手段使学生利用计算机进行网上自学成为可能。网络信息直接指向学生，学生成为学习的中心。他们可以"控制"学习媒介和"课程"的程序，可以自主选择学习的时间、地点和内容。学习是非线性的和无连续性的，不再局限于传统的课堂学习。教师根据特定目标和学生特点设计不同的网络课程任务，对学生进行有针对性的因材施教。学习者借助计算机的自主学习就不再需要中间环节，可以完全依据自己的兴趣、爱好和对自己未来设计的需要，自主、自由地选择学习内容。网络所提供的超媒体、超文本信息，以及跨学科、跨时空和面向真实世界的链接，构建起了使学习者走出高校英语课堂、融入社会实际英语使用情境的内容体系，能有效地保证学生的自主学习质量。由此可以看出，随着现代多媒体教学手段的介入，新的课堂教学模式和计算机网上自学模式在建构主义的影响下，被赋予了个性化、自主化、协作化等特点，这是更符合现实人才培养需求的变革。

3.教学模式与网络技术的结合

建构主义理论的核心是以学生为中心，强调学生对知识的主动探索、主动发现和对所学知识意义的主动建构。教学过程应是教师与学生交流与互动的过程，是教师与学生、学生与学生、学生与社会的互动过程。基于建构主义的教学模式应重视四种学习方式，即自主式学习、探索式学习、情境式学习和合作式学习。以现代教育信息技术为基本手段和途径，新的高校英语教学模式包括教师、学生、教学信息、学习环境四个要素。这四个要素相互作用、相互联系，形成稳定的网络多媒体教学模式。

4. 网络技术下的自主学习

首先，网络技术影响下的教学模式突破了传统课堂教学的时空限制，创造了现代教学环境，构建出一个无限开放的教学空间，淡化了"教"，而强调在现实环境中的"学"。教师宏观布置学习任务，学生自主掌握学习进度和选择语项。学生通过自主学习，查漏补缺，将旧知识与新知识联系起来，在原有知识的基础上增加、积累新的知识。那么，在多媒体网络自主学习的环境下，学生就可以在任何地点、任何时候开展学习。教师可以在校园网上建立有关英语学习的网页，为学生提供英语新闻、英语论坛等栏目，学生可以根据自己的语言水平、兴趣和学习习惯自行选择学习内容。网络课程的最大特点是利用现代化技术，通过为学习者创造开放的网络自主学习环境来突出学习者的个性差异，充分调动学习者自身的积极性，充分挖掘学习者自身的学习潜能，最大限度地开发学习主体的主观能动性。在网络环境中，学生进行的是个别化的自主学习和协同学习，学生可以按自己的知识结构和需要选择相关的知识内容进行学习；学生还可以在很大程度上支配自己的学习时间、过程和空间，设定学习目标，不断做出调整，调适学习进度；学生可以按自己的水平和需要自由选择不同级别和水平的学习材料，或侧重词汇语法，或侧重听说训练，从而达到强化自己所学知识和所掌握技能的目的。

其次，网络技术对探索式学习具有激发性。语言学习是积极体验的过程，它要求学生去探索和建构语言的意义，因此，语言学习应该是一种非程序式的、非事先设定的活动。建构主义侧重以学习者为中心，实行发现式学习和探索式学习，让学生在某一特定的语言环境中自行体会和探索，使学习成为一种自然的行为活动。在网络环境中学习，学生的学习过程不再由教师统一设计，不再像课堂教学那样强调集中思维、求同思维和正向思维。学生具有很大的自由空间，在学习中能更多地进行主动学习和自主思考，因此，除了消化和吸收所学知识与经验外，更加注重创造性学习。网络的开放性和多元性特征为学习者提供了多种选择的可能，使人的思维得以激活，从而激发出创造的欲望。学生在借助计算机完成自主学习的过程中，要去寻求、研究，进而建构语言的意义，这就是一种探索式学习。对一切新学习模式、新知识的探索也促使学习者通过不断的学习来更新、改变自我的思维结构。在没有教师主导的情况下，学生要学会自主安排学习时间，学会独立使用网络教学资源，自主分工合作完成教学任务，从而形成一种不断探索、创新的思维模式，发挥学生的自主创造性。在网络教学中，学生成为学习的主体，网络学习系统中设计的真实、复杂和开放性的语言学习环境驱动并提升学习者探索、思考与解决问题的能力。学生有了这样的资源，再培养有效处理这些信息的能力，就可以真正实现自我探索式学习的目标。

再次，网络技术有助于情境式学习。在真实的语言环境中学习，学生感知的语言才会更加具有完整性和意义。这些语言学习素材一方面因其丰富多彩而大大激发学生的兴趣，吸引学生积极主动地参与学习，引导学生在网上"电子畅游"世界，利用计算机教学软件自主视听或观看原版英语电影，以亲身的探索经历构建坚实的图式基础，在网络创置的语言情境下建构自己的目标语知识，达到语言学习的目的；另一方面，学生可以通过网络，随时下载有利于创造情境的资源，丰富高校英语课堂的教学。这可以引导学生通过网络培养阅读、听说、写作等技能，强化批判性、创造性等高阶语言思维能力，将全球的知识信息联系起来，形成一个巨大的教学资源库，把娱乐性、参与性强的网站引入教学内容之中，充分调动学生的各种感官。此外，英语电视、英语新闻和各类国际活动的英语直播，特别是越来越多的大学建立英语中心，等等，都为语言学习创造了极好的语言情境，保证在较真实的英语环境中全面培养学生各项英语语言技能，在现实的语言体验中内化语言知识，形成并不断提高综合语言应用能力。

最后，网络技术有助于合作式学习。在网络环境下，以计算机为核心的现代教育技术、教师、学生应构成一个生态化的高校英语教学环境，使三者在整合的教学情境中相互作用、相互补充、相互转换。建构主义认为知识是在行为活动或经验中建构的，是逐步显现的、情境化的，学习就是知识建构、解释世界和建构意义。语言教学过程不是一个单纯的认识和知识传递过程，而是通过语言建立师生之间的合作关系、对话关系。在对话过程中，师生各自凭借自己的经验，用自己独特的表现方式，实现知识的共同拥有与个性的全面发展。课堂不再是教师唱独角戏的舞台，不再是学生等待灌输的知识接收站，而是师生之间的双向互动。随着多媒体网络技术的介入，教学中的对话已不限于师生之间、生生之间言语的应答，师生互动课堂、生生互动"社区"、生机互动"在线"等教学环境的创建应运而生。这体现在课堂、学生课外活动场所、网络虚拟空间三维环境里所进行的师生、生生间的英语互动活动中。教师的作用是引导、促进、协调，而学生作为活动的主体，通过探索、实践与合作，在做中学、探中学，逐渐实现对语言使用规则的认知和外化。在课堂上，教师可以让学生分组进行专题的准备和讨论，所有学生均被要求参与某一专题的准备和陈述，并设置自由提问环节，教师在整个讨论过程中起引导作用。多媒体网络教学环境为师生、生生之间提供了多种形式的语言交流途径。网络教学中的协作学习、小组讨论、在线交流等学习模式也使师生之间、生生之间通过交流信息实现互动合作，从而实现真正意义上的人机、人人互动。与传统课堂模式相比，多媒体教学优化了英语教学资源的环境，提高了学生学习效率和教学效果。多媒体教学模式不仅仅是运用先进技术手段提高了教学效率，更重要的是改变以教师为中心的传统教学模式。更注重"学"而不是"教"的全新教学模式对于发展和培养我国学生迫切需要的英语综合应用能力和独立自主学习能力有着深远的意义。

（三）高校英语教学方法

高校英语教学在方法上越来越趋于多样化、折中化、本土化、学生中心化和学习自主化。这些变化促进了高校英语教学改革。英语教学是一门实践性极强的课程，它需要一定的知识传授，但更需要活泼与较为真实的课堂教学氛围，以及作为语言学习主体的学习者的积极参与和大量的交际实践。教师的"教"和学生的"学"是教学的两个重要环节，需要教师和学生共同参与。那么，如何在师生共建的课堂互动模式中有意识地创造各种语言环境，积极调动学生学习英语的积极性，让学生正确地使用英语知识去表达、交流思想和传递信息，是英语教学法要解决的首要问题。但是，英语教学法的运用不是固定的、排他的，这就要求教师在教学过程中灵活地选择有效的英语教学法，在以计算机、多媒体和网络为辅助手段的基础上，将不同的教学法穿插使用。这样，可以有效地调动学生学习英语的主观能动性，有助于教师及时对教学过程进行调控，同时可以加强学生与教师之间的有效沟通，帮助学生更好地提高自身的语言能力。教师对教学法进行选择时应注意兼顾几个原则：知识的体系性、任务的多样性、情境的真实化。

英语教学法要帮助学生构建扎实的语言知识体系。《大学英语课程教学要求》指出，大学英语的教学目标是培养学生的英语综合应用能力以及用英语进行交际的能力。交际能力由两个方面组成：语言知识和交际知识。语言知识的积累可以提高交际能力，交际实践可以巩固习得的语言知识，并促进交际能力的提高。在这两者的关系中，语言知识的学习是基础，也是最终为语言交际服务的。教师在开展教学的过程中可以参照语法翻译教学法，先讲授词法，然后讲授句法；采用演绎法讲授语法规则，再举例予以说明；语法练习的方式一般是将母语句子翻译成英语。在强调阅读作为英语教学的主要目标的同时，考虑对学生听、说、写能力的培养，这样的教学法在很大程度上有助于学生英语知识体系的建构。此外，重视母语和目标语言的共同使用。这样在课堂上，教师适当地采用母语进行解释，尤其是针对具有抽象意义的词汇和母语中所没有的语法现象，既省时、省力又简洁易懂。再者，将英汉两种不同的表达方式进行比较，可以提高学生正确运用目的语的能力，因此，在教学中可以灵活采用。

　　教学法能否调动学习者的学习兴趣是教学质量能否提高的关键，因此，在教学中，教师应该确保学习任务的多样性。教师在设置任务的时候要以激发学生的学习兴趣和成就感为出发点，围绕特定的交际和语言项目，设计出具体的、操作性强的任务，让学生在任务的驱动下学习语言知识并进行技能训练，在感知、认知知识的过程中达到学习和掌握语言的目的。活动可围绕教材但不限于教材，要以学生的生活经历和实际交际活动为参照，不仅要有利于学生英语知识的学习、语言技能的发展和运用能力的提高，还应有利于促进英语学科和其他学科之间的相互渗透和联系，使学生的思维能力、想象能力、协同创造能力等综合素质得到锻炼和提高。比如，上课之前让学生利用课余时间通过图书馆、网络等媒介查阅相关资料，了解本单元的中心主题；成立学习小组，成员之间互相检查背诵、记忆教材内容或者根据课程内容提前安排小组排练表演并进行课堂展示等；在课堂上鼓励学生积极参与到各项学习、讨论、陈述中。由于学习任务中包含有待实现的目标和需要解决的问题，因此会激发学习者对新知识、新信息的渴求。这样，学生通过实施任务和参与活动，就能促进对自身知识的重组与构建，摄入新信息并与学习者已有的认知图式进行互动、联系、交融与整合。

　　在教学中，教师应通过模拟真实情境来拓展教育空间，增强学生的感受，强化参与意识，从而有效地提高教学效果。传统的课堂教学被局限在教室中进行。现代信息技术的广泛应用使教育空间的拓展成为可能。教师可以在课堂教学中借助网络教学设备，为学生创设真实的语言环境或模拟情境，在模拟的情境中进行语言知识的学习和操练，在实践中提升交际能力。传统教学法的弊端之一就是教学法给学生造成一种距离感，形成"你讲我听"的被动状态。而情境教学法由于教师根据教材和心理理论创设了有关情境，鲜活的教学内容缩短了师生的心理距离，强化了学生积极参与的意识。情境教学法强调在英语教学中充分利用生动、形象、逼真的情境，使学生产生身临其境的感觉，利用情境中传递的信息和语言材料，激发学生用英语表达思想感情的欲望，促进学生的语言能力及情感、意志、想象力、创造力等的整体发展。情境教学法的教学实践是以课堂教学为主线，综合运用多种办法创设真实语言情境，营造英语交流氛围，从而实践英语交际。教师可以鼓励学生在课后使用视听设备和语言实验室来放映英语电影，收听英语广播，收看电视节目，通过情境、视听教学,让学生把握地道的语音、语调以及了解西方的文化背景。情境教学法既能突破传统英语课堂教学的狭隘性、封闭性,拓展教学空间,又能引起学生的兴趣,唤起学生的参与意识,提高教学质量,对英语课堂教学来说是一种切实可行的教学法。教学要以重视发展语言技能和交际能力为主,应采用多种交际功能项目,以保证交际的趣味性。

由此可以看出,每种英语教学法都有其产生和存在的条件。在实际教学中,教师应该仔细研究各种教学法的特点,熟悉并掌握其中的技巧,不能盲目地推崇某一种教学方法,而否定另一种教学方法。应根据教学活动的具体情况,综合使用各种教学法。事实证明,没有一种单纯的教学方法是万能的,过多地依赖或推崇某一种教学法的做法往往会在具体的教学实践中产生某种偏差。这不利于英语教学的进一步发展与提高高校英语教学水平。英语教学大纲要求教师不仅要向学生传授语言知识,训练其语言技能,还要培养学生运用英语进行交际的综合能力。这一要求是立体的、多层次的,而且当前大学生获取知识的渠道多样化,自学能力强,所以,教师在教学中必须本着客观、实事求是的态度,结合教学特点、学生的实际情况以及现有的教学资源,选择合理的教学法,从而有效地开展高校英语教学。

第二节 多模态与英语课堂教学的有机融合

一、高校英语多模态课堂教学理论基础

(一)哲学基础

1. 主体间性哲学观与间性理论

19世纪末20世纪初,西方哲学开始转向现代语言哲学,在某种意义上这种转向标志着主体性哲学转向了主体间性哲学。"间"意为"在……之间"。从本体论来说,"间"揭示了主客观事物存在的普遍方式。主客体都不可能孤立地存在,主客体只有在相互"之间"的作用与影响中才能生存。间性的概念最早源自生物学研究,因在神经心理学、认知科学等领域的相关研究和发现而备受关注,逐步应用于哲学、美学、文学、艺术、教育等人文学科,并成为一种新的理论共识。所谓间性,主要指一般意义上的关系或联系。间性理论作为主体间性、语言间性、文本间性、文化间性、媒体间性等诸理论

观点的综合，强调"你中有我，我中有你"，其哲学理论基础是主体间性。作为 20 世纪西方哲学凸显的一个范畴，主体间性理论是一种反主体性、反主客二分的近代哲学思想和思维模式，它强调主体与客体的共在性、平等性，关注主体间对话沟通、作用融合及不断生成的动态过程。尽管作为当代哲学的世纪之谜，主体间性理论视角具有自身的缺陷和局限，但已经成为不同研究领域和研究方法的交汇点，并逐步衍生出一系列基于主体间性哲学观的理论视角，如媒体间性、语言间性、文化间性、文本间性等。间性理论为美学、文学、文化学、社会学等各学科研究，特别是跨学科研究提供了哲学基础，也为英语教育研究开拓出新的视野。除了以上所讨论的主体间性的基本概念以及间性理论中"你中有我，我中有你"的哲学内涵，其他相关概念如媒体间性、语言间性、文化间性、文本间性等也是学界所关注的重点。

媒体间性，有时也称作媒体相互性，指的是现代媒体的相互关联，即媒体之间从信息内容到技术形式基于社会间性的综合、整合、转换与演变。所有媒体都兼具个性与共性，媒体间性就是媒体以共性为基础的个体差异性之间的桥梁。新媒体强化了师生主体之间、学生主体相互之间的主体间性，新媒体的多向性和互动性也加速了主体间性的进程。

语言间性是指语言的指称功能、意动功能、交感功能之间表现出的不协调和错位。换句话说，语言间性是指语用双方主体在沟通过程中客观存在的空间障碍。由于语言内在的差异性，会带来语用双方理解度的波动性，而这种波动则预示了语言系统的二元性特征（开放性和封闭性并行），从而决定了语义的二元性。语义的弹性特征导致了语用双方的沟通仅仅只是一种可能。作为二语习得研究领域中的一个相当重要的概念，中介语就是语言主体间性的一个主要表现，中介语是第二语言学习者在学习中形成的一种特定的语言系统形式。这种语言系统在语音、词汇、语法、语用等方面，既有别于母语，也不同于目的语，是一种随着学习的发展向目的语的正确形式逐渐靠拢的动态的语言系统。

文化间性，也叫跨文化性。间性思维模式应用于文化学领域便派生出文化间性问题。从某种意义上讲，文化间性就是西方哲学中的主体间性问题在文化领域的具体体现，它体现了从属于两种不同文化的主体之间及其生成文本之间的对话关系，表现出文化的协同共存、交流互动、意义生成等特征。在高校英语教学中，通过文化间性研究，有助于加强学生的跨文化素养。

文本间性，也称作互文性，指的是两个或两个以上文本间发生的互文关系。在语篇生成过程中，各种语料相互交叉，一个文本与其他文本之间相互影响、相互交流，文本间性将这些不同类型的文本联系起来，使内容变得协调、易懂。文本间性有助于加强高校英语与其学习者母语之间的文化联系，使教学突破文本的限制。

通过分析高校英语课程的学科属性及其教学系统的四要素，我们认为，主体间性、媒体间性、语言间性、文化间性、文本间性等理论视角是探讨解决高校英语教学的重要哲学基础。

教育技术与高校英语课程的整合充分体现了间性理论作为现代英语教育哲学基础的重要性。教师、学生、教学内容、教学媒体四大要素不是简单地、孤立地拼凑在一起，而是彼此相互联系、相互作用而形成的有机整体。在现代信息技术条件下，现代教学媒体的作用越来越显著，它改变了其他三大要素及其之间的关系，极大地提高了系统内部各要素之间的信息传递和转化的效率。

首先，对教师主体来说，教学媒体是组织、实施教学的一种重要工具，恰当的媒体运用可以减轻教师的常规工作量，促进教师与学生主体之间的互动；对学生主体来说，媒体则是一个认知和交流的工具，有助于学生有效地获取知识、发展认知能力、提高认知水平。根据主体间性，教师主体与学生主体之间具有显著的交互性，学生主体的中心地位离不开教师主体的主导作用，这是"以学生为中心、以教师为主导"教学思想的哲学基础。其次，在现代信息技术条件下，师生主体都是具有一定媒体素养的人，而且往往具有一定的不平衡性。由于信息技术的迅猛发展，学生的信息素养可能会高于年龄较大的教师，在教学过程中，学生可能会在新技术应用方面发挥重要的作用，影响教师主体及教学结构的取向。最后，新媒介条件下，教学内容资源化趋势显著，教材也从传统的单一的印刷图书转变为立体化的教学资源，教学内容更具多样性、易于获取性，在媒体形式上呈现出多元化、数字化的发展趋势。

2. 间性理论指导下的多模态课堂教学原则

（1）基于主体间性的交互性教学原则

坚持主体间性的语言观和英语教学观有助于还原英语教学的本真特点。主体间性所提供的新的哲学范式和方法论原则，将对英语教学的目的、过程和师生关系等产生积极而深远的影响。在高校英语教学活动中，教师和学生是活动的主体，以课程、教材及其他教学资源为载体的教育内容构成他们共同作用的客体，其实践结构的模式是"教师—教育内容—学生"。

主体间性理论的实质是主体交互性，目前我国高校高校英语教学中普遍遵循的"教师主导—学生主体"的教学原则就是主体间性理念的重要体现。一方面，主体间性理论强调主体间的主观性和能动性，重视文化深层交流中体现出来的人性；另一方面，主体间性理论并非完全否认主体性，而是认为主体性应该建立在主体间性的基础之上。这给我们的启示是，既要强调主体互动，又要注意学习者的个性差异。教育活动是学生的主体性和主体间性的统一。

（2）基于媒体间性的多模态教学原则

探讨媒体间性，有利于课堂教学媒体、模式和模态形式的创新。媒体间性本身不是一个新生事物，随着新媒介时代的到来，媒介融合日益深化，人们越来越关注媒体间性的研究。媒体间性通常有三层含义：第一，指不同媒体的综合与配合，即多媒体；第二，指同时运用几种模式的交流，即多模态；第三，指具有构建属性的媒体之间相互融合、相互依赖的关系。因此，多媒体、多模态、超文本性等都是媒体间性的重要体现，它们改变着人类关于识读能力的界定和标准，因而也改变着教学理念、教学手段和教学方法。新媒介为学生创造了无处不在的学习环境和立体化、数字化的"泛在学习"模式，为课堂教学注入了新的活力，强化了学习意义系统，扩展和改善了人际社会互动，构建了丰富的学习生态环境和学习文化。

多模态化不仅是教学媒体的表征，更是交互性原则和跨文化原则在教学实践中的实现。多模态教学极大地丰富了英语教学资源，拓展了意义表达的方式，促进了教师角色的多元化和教学资源的数字化。信息技术的不断更新，使学生可以选择在学校网络自主学习中心的多媒体机房、语音教室、手机、平板电脑等多媒体条件下进行学习，为学生创造了立体化、数字化的学习环境。教师必须与时俱进，积极进行多媒体、多模态的教学与研究。

在经济全球化、交流信息化、文化多元化和语言多样性的背景下，新的交际媒体正在重塑我们使用语言的方式。为了适应现实生活、学习、工作的数字化需要，学生要熟练地进行多模态的交流，学会运用多媒体收集和分析信息，还要学会运用故事、报告等不同的文体以及书面、视觉、口头、色彩等多种模态，开展有意义的数字化学习和交流。数字化交流远远超越了传统的文字和文本模态，还包含静态图表、画面、动画、色彩、音乐、录音等。多模态化是数字化英语教学的重要特征。高校英语教学面临着向数字化、多模态化的教学转型。

（二）教育学、心理学理论基础

1.高校英语教学研究的学科定位

英语教学的实践一再证明，语言教育是一个由各要素组成的多层面立体结构。除语言这个要素外，还直接与教育学、心理学、社会学等直接相关，涉及教材、教师、学生、教学目标、组织管理等诸多内容，远非语言学所能囊括。英语教育应当归属于教育学，而不能简单地把英语教学划入应用语言学的范畴。把英语教学纳入教育学的范畴，出发点是教育实践，重点是语言在教学过程中所起的作用，正是这些重要特征使得教育语言学成为一门独立的学科。从教育语言学的理论视角研究高校英语教育教学，无论在理论上还是在实践中都更具合理性。用于英语教学的教育语言学学科属性，我们在研究中，重点从教育学学科领域寻找高校英语教学研究的理论基础，特别是教育学、心理学、课程与教学论以及其他与教育学整合而形成的交叉学科理论，如教育心理学、教育生态学和英语教育技术学。

2. 认知负荷理论

认知负荷理论是继建构主义理论后又一个对教学起着重要指导作用的心理学理论。根据认知负荷理论，认知图式组织并储存人类知识，极大地减轻了工作记忆的负荷。而新信息必须在工作记忆区进行处理，以便建构图式，然后通过反复成功的应用，图式就会自动化。在工作记忆区处理信息的轻松度是认知负荷理论最关注的问题。认知负荷理论认为教学的主要功能是使学生在长时记忆中存储信息。知识以图式的形式存储于长时记忆中。长时记忆中的图式是一种知识框架，在学习新的材料时，具有中央执行官的功能。在学习新材料时，如果能从长时记忆中获取这类知识框架，材料就可以通过知识框架所提供的方法来进行学习；如果不能获得关于这些材料该如何组织的知识框架，则要采取随机学习的方式。

认知负荷是表示处理具体任务时加在学习者认知系统上的负荷的多维结构。这个结构由反映任务与学习者特征之间交互的原因维度以及反映心理负荷、心理努力和绩效等可测性概念的评估维度所组成。可能会影响工作记忆负荷的因素主要包括：学习任务本身的内在本质（内隐认知负荷）、呈现任务的方式（外显认知负荷）、学习者自愿用于图式建构和自动处理的认知资源量（关联认知负荷）。在高校英语教学过程中，外显认知负荷给学生带来问题的程度主要取决于内隐认知负荷。如果内隐认知负荷强度大，就必须降低外显认知负荷；如果内隐认知负荷低，因不恰当的教学设计而造成的高度外显认知负荷就可能不会造成伤害，因为总体认知负荷没有超越工作记忆的极限。进而，如果内隐和外显认知负荷的总量还留有额外的处理信息容量余地，就有必要鼓励学生将适当的认知负荷投入学习中，特别是用于图式建构和自动操作。

3. 学习理论

现代科学发展的特点之一是学科交叉影响，互相渗透。教育心理学是教育学和心理学的交叉学科，学习理论研究是教育心理学的核心内容，对高校英语教学与研究具有重要的指导作用。

20世纪以来，关于学习运行机制的研究，涵盖了行为主义、认知主义、建构主义、社会建构主义、联通主义等理论流派的发展演变。20世纪经历了数次主流学习观的变迁：从行为主义学习理论的知识习得观，到建构主义的知识建构观，再到社会建构主义的参与观（或社会协商）。行为主义、认知主义和建构主义为高校英语教学整体研究提供了坚实的理论基础。

行为主义学习理论把学习看作是"刺激—反应"的过程。用这种学习观指导语言学习时，强调语言技能训练的重要性，认为语言学习就是以"刺激—反应"为原理而形成的机械性语言操练，是语言知识的灌输，其目的是使学习者形成一种语言习惯。即使在计算机网络辅助高校英语教学很发达的今天，行为主义学习理论依然在一定的学习阶段，特别是在语言技能训练方面，发挥着积极的作用。

在新媒体时代学习环境构建中，最容易把技术作为中心而忽略学习者的中心地位，以技术为中心的设计侧重技术能够做什么，技术是教学的工具，其目标是使用技术辅助教学。所以，多媒体学习认知理论强调以学习者为中心的设计，关注大脑学习的机制，关注学习、记忆的效果，而仅把技术当作学习的助手，其目标是运用技术促进学习的有效性。

4.英语教育技术学

教育技术学是把应用新的技术、手段和方法来优化教学过程和教学资源作为研究对象的学科，是具有方法论性质的学科。在我国，教育技术学已经发展成为一门独立的学科。信息技术与课程整合研究的发展，使高校英语教学形成了新的教育信息化教学范式。按照库恩的范式学说，新范式的形成和转换意味着一门新学科的形成。作为一门独立的学科，英语教育技术学的建设刚刚起步，尚有一系列的理论问题需要我们不断地探讨，从而运用该学科的理论研究成果，探索高校英语课程与教育技术整合的新模式、新方法、新环境，进而在实践中不断丰富和完善英语教育技术学科体系。

（三）语言学理论基础

1.中介语理论

中介语理论是在认知心理学的基础上发展起来的，石化现象是普遍存在于中介语习得过程中的一种心理机制，与语言形式的正确性没有关系。换言之，正确的和不正确的语言形式都会石化。石化现象的产生，既与特殊的社会文化环境有关，也与英语学习者本身的素质相关联；既与固定模式化的教育体制和不恰当的教学方法有关，又与英语学习者的认知心理偏差相关联。在学习过程中，内外因的共同作用导致了学习者大脑中语言知识的固化。为此，我们要用科学理性的思维和宽容的态度来看待学习者的语言错误，辩证地看待和理解中介语和中介语石化现象。这将有助于我们进一步认识与控制石化现象潜在的内部机制，提高二语教学效率。研究还发现，汉语水平变量通过直接或间接路径对学习者的英语写作能力产生影响，其中汉语写作能力、汉语词汇能力和汉语语篇能力对英语写作影响显著。英语水平在汉语能力变量向英语写作能力的迁移中起着制约作用。

2.计算机辅助语言教学

计算机辅助语言教学（CALL）是探索并研究计算机应用于语言教学的科学。媒体技术在我国高校英语教学中的应用和研究源远流长。20世纪七八十年代，高校英语教师手提录音机到教室开展听力教学还是件新鲜事；90年代初开始，高校语言实验室的普及大大促进了听力、口语、写作和翻译教学；20世纪90年代末，网络语言实验室成为高校改善高校英语教学条件的主要标志；21世纪初以来，全国高校英语课堂教学几乎全部使用多媒体教室，同时各校纷纷建立网络英语自主学习中心，形成了多媒体课堂教学与网络自主学习相结合的高校英语教学新局面。

计算机辅助语言教学的发展表明，英语教学与教育技术应用之间的关系特别紧密，教育观念的更新与教育技术的发展之间呈现出相互作用、不断融合的态势。近年来，多媒体、多模态教学理论的探讨和应用，有力地推动了教育技术与英语学科整合的研究和探索，是英语教学研究的热点。

3.我国的英语学习理论研究

长期以来，我国学者在二语习得理论研究方面主要靠引介国外理论，并结合我国英语教学实际开展应用性的研究。但是，我国的英语学习与西方的第二语言学习有着完全不同的特点，因此，必须从我国英语教学的实际情况出发，对国外的语言教学理论，尤其是第二语言习得理论采取谨慎的态度。在吸收和借鉴的过程中，要充分考虑到中国学生英语学习的特殊性，从而建立一套具有中国特色的英语教学理论体系和切实有效的指导方法。

二、高校英语多模态课堂教学设计模型建构

（一）多模态研究相关概念

1.多模态

多模态指的是通过整合、编排或编织多种不同模式的符号资源而形成一个语篇。从人类感知通道的角度来看，多模态就是同时使用两种或两种以上的模态。人类生活在多模态的世界里，人们通常都是运用多模态来感知和交流的。例如，学生在课堂上学习时，一边听教师讲（教师的"言语"模式所对应的是学生的"听觉"模态），一边看教师的动作演示和在黑板上的板书（教

师的"手势、姿势""书写"等模式所对应的是学生的"视觉"模式）。值得注意的是，有些模态，按照感知模态的划分标准，只是一个单模态，但却涉及两种或两种以上的符号系统。也就是说，按照符号系统多少的划分标准，这些模态也是多模态的。

2. 多模态话语

多模态话语是相对于单模态话语而言的。根据话语涉及的模态数量，只有一种模态的话语是"单模态话语"，如广播仅涉及听觉（言语）模态，一份文字通知仅涉及视觉（语言）模态。同时，涉及两种或两种以上模态的话语就是"多模态话语"。根据社会符号学，多模态话语则指在一个交流活动中不同符号模态的混合体；换句话说，在一个特定的完整的话语中不同的符号资源协同地构建意义、实现交际目的。张德禄则通过整合模态的两个不同标准，把多模态话语定义为："运用听觉、视觉、触觉等多种感觉，通过语言、图像、声音、动作等多种手段和符号资源进行交际的现象。"

3. 高校英语课堂话语的多模态属性

随着现代信息技术的日新月异和人类交际模式的日趋多样化，话语的多模态现象日益显著，这就是话语的多模态化。话语的多模态化反映了媒体形式的多样性、人类活动的多维性、人脑结构的完备性和复杂性以及人类认知的多模态性。作为现代话语的一个突出特点，话语的多模态化在课堂教学话语中表现得更为突出。在基于计算机和课堂的多媒体教学模式中，高校英语课堂话语具有典型的多模态属性。这是现代信息技术与高校英语课堂教学整合的结果，也是高校英语教师更新教学观念的结果。

（二）高校英语多模态课堂教学设计应当遵循的原则

1. 结合教学条件，彰显媒体间性，促进"教"与"学"

在计算机与高校英语课程的整合过程中，"三多"（多媒体、多模式、多模态）是教学媒体要素在新媒体时代的重要表现，充分彰显了媒体间性的作用。高校英语课堂教学设计要充分发掘媒体间性的作用，在充分发挥教师主导作用的同时，真正体现学生的学习主体地位，最大限度地促进"教"和"学"的开展。首先，教师要主动运用多媒体、多模式教学手段，丰富教学资源，营造数字化学习环境，提高课堂教学效果。其次，要充分发挥学生作为数字原住民的优势，引导学生有效利用良好的教学资源和数字化学习环境，做好课前预习，并为学生的课堂学习设计恰当的任务，让学生在各种学习活动中积极主动地学习新知识、新技能。

2. 把控整体原则，强化参与互动，追求有效教学

根据多媒体、多模式、多模态课堂教学的特征，以主体间性、媒体间性和文本间性的思想为引领，通过交互式教学，提高学生参与度，追求课堂教学的有效性。多媒体、多模式、多模态课堂教学并不等同于有效教学。课堂教学娱乐化也是多媒体教学需要警惕的一种现象，缺乏互动性、效率低下的多媒体课堂教学在高校英语教学实践中也相当普遍。

3. 倡导社团实践，加强课外学习，创新学习文化

在基于计算机和课堂的多媒体教学模式中，网络自主学习与协作学习是高校英语课程教学的重要组成部分，社团实践有助于提升课外学习效率，有助于创新协作型高校英语课程学习文化。社团实践的学习理念充分体现了主体间性、文化间性和媒体间性的思想和原理，为高校英语课外学习提供了丰富的学习理念和方法。

高校英语教学改革的关键是教师，必须充分调动教师主体的积极性和主观能动性。教师必须率先改变观念，主动为创新教学模式"放下身段"，乐于与学生合作，共同提高多元识读能力，充分利用多媒体教学条件，最大限度地调动和促进学生的多模态学习，使学生不仅通过听觉、视觉等模态来增加信息输入，而且作为交流主体，通过口头、书面、电子、身体动作等交流模式，强化反馈、互动等输出机制，从而实现有效的语言学习。

三、MAP 在高校英语课堂教学及其评价中的应用

（一）基于多模态课堂教学设计原则模型的英语课堂教学设计

1. 基于 MAP 的高校英语教案设计

基于多模态课堂教学设计原则模型（Multimodal Apple Pie，MAP）的高校英语课堂教学设计重视课堂教学环节，但不拘泥于传统的教学环节。其提出了展示论证新知原理、尝试应用新知原理、聚焦完整任务原理、激活相关原理、融会贯通掌握原理等五项首要教学原理，综合运用间性理论、多媒体认知学习理论等，探索有效的高校英语课堂教学模式。

教学设计是课堂教学成功的基础。高校英语课堂教学设计应该遵循教育学、心理学和语言教学的规律，其任务是根据高校英语教学要求、标准及学生学习实际，合理把握教学观念、教学模式、教学技术、教学技巧等因素，对教学目标、教学内容、时间安排、教学方法、课堂组织、教学媒体、学习活动、学习评价等做出明确的规划与设计。为了使教学设计规范化，我们在基于 MAP 的高校英语课堂教学实践中，要求课题组成员在教学过程中，按

照"MAP课堂教学设计表"制作教案。此表不仅包含了常规教案的要件，如章节、课时、教学目的、教学重点难点、教学过程、教学评价等，而且要求课题组教师在教案中明确设计要点，并在教学过程完整设计中根据每部分设计重点并进行必要的设计分析。

实践证明，要求在教案中对MAP要素及设计思路进行备注，使教师更加有意识地聚焦MAP课堂教学设计的原则和方法，不仅为课题研究积累了丰富的教学改革经验和资源，还促使课题组教师不断深入学习和研究。

2. 基于MAP的高校英语教案评价

MAP中的"M"既可用来指三个以M开头的单词：媒体、模式、模态，也可用来指课堂教学中不可或缺的三个"多"：多媒体、多模式、多模态。M代表多模态教学模式的基调，它凸显了教学媒体在高校英语课堂教学中的作用，也借助媒体间性的作用极大地改善了课堂话语模式，优化了学生习得语言的模态，是基于计算机和课堂的高校英语教学模式评价中的重要观测点。

我们知道，高校英语课堂教学中学习者运用的主要模态是听觉、视觉两种，但这主要是针对语言输入的方式，而决定高校英语教学有效性的一个重要指标是参与度，我们更应当关注学生的语言输出，特别是在目前我国高校英语教学中被普遍推崇的输出驱动教学中，学生要用口头、书面、电子、身体动作等话语模式进行语言输出活动。

课堂教学的关键在于互动与学生的参与，而互动教学成功的关键在于教学设计。在高校英语课堂教学设计中，要充分利用多媒体教学条件，互动多模态学习，悉心设计五大支点，即课堂导入、信息呈现、同伴合作、学习强化和教学评价。

（二）高校英语课堂教学评价

1. 高校英语课堂教学评价的意义和功能

课堂教学评价是提升高等学校教育质量的重要手段，而课堂教学评价标准的确定又是实施课堂教学评价的关键性环节。绝大多数学校没有制定适合英语教学的课堂评价标准，评价指标通常都集中在教师的"教"方面，而对学生的"学"关注度不足。高校英语教师课堂教学评价应当根据高校英语教学要求、教学规律、教学原则及课堂教学目标，运用科学的评价技术、手段和方法，对教师课堂教学效果和课堂教学目标的实现程度做出价值上的判断。高校英语课堂教学的评价标准应突出高校英语课程特性，应当科学、有效地实施教师课堂教学评价，以促进教师专业发展，提高高校英语教育教学质量。传统的课堂教学评价通常以校方主导的教学督察为主，以学生学期对教师课堂教学的总体评价为辅，评价结果将作为教师评先评优、职称晋升等的重要参考依据。针对某一节课的教学评价，评价主体多为领导和同行教师，评价对象为教师及其课堂教学质量。在高校英语教育教学深化改革的背景下，高校英语教学部门越来越重视高校英语师资队伍建设，把日常课堂教学听课评课制度化，把讲课观摩比赛常规化，不断加强教师专业发展，改革教学模式，以提高教学效果。

高校英语课堂教学评价具有评定、改进、激励等功能。在高校英语教育教学改革中，教学主管部门应当充分发挥听课评课的作用，通过评定和激励，重在促进教师改进课堂教学。实践证明，科学、公平、合理的课堂教学评价，有助于调动教师参与教学改革的积极性。通过课堂教学评价，可以了解教师课堂教学的质量、水平、优点、不足等。课堂教学评价所提供的反馈信息，使师生明确教学目标的实现程度，明确课堂教学活动中所采取的形式和方法是否有利于促进课堂教学目标的实现，提高教师教学设计的意识和水平，帮助其积累经验，以便在以后的教学中更好地完成教学任务，不断提高教学质量。

2. 基于 MAP 的高校英语课堂教学评价

开展课堂教学有效性评价工作，必须从教学系统四要素及其相互关系出发，特别是要从高校英语多模态课堂教学实际出发。与常规课堂相比，高校英语多模态课堂教学是教学技术与高校英语课程的整合、融合，它遵循"教师主导——学生主体"的教学模式，采用以"自主、探究、合作"为特征的教与学方式，为学生构建出一个新型的学习环境。所以，评价高校英语多模态课堂教学的效果，不能只停留在传统课堂教学评价的层次，必须充分考察教学媒体的重要作用，从信息技术与课堂教学整合的维度来看待。根据 MAP 原则模型，关于高校英语多模态课堂教学设计的原则和特点，我们认为，对一节课的教学评价，应当站在主体间性的哲学高度，从教师、学生两大要素出发，而将对教学内容和教学媒体的评价分别融入对教师、学生两大要素的评价之中。

新媒介时代背景下，教学媒体在教学系统四要素中的地位和作用毋庸置疑。但是，我们绝对不能陷入技术决定论中，因为媒体间性必须以主体间性为主导，表面上的技术主导，事实上是以主体参与为前提的主导，是主体间性与媒体间性的融合所呈现出来的客观教学现象。因为真正能给教学带来变革的，不是技术，而是先进的教学理念和方法。因此，在基于计算机与课堂的高校英语教学环境下，教师一定要把握住以促进"教"与"学"为根本宗旨的听课评课原则，树立正确的听课评课观念，心中始终装着"学生"，重视教学效果。

听课评课活动是教师行动研究的重要途径，其最终目的在于不断从听课评课活动中汲取营养、改进教学活动。听课评课后的创造性应用与实践，对于执教教师和观摩听课教师都具有重要意义。教师是一个在实践中学习、实践中反思、实践中成长的专业群体，由外而内的意义建构对教师的专业发展来说是一个必经的途径。经过听课后的认真思考以及评课时的同行交流，教师可以在后来的教学实践中，结合自身的理解、风格、特点等，对于听课评课中的收获进行创造性的改造、应用，并进一步反思，再探索、再体验、再研究，以此类推，不断提高。通过听课评课活动，教师能够获得不同的思想交流、不同的观点碰撞、不同的经验分享和不同的设计借鉴，这些都是难得的学习资源和成长经验。

第三节　语料库语言与英语教学

一、语料库在英语词汇教学中的应用

（一）语料库与语料库语言学

语料库就是对海量自然语言材料进行处理、存储、检索、索引以及统计分析的大型资料库。尽管早在 18 世纪人们就开始尝试建设语料库，但由于技术手段的限制，在很长一段时期内它的发展缓慢而艰辛。随着计算机处理速度的飞速增长以及存储能力的扩大，语料库建设和基于语料库的语言学研究在近二三十年里取得了飞速的发展，日益成为语言学界关注的焦点。特别是在方便、迅捷的计算机定位检索管理软件的有力支持下，语料库在容量增大的同时，功能也变得越来越强大。通过对存放在计算机里的大量真实语料的检索分析，研究者可以获得构词、搭配、语境、修辞等多方面的丰富的语言信息。在教学方面，语料库以其宏大的数据库为基础，为编写词典、语法书及各种教材提供了海量而又鲜活的真实语言原料。近年来，语料库在教学中的应用日益广泛，涉及词汇大纲和教材编写、词汇教学、语法教学、语篇章分析、错误分析、机辅语言学习、机器翻译、语言测试及学生自主学习能力培养等。

（二）语料库在高校英语词汇教学中的应用

1.利用语料库进行词语搭配教学

搭配是"在文本中实现一定的非成语意义并以一定的语法形式因循组合使用的一个词语序列，构成该序列的词语相互预期，以大于偶然的概率共现"。词的意义并不是孤立的，这可以从与它结伴同现的词中体现出来。词项的结伴规律、结伴词项间的相互期待与相互吸引、搭配成分的一类连接关系等都是词语搭配的形式属性，也都是词语搭配研究的重要内容。

教师可以用语料库客观地分析学生的用词搭配。研究工科学生在英语写作中 get 的使用情况，结果发现：在"get+adj."结构中，get 作为"系词"使用。据此，学生能用词具体准确，充分表达句子的意义，如 get more beautiful，get familiar with，get addicted into，get hooked on 等。而对"get+n."结构，学生选择最多的搭配词是 information，news，date，mail 等，但也有少量搭配词不地道或者属于中式英语，如 get answer，get feelings 等。可见，凡是表达"得到、获取"之义时，学生都将 get 视为"万能动词"，认为该动词适合各种语境，能行使各种功能。这说明学生的词汇量有限，不能借助不同词表达同一概念或意义；同时，也反映出学生对 get 一词的内涵缺乏深入的了解。至于 get 的固定搭配，高频率出现的是 get rid of，get into the cyber trap，get the best use of，get away from，get contact withgetting on 等。总的来说，学生对 get 词的掌握不够深入和全面，表现为缺乏多样性和灵活性。

2.利用语料库进行语义教学

语义韵是语料库语言学研究的重要课题，可分为积极、中性和消极三类。积极语义韵的情况正好相反：关键词吸引的几乎都是具有积极语义特点的词项，由此形成一种积极的语义氛围。在中性语义韵里，关键词既吸引一些具有消极含义的词项，又吸引一些具有积极含义或中性含义的词项，由此形成一种错综的语义氛围。因此，中性语义韵又可称作错综语义韵。在消极语义韵里，关键词吸引的词项几乎都具有强烈或鲜明的消极语义特点，使整个语境弥漫着一种浓厚的消极语义氛围。绝大多数英语词的搭配行为呈现出错综语义韵的特性，一些词项具有强烈的消极语义韵，另一些词项则具有鲜明的积极语义韵。卫乃兴提出语义韵研究的一般方法：（1）建立并参照类连接，用基于数据的方法研究；（2）计算节点词的搭配词，用数据驱动法研究；（3）用基于数据与数据驱动相结合的折中方法研究。学生通过观察节点词的索引行就能分析节点词的语义韵特征。以 rather 为例，其右搭配形容词/副词依序分为 superfluous，fine，dismal，squalid，ugly，sad，

desolate， exaggerated， eerie， mean， indignant， shamefaced， pessimistic，
disappointing， impatient， too 等。

（三）语料库研究对英语词汇的教学作用

1. 通过词频的统计研究，量身打造不同阶段英语学习者的必备词汇

词频统计研究最直接的应用就是编制词频表，依此来确定不同等级的高频词汇的范围与数量。英语初学者只能把有限的精力投入学习最常用的词汇上。最常用的词汇并非凭知觉和主观经验判断来确定的词汇，而是基于语料库的词频统计研究得出的高频词汇。由此，词频统计研究直接作用于词汇教学中，对"教什么样的词"的决策，是客观有效的。根据库塞拉对布朗语料库的统计，最常用的 1000 词汇覆盖了普通文本 72% 的内容；最常用的 2000 词汇覆盖了文本 79.7% 的内容；而最常用的 4000 词占文本内容的 86.8%。由这一统计可知，最常用的前 2000 词汇覆盖了大约 80% 的文本内容，而后 2000 词汇则只占文本内容的 6.7%。可见，前 2000 词汇是真正的高频词，是初学者应该首先学习和掌握的词汇。除了最常用的词汇以外，还需要学习和掌握的词汇要取决于学习者使用英语的目的。不同英语使用目的都有相应的专业词汇。只有学习和掌握了基本高频词汇与相应的专业词汇，才有可能进行相应专业的学习、研究与运用。高频词表极具价值，一方面帮助确定词汇教学的内容，明确教学重点，安排教学次序，为教师与学习者提供各种有效参考；另一方面能满足不同学习者的需求，获得学习英语词汇的最佳回报，从而增强英语词汇学习的信心和提高学习兴趣。

2. 通过词语的搭配研究，准确使用英语词汇

词语搭配是语料库的词汇研究中最活跃的领域，处于语料库语言学的中心地位。搭配（collocation）是词语经常一起使用的方式。"经常"（regularly）的含义是：词汇项目在文本里反复共现，同时出现，体现出一定的典型性，而不是一种可能性。通过词语搭配研究，可以获得限制词语同时使用的一些规则。例如，哪些前置词与特定动词同时出现，哪些动词与有关名词同时出现等。

比如，通常用 do 与 damage、duty 以及 wrong 等搭配，而不与 trouble、noise、 excuse 搭配。因此，可以说 do a lot of damage， do one's duty， 而 make 则与后者搭配构成 make trouble， make a lot of noise， make an excuse。显然，在人们实际使用语言的过程中，词项并非随意组合出现，词项的搭配是遵循一些约定俗成的规则的。词语搭配是一种意义方式，在词项的结伴和共现中，它们总是相互期待和预见的。

　　长期以来，人们都比较注重词语的搭配知识信息，因为这是词汇教学的一个重点，也是难点。但在实际的词汇教学中，往往在呈现词语的音、形、义以后，介绍与目标词语相关的词组、短语，而很少涉及其他方面的搭配形式。这样一来，存在两个方面的问题：

　　第一，这些与目标词语有关的词组或短语大多是基于词典知识，或者从自己的已有经验中提取出来的搭配形式，它们在语法上是正确的，但是否在日常生活中得到广泛的使用却不得而知。例如，大家知道 rain cats and dogs 是大雨倾盆之意，几乎所有的英语词典里都列举了这一搭配，并且教师在教学中大多会提到它。但是，在现代英语中，人们几乎不使用这个搭配了。据统计，在 1000 万词语的口语语料库中，它一次也没有出现过；在 9000 万词的书面语料库中，只出现了一次。所以，学习此类过时的搭配已不具备实用意义，因而没有太大价值。

　　第二，搭配的概念范围太狭窄。在词语搭配时，要充分考虑"习惯性共现"的各种可能的情况，而不仅仅局限于约定俗成的词组。

　　显然，解决以上两个问题的途径都在于以语料库为基础的词语搭配研究。教师利用现代计算机技术，可以迅速方便地从包含数百万乃至上千万词的语料库中把某个词或短语出现的全部实例检索出来，并且统计出该词或短语出现的频率。这样，教师能更准确、全面地建立词汇之间的联系，认识各种语言形式在实际交际中的意义和用法。一方面，突破词组、短语的局限，获得比较全面的词语搭配信息；另一方面，去除那些过时的无用搭配，学习现实生活中真正高频共现的词语搭配，减少词汇教学中呈现词语搭配的随意性与局限性，提高词汇学习的质量和效率。

　　3. 通过提供词汇句法层面知识信息，正确运用句法

　　词汇教学内容包括词汇形式、发音、拼写、词根、词源，使用词汇的语法规则、搭配、功能、意义等多个方面。显然，在如此丰富的内容里，除了基本的音、形、义之外，词汇教学还包括非常重要的关于词汇的句法方面的知识信息，如"使用词汇的语法规则"以及"功能"都涉及词汇的句法层面。因此，词汇教学的范围并非仅仅局限于"词"的框架，而应该拓展到"句"甚至是"篇"的范畴。

　　在高校英语词汇教学中，在提供词汇句法层面，语料库有着独特的优势。其丰富的自然发生的语料能让教师和学习者获得目标词汇最常用的词性、搭配以及组词成句的规则等方面的信息。通过对包含目标词汇的语句的统计和研究，可以获得其词频信息、义频信息以及最常用的词性信息，增强词汇教学与训练的针对性；通过观测词语搭配情况，可以获得自然语言发生时真实

的常用搭配，以此来指导有关词语运用规则的制定，甚至对有关规则进行修正。比如，课本上讲授了 something that， nothing that 之类的正确搭配共现形式，而 something which， everything which 等被认为属于错误搭配用法，但通过运用语料库进行词语搭配研究，却发现 something which， everything which 的使用频率虽然小于前者，但也是经常被人们使用的，而且出现的次数并不少。

4.通过提供词汇的运用语境，呈现多样

在高校英语词汇教学研究中，大多数成果表现为对词汇教学的方法、技巧策略方面的研究与探讨，而对于另外一个重要环节——呈现（presentation）的关注并不多。词汇教学离不开"呈现"这一环节，如何让学习者一接触词汇就留下深刻的印象，是一个重要的研究课题。在关于高校英语词汇教学呈现方式与效果的实证研究中，发现举例环节在词汇教学呈现过程中对词汇教学与学习效果具有重大影响。所以，举例是高校英语词汇教学中呈现的一个重要讲授内容。在传统词汇教学的呈现操作模式中，教师举出的例句往往随口说出，至于例句的内容，只要包含了目标词汇，往往不做过多的考虑。这样所举例句往往是语法上完全正确，但在实际生活中可能很少使用的非真实语句。这种举例仅仅是说明了目标词汇的使用规则，把相关词汇放入一个语法上无可挑剔的句子中，来解释词语的应用规则。而它的随意性与非真实性直接影响了词汇教学呈现环节的质量，削弱了呈现效果。为避免这一弊端，就必须利用语料库所提供的海量的自然发生的语料来进行例句练习。

教师在进行词汇教学时，参考并选取语料库中相关的真实语句作为例句，一方面可以使举例之于呈现环节更加有效；另一方面，可以得到目标词的各方面信息——高频搭配词项、高频运用义项以及常见运用词性等。语料库所收集语料的丰富性、真实性和新颖性，使学习者在首次接触例句时就留下了比较深刻的印象，实现对目标词汇较深刻的理解，从而获得更牢固的储存效果，还能让学习者摆脱枯燥的词汇学习状态，以浓厚的学习兴趣持久地学习词汇。

5.应用语料库关键词检索，丰富词汇教学手段

关键词检索是语料库最基本、最具优势的功能。通过对关键词进行全文检索，可以将关键词及其在语料文本中的所有语境实例一同显示出来。点击某一实例还可弹出另一窗口，显示该例句所在的更大语境乃至全文。此功能可以提供有关词汇用法和意义的真实信息，并以此检验词典或教科书中提供的解释和说明。通过关键词检索，学习者可以体验词汇或词组在不同语境中

的确切用法，以增加对词汇的感性认识；丰富的用法和语境，使学习者能够比较和掌握同义词之间细微的语义、语用差异，极大地方便了学习者求证疑难用法和搭配情况。语料库的关键词检索功能也为教师提供了便利。平时靠教师语言直觉无法确定的问题均可迎刃而解，编制词汇例句和即时课堂词汇练习变得轻松快捷。另外，由于许多语料库具备更新能力，与词典相比，语料库提供的例句往往更充满时代感，更贴近生活，更有生命力，从而更容易激发学生的学习兴趣。

（四）语料库在词汇教学中的展望

根据对近年来英语语料库及语料库语言学研究动态的观察和了解，基于语料库的词汇教学这一领域未来的发展趋势可以概括为四个方面。第一，在词汇教学或者英语教学方面语料库的应用是大势所趋，语料库方法将逐渐受到重视和广泛应用，也会被越来越多的师生所接受；第二，语料库的应用将从传统领域，如编写词汇大纲、教材等，扩展到新兴应用领域，如课堂词汇教学、词语搭配学习、词汇测试设计、词汇学习活动设计和计算机辅助语言学习等，从而促进词汇教学方法的变革；第三，不同的语言研究方法，如基于语料库的方法、内省法、诱导法等，会相互借鉴、融合，语料库方法的局限性会逐步得到克服；第四，随着语料库和语料库语言学研究的深入，许多语料库分析及应用软件陆续被开发出来。然而，语料库分析软件开发得很多，而应用软件较少，而且现有的一些软件需要改进和完善。

二、语料库在英语口语教学中的应用

（一）英语口语语料库的现状

口头交际与笔头交际是人类交际的两个主要渠道。就口语而言，服务行业的对话与口述早就为语言学家所注意，前者如商店、银行、旅馆、饭店里的顾客与服务人员的对话等，后者如讲故事、讲笑话等。不同的口语语体有各不相同的语言风格。近年来，对口语语体研究的范围不断扩大，如对法庭对话的研究以及求职面试的探讨，还有些语言学家对商务会谈、电视访谈、网上聊天等也表现出浓厚的兴趣。现代口语语料库的出现对口语语体的纵深研究起到了促进作用，更重要的是给高校英语教学带来了全新的教学理念。把录音的内容转写后就可以建立一个口语语料库，然后再通过索引软件提取自己所需要的内容，这已经被广泛运用于语言研究和词典编纂中。建有专门的口语语料库，而有些口语语料是综合语料库的一部分，前者为纯口语语料库，后者为非纯口语语料库。

（二）语料库用于英语口语教学的可行性及优势

学习者的英语口语能力由四个部分构成，分别是：基本的语音能力、词汇语法能力、话语能力、语用能力。语料库在发展的初期，只进行词的一般分析，如词频统计等；随着语料库语言学的发展，语料库已经不仅仅进行一般的词频统计，而是增加了词的语法属性标注（如词性等）。现在更是越加重视对语料库做不同层次的标注，如语音、构词、句法、语义、语用等层次的标注，重视语音特征研究、话语结构研究、语用策略研究等。现在人们普遍认为语料库的发展对英语教学几乎所有分支领域都具有启发和引导作用。在语料库的帮助下，教师很容易找到大量生动而自然的口语表达例句并提供给学生，帮助他们掌握、积累更多的表达方式，理解和掌握句子在口语中的实际用法，进而帮助他们克服畏难情绪，激发他们说英语的积极性和表现欲，提高其口语表达能力。同时，通过指导学生就特定话题查阅和检索语言资料，帮助学生逐步形成探究型的学习方式，培养他们自主学习的能力，真正体现以学生为中心的教学理念，使学生终身受益。

（三）语料库在英语口语教学中的应用

1. 口语语料库对高校英语口语教学具有促进作用

口语语料库的出现为英语口语教学和研究提供了崭新的平台。利用语料库对比的方法，从本族语者和学习者的语言输出中提取对教学有用的信息，能够有效改进英语教学。从促进英语口语教学的角度，英语口语语料库的作用主要表现在以下几个方面：

（1）帮助学生拓展语言输入的范围，提高学生的英语口语水平。从英语教学的角度来看，语言输出必须建立在大量的语言输入的基础上，输入语言的量成为提高英语口语水平的重要指标。语料库使学生有机会接触各种语体，开阔了他们的视野，增强了他们的语言输入的内容和范围。

（2）通过运用语料库语言学的方法，提高英语口语教学效果。通过建立学生口语语料库，将其与以英语为本族语的口语语料库进行对比，教师能对学生的口语表达能力形成较为全面和客观的了解，并从中发现学生英语口语表达中存在的共性错误和典型问题，以确定教学的难点与重点，使口语教学更具针对性，从而大大提高口语教学效果。此外，口语语料库还能够为编写英语口语教材和制定英语口语教学大纲提供准确和客观的数据。

（3）倡导数据驱动学习，培养学生语言自主学习能力。口语语料库能为学生的探究性学习活动提供素材，在高校英语课堂教学中引入语料库可以促进数据驱动学习，帮助学生培养英语自主学习能力，实现由"学会"向"会学"的转变。通过语料库，学生可以在语境中分析、归纳某个语言现象的意义及语言规律。同时，学生通过英语语境进行分析归纳，发现规律，建构自己的知识体系，逐步培养自主学习能力。

2. 英语口语语料库语言是教科书的有效补充

（1）弥补教科书单一的教学内容。从英语教学的角度来看，语言产出是建立在大量的语言输入的基础上的，输入语言的量是提高英语口语水平的重要指标。口语语料库大大地扩展了语言输入的范围，通过语料库，除了课本以外，学生有机会接触到各种语体。

（2）为英语教师提供最真实可靠的语言信息。口语语料库无疑为口语教学提供了一个可靠的语料来源，英语教师可根据自己的教学目标选择相关语料。

（3）使英语教学内容不是建立在语感上，而是建立在真实材料的基础上，使所学内容更贴近生活实际。口语语料库的使用使学生学到的语言更加接近生活实际，避免课本语言与实际交际语言相脱离，学以致用，增强学生的学习动机和学习兴趣，克服"学非所用"给学生带来的沮丧感及其他负面影响。

（4）有助于开展任务型学习活动和实施材料驱动语言学习。口语语料库为探究性学习活动提供素材。通过语料库，要求学生在语境中分析、归纳某个词的意义以及搭配规律。在英语学习中，语言成分的搭配是比较自由的，其实这种自由度在地道的本族语表达中是非常有限的。学生越来越意识到固定搭配在高校英语教学中的重要性。在英语表达中，不难发现这类例子：词汇和语法都没有问题，然而，却不符合地道英语的表达方式。因此，要说地道的英语就必须注意英语的固定用法与习惯表达形式。口语语料库无疑提供了一个地道的语境和素材。学生通过对目标语各种不同语境的语言进行分析归纳，来发现规律，强化在做中学，建构自己的知识体系，提高探究性学习的能力。

（5）教师和学生可以建立英语学习者口语语料库，师生对语料库进行比较分析，从而找出英语学习者口语失误的规律，使课堂教学活动做到对症下药、因材施教。此外，教师和教材的编者根据学习者语料库分析提供的信息来设计教学内容和材料。我们必须意识到，在指定教材的长期统治下，师生对教材的定式思维自然会对口语语料库的使用产生一定的抵制，因为语料库中的语言材料毕竟不像指定教材那样"整洁"，而是"破碎"的。因此，师生的观念需要改变。只有师生充分发挥"双主体"的作用，才能全面提高英语口语课堂教学质量。

3. 口语语料库在课堂教学中的运用

在英语学习环境中，口语语料库是教科书的有效补充，因此，在呈现教科书课文的基础上，有必要让学生了解，真正英语本族语人在相似的环境中是如何交流的。比较法更能加深学生对教科书课文和语料库内容的认识和理解。语料库可以为学生提供丰富和直观的语言素材，便于激发言说的欲望，使其有话想说、有话可说，从而达到使学生积极发言的目的。更为重要的是，语料库提供了一种学习的方法，学生就某个自己关心的话题可进行自主查阅资料、积累语料，从而提高自主学习的能力和主动性。

（四）对高校英语口语教学的启示

通过对非英语专业大学生的英语口语语料库的检索以及结果进行分析，对学生口语表达中存在的问题有了比较准确全面的了解。在今后的英语教学中，应从以下几个方面来帮助学生减少口语表达错误，提高口语教学效果。

（1）话语连接词用来表达句子间的逻辑关系，有助于加强语言的连贯性。教师在教学过程中不能只重视对语言形式和语法词汇的分析，还应加强对内容和语篇结构的分析，引导学生了解英文语篇的发展脉络。把重点放在对整篇内容的理解上，分析作者是如何阐明主题的，分析段落间、句子间的连接、转承方式，从而使学生进一步领会英语表达的技巧，以增强学生语言表达的条理性和逻辑性，以及口语语篇能力。

（2）口语小品词作为话语标记语的一个分支，是日常交流中使用最为频繁的标记语之一，有着不可替代的篇章和交际功能。因此，在教学过程中教师要注意小品词功能的讲解，引导学生注意小品词的使用规律及功能，确保学生在口语交际中能够灵活多样地运用小品词。

（3）引入词块教学，培养学生的词块意识，提高学生的词汇搭配能力，从而使他们说出自然地道的英语。词块是具有一定结构、表达一定意义、容许不同抽象度、频繁使用的、预制的多词单位。如果学生记忆库中储存了大量的词块，在语言表达时，就能保证表达的流利性、准确性和地道性。因此，在高校英语教学中，教师首先要有意识地提高学生对词块的敏感度，鼓励学生在课文学习中发现词块，并学会灵活运用。其次，教师可以通过索引工具，运用语料库中的真实材料，向学生展示词语的典型搭配，让学生接触符合英语习惯的结构和搭配，吸收和使用符合本族语习惯的词块，减少母语干扰。最后，在大量词块输入的基础上，教师应创设更多的语言活动，为学生提供更多的语言输出的机会，使语言输入与输出相辅相成，提高语言输出的质量。

（4）针对学生口语表达书面语化的现象，教师在口语课堂中使用的话语应尽可能口语化。此外，教师可以在教学或教材编写中让学生接触到真实的、多样的，与学生水平相当的口语语料，为学生提供更多的口语练习机会，指导他们在口语表达中增强区分口语和书面语的意识。

（5）教师应在教学中对交际策略做系统的介绍，培养和增强学生正确使用交际策略的意识。教师应运用体现交际策略的"真实"听力和口语材料，为学生提供合理地使用口语交际策略的语言输入和范例，营造轻松和谐的语言环境，引导他们敢说、多说；加强对交际策略的训练，尤其是以第二语言为基础的成就策略（英语转述策略、近似策略）、停顿策略和副语言策略等，帮助他们提高口语的流利性和准确性，以促进语言的习得。教师通过对学生的自然语料进行观察和分析，能发现学生口语表达的特点和语用失误规律，从而对学生口语学习过程中存在的错误和问题有比较系统和准确的了解。只有这样，口语课堂教学活动才能做到对症下药，帮助学生掌握规范、地道的英语，有效提高学生的口语表达能力。

三、语料库在英语写作教学中的应用

（一）语料库在英语写作教学中的优势

1.语料库可以提供大量真实的语言素材

英语教学目标是培养学生的语言运用能力，教会学生运用鲜活的语言，以便更好地交际。"真实性"也是语言教学中交际活动的最基本概念之一。交际法强调让学习者通过使用目的语来参与相应的活动以增强其自信心，因为只有在实际中运用语言，才能达到让学习者接触目的语文化，并对其产生浓厚兴趣的目的。首先，为了交际目的而在实际中运用的语言，比起为口述目的语特点而编制的语言更有趣，学习者学习的动力更大；其次，围绕内容展开的实际语言运用使学习者更易习得语言。这是因为实际运用中的语言不仅能为学习者提供较为丰富的"语言大餐"，还可鼓励学习者透过语言表层结构挖掘其中的内涵。在语料库出现以前，语言描述更多地基于本族语者的直觉和内省。对那些相信语言学习和语言学的理论描述应该建立在真实数据的基础上而不是在主观臆造基础上的语言学家来说，语料库是非常有用的资源。基于语料库的方法最大的优点在于它能够提供大量的语言数据以及一些语境方面的信息，有利于对语言进行量和质的分析。因此，语料库与本族语者的直觉相比更具可靠性。

2. 以真实语言作为输入材料更有利于语言产出

语言是文章的建筑材料，缺乏这些建筑材料，就很难写出好文章。写作属于语言输出，把语料库与英语写作教学相结合就是为了使学习者通过接触大量真实的语言材料，激发其学习的积极性，帮助其理解输入的内涵，使输入成为可理解性输入，并被学习者掌握。同时，这种教学方法也使学习者通过运用新的语言知识，不断改正和调节他们原有的语言假设，从而使其语言水平得到提高。在英语学习中，运用语言能部分地起到学习者在"自然语言"环境下与本族语者进行交流习得语言的相似作用。

英语教师应充分重视语料库中大量丰富自然的目标语语料及其有关知识的输入，并引导学生根据语言的实际情况加以使用。这样做能够使学习者清楚地了解目的语中某个词在各种不同语境下的具体用法和不同体裁的文体特征，扩展其第二语言的词汇量、语法知识等，从而有助于其写作能力的提高。斯温认为"只有当学习者有机会进行'可理解性输出'时，有意义的语言习得才得以实现"。斯温论述了输出在二语习得过程中所起的作用：第一，语言输出为学习者进行有意义的练习提供了机会，目的是使语言在语言资源许可的范围内实现自主化，这是与语言的流利性相关的问题，而不是准确性的问题；第二，语言输出促使学习者去了解他们以往不知道或仅了解其中一小部分内容的事物；第三，输出也为验证假设提供了机会，这样，学习者会为了弄清某假设是否能够奏效而尝试使用各种表达手段。语言习得是通过发挥语言功能性和交际性作用的输出而实现的。换言之，二语教学需要为学生提供合适的机会让他们运用新的语言形式进行交流，同时也要创造一种情境使他们觉得进行交流的愿望是有意义的，他们的话语是可以被接受和理解的。学习者需要有这样的机会来说出或写出新的语言形式，以便改正和调节他们原有的语言假设。

（二）基于语料库的英语写作教学

1. 准备

在准备阶段，要求教师对语料库及其使用情况要做到非常了解并能熟练使用。在此基础上，还应让学生对语料库的界面和基本构成也有所了解。对学生进行语料库的介绍应在语言实验室进行，这样有利于学生在教师对之进行讲解的同时即刻进行实际操作，有利于学生提前学会其基本使用方法。

2. 实施

在有了前面的准备之后，即可进入实施阶段。在该阶段，首先，教师应在课堂上对所用语料库做简要介绍，同时引导学生学习并探讨语料库在写作练习中的功能。具体实施时，教师可以设计一些练习先让学生以分组的方式来完成，然后再独立完成，以此培养学生独立使用语料库的能力。最为重要的是，教师要在课堂上给学生布置一定的写作任务，如利用语料库来查找特定词语的表达方式等，从而不仅使学生学会运用语料库中的资料来分析自己在作文中出现错误的方法，而且培养了学生的语言意识。就搭配、语体、体裁等方面给学生设计出练习题，让学生在语料库中找出与之相同或相近的资料进行学习。这样，学生一方面可以学到常用词的搭配方式，另一方面也能逐步熟悉语料库的使用方法，能把词汇的学习放在句子之中甚至语篇之中来进行，为他们以后的自主学习打下坚实的基础。

在后期的教学中，对语料库的使用不应仅限于词汇层面，语篇层面也要加以重视。由于汉英语篇存在较大差异，汉语为意合型，即以意义关系达到语篇的连贯；而英语为形合型，即以外显的连接进行衔接，所以衔接就是需要关注的重要方面，这也是中国学生在写作时的一个薄弱环节。为此，教师在英语写作教学中应适当讲解英汉语言间的差异，尤其是向学生介绍体现在写作方面的语言上的差异。让学生了解这种差异可以增强学生对语言的认识，有利于学生更好地学习英语。同时，语篇结构也是值得关注的。教师应在教学指导中指出这一方面，同时设计相应的练习，以让学生利用语料库对语篇差异有所了解。

学生在校期间能接触到的语体的类型单一，较为有限，所以其语言知识的输入也不足，从事写作时写出的内容也往往较为空洞。利用语料库，学生可通过观察和数据统计相结合的方式了解不同体裁的写作特点和用词特征等。关注体裁的教法可以用来指导学生对体裁的学习。通过对多种体裁的分析和研究，学生不仅可以掌握各类体裁的特征，还可以通过对不同体裁的对比，以及对语步策略和语言特征的分析，了解各种体裁的独立特征和共有特征，从而将之运用于自己的写作实践之中。

3.评估

在此阶段，教师应组织学生对其所学语料库知识和在使用语料库过程中遇到的问题及其解决办法进行探讨，从中挖掘语料库更多的使用价值。在这个过程中，还应对写作任务的完成情况进行评估。评估是一种重要的学习方式，教师应组织学生对自己和他人写作任务的完成情况进行评估。

4.自建小型写作语料库

在使用语料库进行教学的同时，教师还应鼓励学生尝试自己创建自己的小型写作语料库。利用该语料库，引导学生分析自己以往的作文中容易犯的错误。教师还应鼓励学生不断地扩充自己自建的语料库，收录易犯错误的例证，或是优美语句，以备学习和参考。学生自建语料库时可以利用现有的软件开展学习活动，而不是机械地逐词逐句地输入。语料库在英语教学的各个方面都已经得到了广泛的应用，以真实可靠的、自然发生的语料为基础的语料库对语言学的各个研究领域都有着非常显著的实用价值。可以肯定，将语料库用于英语写作教学有重大意义。它可以作为重要的教学工具，帮助学生在写作中提高语言的准确性，增强文章结构的连贯性，丰富文章的内容。当然，语料库在写作教学中的应用远不止于此，其教学效果还有待于进一步进行大规模的实证性研究。

四、语料库在英语翻译教学中的应用

（一）词语的英汉对译

学生在翻译实践中为什么用不上自己所掌握的词汇？其实主要原因就在于英语和汉语中绝大部分词语都不能一一对应。如果利用平行语料库提供的大量的带有真实语境的例句，学生就能够掌握不同语境中同一词语的不同译法。像"克服"这个词，学生对它的英译会脱口而出"overcome"，如：

人们用这些小玩意儿克服沉默，与人交往。

英译：People use the gadgets to overcome their reserve and make contact.

（二）固定结构的英汉对译

英语和汉语中都有一些常用的句型和特定结构，在具体翻译时该怎么处理，不是一两句话能够解释清楚的，通常要求学生对两种语言的双向掌握，这可以由平行语料库来提供帮助。下面通过"把"字结构的对译来说明这一点。如：

（1）它会把我们带到哪儿呢？

英译：Where would it take us ?

（2）最好把沙拉碗弄成彩色的。

英译：Try to get a little color into your salad bowl.

（3）我们把汽车停在她的房子外面，坐在车里谈心。

英译：Parked outside her house, we sat in the car and talked.

（4）他用双手把我抱了起来，并送我回了家，我记得当时认为他是那么高大和强壮。

英译：He scooped me up and carried me home, and I remember thinking how tall and strong he was.

（5）每天我快快乐乐地下山把垃圾倒在堆肥堆上。

英译：I delighted in my daily trip down the hill to dump the refuse on the pile.

（6）她把那首诗放在钱包里作为精神支柱。

英译：She is carrying it in her wallet for moral support.

以上例证可以说明，平行语料库应用在翻译教学中，确实有助于学生解决翻译实践中遇到的实际困难。目前出现的问题是很多语料库的使用还存在一定的限制，在线语料库中的语料还不是很充足。库克曾说过："要实现语料库研究从语言学研究到语言教学的跨越，绝非一朝一夕之功。"随着语料库语言学的不断发展，平行语料库在翻译教学中会有更广阔的使用前景。

五、语料库语言学在高校英语教学中的意义

（一）语料库语言学在词汇教学中的运用

词汇教学是英语教学的基础。在传统课堂上，教师往往花费较多的时间讲解单词的音、形、义，督促学生强化记忆。学生掌握的词语意义和用法往往过于单一、死板，运用起来捉襟见肘。有些学生甚至找汉语中的对等词来记忆，不仅浪费精力，而且易造成误解。现实语境中的词语并不是孤立存在的，而是处于和其他词语的搭配中，并产生共有意义。这在语料库语言学中被称为词语的"结伴关系"或"共现关系"。基于统计学上的定量分析，只要一词与另一词的共现频率达到一定标准，它们之间即可被认定是搭配关系。查尔默将词语搭配进一步界定为"以等同形式超过一次重现，并构成良好语法的词汇系列"，兼顾了搭配中的语法因素。两种说法都突出了掌握情况搭配对词汇学习的重要作用。学习者最终能否掌握英语，关键在于能否熟练运用典型搭配。现代语料库的应用可以使词汇教学不再局限于单词的孤立讲解。

语料库语言学在词汇教学中运用的基本方法是：输入要讲授的词作为"节点词"进行搜索，提取该词在语料库中所有的搭配词。在每行索引中，节点词居中呈现，左右构成其语境的词语被称为"跨距"。统计中，教师要把偶尔共现的词排除掉。只有那些与节点词反复共现的词才被认定为典型搭配。事实证明，节点词的意义正是"存在于与之结伴的别的词项之中"，正是典型搭配赋予了它丰富的含义。教师通过对典型搭配的分析，可以呈现节点词的含义和用法，加深学生对该词的印象。当前，将语料库引入词汇教学不仅可以将教师从烦琐的词汇讲解中解脱出来，提高教学效率，而且有助于学生由被动学习向研究型学习转变。

（二）语料库语言学在语法教学中的运用

在当代语料库语言学家辛克莱看来，语法与词语是一种"相互渗透"的关系。词语具有意义潜势，同时，在搭配和用法上也具有语法潜势。两种潜

势都在语言交际中呈现出来，形成一种相对固定的词汇和语法机制。这种机制在语言使用中被称为"共选关系"，即"一定的词语和意义总是以一定的语法形式表现出来，一定的语法结构也总要以最经常和最典型的词语来实现"。因此，词汇教学和语法教学是密不可分的。语料库对词汇教学的作用也同样体现在语法教学中，并对传统语法教学理念形成挑战。传统语法教学秉承"规定性语法"教学模式，着重讲解句法结构。与此不同的是，基于语料库的现代语法教学更加侧重语法与词汇意义的"共选关系"，更倾向于"描述性语法"的教学理念，用大量生动的自然语料来呈现词句搭配中的语法规则，更加注重语言运用的区分度和准确性，使学生接触到更多地道的英语，以增强学生对语言交际的感知力。通过语料分析可以看出，在语言交际中，句式的选取往往不是为了验证或运用某个句式，而是对其进行词语填充；相反，人们总是为了准确地表达某个意义而随机选取最合适的词汇和句法结构。意义永远是第一性的，形式是第二性的。

语言教学的目的就是让学生掌握真实的语言。有些语法学家依靠个人直觉，为说明和论证某种理论框架而杜撰和自造的句子没有太大的效度，在很大程度上很可能会将人为的结构强加于实际语言运作，会对真实语言运作产生曲解。为避免这种人为的杜撰和扭曲，现代语法教学中多利用真实语料作为语法讲解的依据，这就是辛克莱尔所说的"自然发生数据"。这种新的描述与解释不仅能够将学生从大量的句法结构记忆中解放出来，也能使语法学习充满乐趣。教师可以引导学生借助语料库自行分析总结句法规律；通过研究句式的演变趋势，还可以预测未来语的发展态势。这样一来，语法教学就不再是灌输式讲解，而转变成探讨性研究了。

（三）语料库语言学对英语教学其他方面的意义

在修辞学和文体学的教学研究方面，可以借助语料库中的鲜活文本和自然口语数据提供大量的素材。如在具体语境中，如果某些性质相似的词语和关键词反复出现在文本之中，则关键词也就具有了相关的语义特点，这就是通常所说的"语义韵"。因此，学习者如果要判断文本的修辞，只需要搜索某一个关键词语，再抽调语料库中相对应的文本进行语义分析；如果是文学文本就可以据此推测文本的社会环境、写作背景、思想动态等信息。由此可知，语料库不仅对文学教学中的语段分析与阅读理解具有重要意义，还能够充分调动学生参与课堂教学的积极性。虽然语料库语言学以抽象的状态呈现，但是也具有很强的实用性。这不仅体现在高校英语教学中，而且在中职院校英语教学中也发挥着不同的作用。随着文化的发展，人们在日常生活中应用语言学的机会越来越多，也促进了学科的不断发展。

总之，科技手段与信息技术的大力发展使语料库语言学对高校英语教学产生了巨大的影响。语料库语言学既为语法、词汇、修辞、语言学等各学科教学带来了深刻的变革，也推动了英语教学理念与方法的进步，还使得课堂教学的信息量更加丰富，在很大程度上提高了学生的自主创造性。

第四节　个性化教学与实践

一、个性化教学

在当今社会竞争日益激烈的情况下，个性化教学的开展显得尤其重要。本节就来讨论与个性化教学相关的问题。

（一）个性化教学概述

关于个性化教学的定义可谓"仁者见仁、智者见智"。我们先来看一些比较有代表性的观点。詹金斯在《个性化教学策略》一文中使用"个性化教学"等词汇来描述个性化教学，将其含义概括为以下两点：一是特别强调每一个学习者的需要、天赋、学习风格、兴趣和学术背景；二是要求学习者不断的进步。阿兰对"个别化教学"和"因材施教"两个术语的含义进行细分，在阿兰看来，"个别化教学"往往与非正规的课堂教学联系在一起，强调的是学习者可以按照自己的节奏来制定自己的学习日程，安排自己的学习进度，而"因材施教"更侧重于师生之间、学习者与学习者之间、学习者与学习资源之间的互动。《韦伯斯特词典》将"个性化"的含义总结为以下三点：①保持个性，养成一个有特征的人。②使个体进入自我管理的状态。③调整或顺应个体的需要或特定环境。

尽管上述观点所使用的术语各不相同，但他们都不同程度地体现出个性化教学的一些内在特点。综合上述观点，笔者认为所谓个性化教学就是以了解和尊重学习者的个体差异为前提，以最大限度地发展每个学习者的能力为目标，以充分调动学习者的学习自主性为方式，以灵活多样的教学形式为依托的教学模式。

（二）个性化教学的原则

教学的组织原则是教学活动的基本准绳，决定着教学活动的质量与效果。

个性化教学要想实现理想的教学效果，也必须遵循一定的组织原则。具体来说，我们可以从以下几个方面来把握其原则：

1. 形式的个性化

只有将学生内在的动力激发出来，学生的潜能才能得到充分发挥，并逐渐养成自主学习的行为、习惯、态度和精神，学习才可能达到预期的目标。因此，采取什么样的教学形式就成为至关重要的问题。对学生而言，学习活动是发生性的。这就意味着教学必须是个性化的，要受到学生的经验、意向、兴趣、水平、需要等因素的影响。教师应对学生情况进行汇总和分析，并在此基础上采取小班化教学、个别辅导、小队教学、同伴辅导、探究性学习、合作学习、自主学习等多种形式来弥补传统教学的不足。此外，教师还应在实践过程中不断总结经验、不断创新。

2. 手段的个性化

现代科技的发展尤其是现代信息技术的发展为教学提供了更多可供选择的手段，为个性化教学提供了强大的物质基础。具体来说，这些技术上的进步不仅提供了许多硬件设备，如录音机、投影仪、电视、电影、电脑等，还提供了许多储存容量大、功能强大、界面友好的软件与应用系统，如网络、音频视频播放软件、多媒体课件制作软件等，为个性化教学的有效实施创造了更加便利的条件。因此，教师应充分利用校园文化资源、乡土和社区资源、广播电视手段、计算机技术手段、网络技术手段等，将个性化教学更好地向前推进。

3. 目的的个性化

目的的个性化就是通过教学，我们要培养的是个性化的人才，而不是规格化、标准化的人才，不是众人一面，而是人人生动活泼，具有丰富多彩的表达方式，具有冒险和创新精神。

教师认真对待每个学生的特质、兴趣和学习目标，并尽最大可能地帮助他们感受到自己的潜能。此外，教师应根据教学内容、教学对象的不同创造性地设计各种适宜的、能够促进学生充分发展的教学方法与策略，使学生能以向他人（包括自己）展现他们所学的、所理解的内容的方式去了解和掌握教学材料。随着时间的推进，学生会积极主动地寻求与自身智力相匹配的教学机会，逐渐从传统智力的藩篱中脱离出来，最大限度地发挥自身潜能。这样，教学的个性化色彩越来越浓，学生与学生之间的差异也越来越明显，大大增加了学生学习成功的可能性。

4. 理念的个性化

理念就是理想的观念，换句话说，就是我们追求的观念。教育理念的个性化意味着我们所追求的不是标准化的教育，而是内涵丰富、多姿多彩的教育教学，是独特的教学。

艾默生曾说："教育应该像人一样广泛。人的无论什么都应该得到充分培养和表现。如果他是灵巧的，他的教育就应该使这种灵巧表现出来；如果他能用他的思想利剑对人们加以甄别，教育就应该把他的思想利剑亮出来并使它锐利起来，这些人社会都需要。"可见，每个学习者与生俱来就各不相同，教师不能忽视学习者之间的智力差异，也不能假设每个学生都拥有（或应该拥有）相同的智力潜能，而是应该努力确保每个学生所接受的教育能最大限度地发挥其智力潜能。个性化教学以了解每一名学习者的智力特点为前提，强调在可能的范围内发展不同的教学方式，使具有不同智力的学习者都能受到同样好的教育。教师不应使用刻板的印象或命中注定的方式去看待学生，而应在了解每个学习者的背景、学习强项、兴趣爱好的基础上，确定采用学生自身最新的学习框架去做最有利于学习者学习的教育决定，从而确立最有利于学习者学习的教育方式。

5. 内容的个性化

内容的个性化可以从理论与操作两个层面来分析。从理论层面来看，教学内容的个性化包括两个方面的内容：

（1）个体的多样性与课程的选择性

不同的学生倾向于不同类型的学习活动，如创造性学习、理念性学习、经验性学习或理解一个主题、构思一个故事、描述一个人物的特征等。个性化教学就是要使人尽其才，使每个学生的潜能与优势都得到最大限度的发挥。因此，建立课程的选修制度，适应学生主体的多样性是促进学生个性自由发展的必由之路。从操作层面来看，应优化教学资源，结合学生情况开展选修课程。此外，还应进行课程的分化统整，做到在分化中统整，在统整中分化，使课程的设置与安排尽量与学生的个性化差异相符合。

（2）自我的完整性与课程的综合性

个性化教学以培养学生的自由人格为目的。冯契先生认为，自由人格就是有自由德性的人格，在实践和认识的反复过程中，理想化为信念，成为德性，就是精神成了具有自由的人格。这种自由人格是在"基于实践的认识世界和认识自己的交互作用过程"中实现的。因此，课程的综合性就显得十分必要。课程必须具备一定的综合性，这是培养学生自由人格的前提和基础。

（三）个性化教学的实施

在个性化教学的具体实施中，教师决定着教学理念的选择、教学目标的制定、教学活动的安排以及教学效果的质量，是最重要、最核心的环节。在开展个性化教学的过程中，教师应从以下几个方面来努力：

1. 创造宽松教学氛围

实践表明，在高度焦虑的状况下，学生的学习效果并不理想，更谈不上培养学生的创造性。人的创造性和学习效果都只有在一种较为自由的状态中才能够发生。在这样的环境中，学生没有任何顾虑和压力，心理安全、自由，不必担心自己没有按照教师的要求去做而受到指责批评。可见，宽松自由的教学氛围，是促进学生个性发展的前提条件。教师应尊重学生的个性、禀赋选择，建立平等的师生伦理关系，使学生有展示个性和发挥潜能的舞台，这样学生才能找到学习的乐趣和奋斗的动力。

2. 提升个人综合素质

个性化的教师，是指那些对教育教学理念有独特见解并采取与之相适应的教育教学行为方式的教师，这种教师是教师个人气质、性格等人格特征在教学活动中的反映和体现，主要包括教师的个性化教学观、知识结构、能力结构、教学艺术和管理艺术等。个性化的教师既有自己的独到见解，又能遵循教学的基本原则，是个性化教学有效实施不可或缺的重要条件。因此，每位教师都要努力提升个人素质，加强自己的理论修养，积极探索，努力创新，争做优秀的个性化教师。

3. 采取个性化的教学策略

每个学生在学习能力、学习经验、兴趣爱好和心理特征等方面都有自己的特点，这就使得学生在学习的每个环节上也会表现出个体差异。因此，在教学过程中，教师应针对性地制定适合不同学生的教学计划，并采取灵活多样的教学策略。下面这些策略可以有效帮助教师解决在个性化教学过程中遇到的问题。

（1）自主学习教学策略

自主学习策略充分尊重学生的自主性，教学活动以学生为中心，使学生在积极主动的意义建构中形成自己的完整人格。自主学习是个性化教学的基本精神，应体现在所有个性化教学的实践中。以教学单元为方式的自主学习策略运用较为广泛。其具体操作步骤如下：

第一，建立行为目标。行为目标就是可以操作的目标。行为目标包括各阶段为不同特点的学生设计的学习目标，通常由专家、教师和家长根据现行的各种教材、教科书、补充读物制定。

第二，设计教学单元。教学单元的根本目的是使每一个学生都有适合自身特点的学习计划。教学单元包括教材、学习路径、媒体利用等项目，在教材的结构、进度、广度、深度、媒体、环境等方面都不尽相同。

第三，设计学习评价系统。评价系统以标准参照测验为基本形式。经过一段时间的学习后，学生可以自行决定是否接受测验。若通过测验可进行下一单元的学习；若未通过测验，教师应及时给予指导以帮助学生最终掌握。

第四，建立计算机教学辅导和管理系统。计算机辅导与管理系统可以使教师实时追踪学生的学习状况，从总体上把握学生的学习进展情况。

（2）同伴辅导教学策略

同伴辅导是学生配对的个性化教学策略，指在多样化教学情境中，教师安排学生通过一对一的搭配促进学生互相帮助的教学策略。同伴辅导可以通过以下三种方式展开：一是不同年级学生之间的辅导，通常是高年级学生辅导低年级学生。这种方式不仅可以帮助被辅导者的学业，还可以帮助学生发展其社会性品质。二是两个学生之间平等的互相帮助，共同参与学习活动。这种方式的扩充形式是合作学习。三是同一班级内学生之间的互相辅导。这种方式最为普遍。

（3）风格本位教学策略

教学风格指教师在教学过程中稳定的行为样式，涉及教师的情感和态度等个性特征。教学风格的核心是行为和方法策略在一定时间范围内的稳定性。因此，只有从事了一定时间的教学，积累了丰富经验的教师才能够谈及风格本位的教学。风格本位的教学策略要求调整教学环境，以适应不同学生的差异。鲁宾提出了改进型、信息型、程序型、鼓动型、互动型、陈述型六种教学风格类型。

风格本位的教学策略需要教师在课程教材方面进行改革，契约活动包是最常用的方法。契约活动包是为那些倾向于结构化学习环境的学生或追求自我选择的学生提供的教材大纲，代替了全班课堂教学的课程教材，向学生提供可供选择的作业，以满足个性化教学的需要。学生完成一项活动并记录达到每一个目标的经验。

（四）影响高校英语个性化教学的因素

1. 学生因素对于个性化教学的影响

（1）学生的英语基础知识

在中国，绝大多数学生上小学就开始学习英语，但由于我国各小学的师资与教学条件存在巨大的差距，城市与乡村的英语教学水平也存在着很大的差别，这些差别造成了入学大学生的英语水平参差不齐。

（2）学习模式的转变

从中学英语学习模式向高校英语学习模式的转变是影响学生大学阶段英语学习的一个重要因素。长期以来，我国的高校英语教学一直存在着与中小学教学相对脱节的问题。"由于长期以来没有对大、中、小学的整体外语教学进行系统的研究，因而形成了各自为政、各行其是的外语学习缺乏渐进性的局面。其后果一方面使整个外语学习耗时长、效率低，另一方面也由于教学内容上的重复、交叉，致使学生产生厌学情绪，不同程度地挫伤了学生学习外语的积极性，同时也造成了教育资源的浪费。"

（3）学生的学习兴趣与学习动机

动机是直接推动有机体活动以满足某种需要的内部状态，是行为的直接原因和内部动力。有机体的各种行为和活动都是由动机所引起的。动机由内驱力和诱因两个基本因素构成。内驱力是指在有机体需要的基础上产生的一种内部推动力，是一种内部刺激。诱因指能满足有机体需要的物体、情景或活动，是有机体趋向或回避的目标。学习动机是影响学生学习活动的重要因素，它不仅影响学习行为的发生，还影响学习进程和结果。

学习兴趣就是学习者对所学知识的一种喜好的情感。学习者的学习兴趣是学习者学习态度的一个重要方面。学习兴趣会对学习者的学习动机间接产生重要的影响。学习者对学习材料是否有兴趣、对教学活动的组织是否感兴趣，都会影响学习者的学习情绪和学习效果。为此，高校英语教师在教学中应考虑学生的实际情况，教学进度不要太快，教学要求要适当，应采取从易到难，由少到多，循序渐进的教学方法。同时，教师应注意解决学生，尤其是基础较差的学生在英语学习中的实际困难，提高他们对英语的学习兴趣和信心，进而提高英语教学的效果。

（4）学生英语学习策略与方法

关于学习策略的含义，国外学者的看法各有侧重：查莫认为学习策略是学生采取的技巧、方法或者刻意的行动，其目的是提高学习效果和易于回忆语言的形式及内容。鲁宾认为学习策略是有助于学习者自我建构的语言系统发展的策略，这些策略能直接影响语言的发展。尽管对于策略定义之间存在明显分歧，但是学习策略始终被认为是学习者成功与否的重要因素之一。

2. 教师因素对个性化教学的影响

（1）教师的教学观念

教学观念是人们对教学和学习活动内在规律认识的集中体现，有什么样的教学观念就会产生什么样的教学行为，教学行为受教学观念的支配。由于种种原因，目前许多高校英语教师仍然存在严重的传统的应试教学观念。"由于某些学校教师对四、六级考试认识不到位，把重点放到了片面追求通过率和应付考试上，为考而教，为考而学，在教学中忽视了学生应用英语能力的提高。"

教育应把人的发展作为出发点和归宿，教育目的应是提高每个学生的全面素质，使他们通过亲身体验加深对学习价值的认识，在思想、情感、意志、精神境界等方面都得到升华。只有这样，才能培养出适合当今世界发展潮流的人才，才能真正实践教育、教学的精神实质。

（2）在教学手段上，主要采用"粉笔＋黑板＋录音机"的方式

在教学手段方面，我国的外语教学多年来基本沿用黑板、书、粉笔、老师加课堂的方式，现代教育技术没有得到很好应用，多数学校缺少高质量的教学软件，即使使用多媒体教学也只停留在将黑板搬上屏幕的水平。在对某大学的英语教师在课堂上采用的教学手段的调查中发现，大多数英语教师的教学手段还是比较传统的"黑板＋录音机＋粉笔"，而对计算机、语音设备等现代化教学手段的使用率比较低。

这种传统的"黑板＋录音机＋粉笔"的教学形式一方面不能为学生的英语学习创设必要的语言学习和应用的情境，不利于学生英语综合应用能力的培养；另一方面这种教学缺乏教学上的互动，不能体现出学生英语学习上的主体地位，也不能为学生的英语学习提供自主性，不利于个性化教学的开展。

（3）遵循"讲解—接受"的教学模式

"多少年来，我们的外语教学一直保持着教师主讲、学生主听的课堂教学模式，而且多数是大班上课，完全是传统的单向式的课堂教学。"这种教学模式能在短时间内灌输大量的知识，大幅度提高学习成绩，在教育史上发挥过重大作用。但随着时间的推移和形势的变化，它的弊端也日益显示出来。它难以培养学生的创新精神和创新能力，阻碍学生个性和特长的发展，不适应当今社会经济和文化发展的要求。

（4）在教学内容上，侧重知识传授，忽视能力培养

在现代社会，获取能力比单纯掌握知识更为重要。知识只有转化为能力，才能够有效地发挥作用。个性化教学与传统教学最大的不同就在于个性化教学的目标主要在于培养学生的能力；而传统的应试教育以知识的传授为教学目的，培养的学生往往是高分低能，难以满足现代社会发展的需要，同时也束缚了学生个性的发展。

（5）评测方式

长期以来，高校英语教学存在着注重知识传授、轻视能力培养的现象。教学评估体系则将考试作为学习的终极目标，使考试等同于评价。许多教师在对学生学习的评价上，使用终结性评价较多，形成性评价偏少。大多数教师习惯于单纯用分数作为评价语言能力的手段，测试手段单一，存在缺陷，无法真实、全面地反映学生的语言综合应用能力和个性化学习能力的养成与发展。

（五）实施高校英语个性化教学的对策

1.转变教学观念

转变教学观念，真正实现以学生为主体、以教师为主导的高校英语的个

性化教学。高校英语教学多年来一直以培养学生具有较强的阅读能力和一定的听、说、写、译能力为目标。《高校英语课程教学要求（试行）》则将高校英语的教学目标定位为培养学生英语综合应用能力，特别是听说能力，使他们在今后工作和社会交往中能用英语有效地进行口头和书面的信息交流。同时，增强其自主学习能力，提高综合文化素养以适应我国经济发展和国际交流的需要。教学主体从以教师为主的课堂教学转变为以学生为主。同时，还要摒弃应试教育的思想，树立培养学生英语应用能力与全面发展个性的教学观念。

2. 教学形式多样化

第一，采用大班和小班授课相结合的班级授课形式。高校英语的语言能力主要分为语言的基础知识和语言的应用能力，如听说课程主要体现在师生间和学生间的互动，这类课程宜实行小班的授课形式；而语法、词汇、阅读性的课程，这类课程主要以教师的讲解为主，即使大班人数多一些也不会对教学效果有太大的影响，所以可以适当地使用大班的授课形式。这种大、小班授课相结合的课形式，适合不同性质课程的需要和要求，易于提高教学效果。而且，可以在一定程度上缓解大学学生多、教师不足的现状，节省一部分教师的精力和时间，使他们能够有充足的时间去学习、充实自己，不断提高自身的英语水平。

第二，采用第一课堂教学与第二课堂教学相结合。第二课堂教学能克服第一课堂教学时间、教学教材等因素的制约，以其灵活的方式、新颖的内容激发学生的兴趣，将学生的被动学习转化为自主学习，可发展学生自主学习的能力。同时，第二课堂也是对第一课堂教学的有益扩展，通过第二课堂的教学，学生可加深对第一课堂所学知识的理解。理解了的东西就容易记得住、用得活，用的过程也就是把语言知识变成语言能力最基本的过程。通过参加内容广泛、形式多样的英语第二课堂，不仅培养了学生的主动性和创造性思维，同时也符合现代教育、教学理念中所倡导的充分考虑学生的个性特点的民主教学观念。

3. 教学手段现代化

要真正实现以信息技术、网络技术与多媒体技术为依托，以学生个性化自主学习为主的教学模式。多媒体电脑的普及和网络技术的发展对外语教学产生了巨大的影响。随着英语教学观念的转变，教学模式的改革，以多媒体、网络为代表的现代教学手段引入英语教学势在必行。多媒体及网络教学有着很多传统教学无法比拟的优越性，主要表现在如下几个方面：①创造优美的视听环境。②多感官刺激，强化记忆。③学生可以自主学习，自我调节学习的进度。④信息量大，节省时间。

4.改革测评机制

第一，适当使用开卷的测试方式。目前，我们高校英语测试主要采用闭卷的形式，客观性试题的比重过大，不利于检测学习的创造性思维和使用有效的策略与方法解决问题的能力。在开卷试题中应增大写作和翻译主观性的试题的比重，以此来评测学生灵活运用所学知识解决问题的能力。

第二，大规模的标准化测试与学生的自我检测相结合。学生的自我测试、自我评价对于自身的英语学习可以进行有效的调控，可以使学生不断修正自己的学习策略与方法，从而最终获得适合自身特点的个性化的方法与策略，为以后自主学习能力的养成打下坚实的基础。

第三，教师出题测试与上机测试相结合。在计算机上进行英语测试要比在传统的试卷上进行测试更能体现测试、评价的公正性。计算机是不会受情感因素的影响的，而教师在阅卷过程中有的时候难免会有失公正。计算机上的试题，由于计算机的声音与画面或图像的完美结合，更能体现出试题的真实性和情景性，更有利于学生形成对英语学习和使用的领悟和理解能力。

二、个性化教学的实践

（一）个性化的学习目标

不同的学生对于个性化的学习目标形成了不同的标准，相应的学习过程、采取的方法也因人而异。因此，教师应根据所教学生的需要、兴趣和潜能来进行教学设计，依据不同学生的智力结构特点和认知发展规律，由简到难，依次螺旋式有层次地提出，为不同层次的学生制定各自较为合适的努力目标，这一目标允许学生用不同的时间和速度来完成，其间也可以调整自己的学习目标。例如，在要求学生记忆单词时，英语基础好的同学要全部掌握（包括发音、拼写、意义、词性及常见用法），甚至还可要求他们掌握大纲词汇以外所遇到的单词；对于一些基础薄弱的、背诵单词确实有困难的同学可适当降低要求，可帮他们缩小范围，要求他们背诵一些常用的较重要的词汇，教师要设法使每个学生体验到学习的快乐和成功感。

（二）个性化的教学方法

教学方法个性化强调以学生的个别差异为出发点，以学生的兴趣与需要为中心，以班级教学的调适与分化为基本方向，以每个学生能力与个性的最大发展为目标，培养学生的主体精神、参与意识、独立思考能力和创造能力，创设多元化的情境，创造条件使每一个学生都有机会展示和发展自己的强项，从而使每个学生在各自的基础上获得进步，使得教学质量全面提高。

1. 自主选材的英语演讲

英语演讲是我们设计的课堂教学的第一个步骤。每堂课前，由值日生到台前用英语演讲，内容包括：报刊上的时事热点、美文故事或学生感兴趣的话题。值日生在课前先将自设的一个问题板书在黑板上，这样便于其他学生在听的时候捕捉信息。演讲后，其他学生根据问题自由抢答。

通过这个活动，学生可将平时在阅读中读到的好文章与同学共享，同时也可以提高自己的阅读能力与选材能力，进一步增强学生上台演讲的自信心和成就感，从而提高学习兴趣，对其他同学也会起到激励作用。更多的学生提高了听力和阅读能力，扩大了知识面，演讲者的口语、胆量、个性、兴趣都得到了锻炼和发展。这样的活动打破了教材的局限，体现了个性教学的优势。

2. 激趣开放的课堂导入

课堂导入是激发学生学习兴趣的重要措施。如果导入成功了，学生从一开始就会进入状态，从而积极主动地参与教学活动。教师通过英文歌曲、趣味游戏、多媒体、图片或讲故事、情景对话等多种方式创设情境，让学生情不自禁地去看、去听、去想、去做，立意激趣、渗透主题，带入情境、振奋情智，为进入主题做好铺垫，使每个学生自信地学习，并有所作为。

例如，《美国游记》中谈到旅行，涉及了美国文化，在上课之前，可以让学生以抢答的方式谈谈有关美国文化的信息，这些信息来自课本又高于课本，学生将书本上及自己所知的信息用自己的语言组织加工，变成一篇文章表达出来。这就是一种较高层次的运用。教师在讲授新课时如能有意识地给学生一些相关信息，给他们一两条作为例子，他们会举出四五条，甚至一大串。通过这样的活动，学生会认真记忆并寻找相关信息以及同一句话的不同表达方式。日积月累，学生在组织语言及表达能力方面会提高很快。

3. 自主合作的学习方式

自主学习是指做到"以参与求体验，以创新求发展"，能够有效地促进学生发展，能够激发学生强烈的学习需要和兴趣的教学，给学生充分展示自我的空间和舞台。

（1）才艺表演

教师可以适时地在课堂上给学生提供唱英语歌、说英语故事、进行英语诗歌朗诵和英语情景对话表演等机会，不给他们任何限制，完全由学生即兴发挥创造，各尽其才。

（2）自习能力的培养

培养学生自习能力需要教师精心引导。要求学生配备好自习的工具，并根据不同的教学内容、不同层次的学生，布置不同的预习任务，而且适时提高预习要求。学生在英语自习的过程中，既能形成良好的学英语的技能，又能充分显示其自主性，他们的个性在丰富多彩的自习过程中也能得到完善和发展。

（3）小组的合作活动

根据教学目标和内容，在英语课堂教学中给学习小组布置各种任务，根据学生不同的特长担任不同角色，学生既能发挥个人的优势智能，又能习得他人的优势智能。通过对课堂教学活动的精心安排与组织，培养全体学生主动参与课堂教学活动的积极性，使每一位学生感受到自己的进步并努力成为班上更好的学生。这样，不仅丰富了课堂教学活动，活跃了课堂气氛，激发了学生的兴趣，还让学生的优势智能得到了互补，为学生提供了更大的实践空间和语言环境。

（4）各抒己见的讨论

讨论是英语课堂中培养学生进行自主交互式学习的有效手段。教师为学生创设情境、提供话题，可以让学生围成圆圈自由组合，带着明确的目标，积极主动地学习并进行小组讨论，通过思考、实践、调查、讨论、交流和合作等方式学习和使用英语，完成学习任务。与此同时，教师应强化学生的学习动机，提高学习兴趣，形成学习策略，培养合作精神，增进对文化的理解，发挥想象能力，培养发散思维和创造精神等综合素质，促进英语学科与其他学科的相互渗透。

（三）个性化的作业

教师设计作业时要关注不同学生的不同需要，让每位学生都能体验到成功的喜悦，从而使学生的积极性得到保护，个性得到张扬。

1. 书面作业

书面作业偏重于基础知识的巩固和积累，突出教材的重点和难点；学生只要上课认真听讲，在书本或者听课笔记上就能找到相应的答案。这类作业一般分为两种：一是全体学生必做题，二是学生自选题。这样，既让基础稍差的学生跳一跳能摘到果子，又避免基础较好的同学存在"吃不饱"的现象。例如，在讲解对比可数名词和不可数名词时，教师可以选择这样的作业题：There（be）some people in the park 和 There___（be）some water in the glass 根据所学知识，学生经过思考便能给出答案 are 与 is。结束后，让学生做与教学重点相关的书面作业，有利于教师重点复习某一知识点，加深对语言内涵的理解。这类作业，按习题的深层结构对习题进行分类，看似简简单单的一道题，却包含很大的思维训练价值。这样，学生对学习充满了信心，学习成绩差的学生更是如此。

2. 预习作业

教师在英语课堂教学活动中，以抛砖引玉的方式先给出一些预习题，让学生思考，然后教师进行讲解。重要的是学生开动了脑筋，启发了思维，获得了一种满足感与愉悦感，使得学生爱学、乐学。教师只有自己摸索钻研过，才知道怎样正确地引导学生去学、去做。

3. 拓展性作业

拓展性作业是教师根据教学需要，设计出的与教学目标相关的作业，这种作业源于教材，又高于教材，各层次的学生都能根据自己的基础和能力完成这份作业，而且效果很好，它能够考查学生能否把熟知的知识和技能运用于新的环境。

另外，为了给学生更多地运用英语进行交际的机会，发展学生的个性，可以设计和组织具有趣味性、拓展性的课外活动，如组织英文书写、演讲、单词接龙等各种比赛；成立英语角、演唱英语歌曲、开设英美风俗文化知识讲座等，让学生在这些活动中互相帮助、互相感染，进而共同提高英语水平，长久保持学习英语的兴趣；培养学生在生活中自觉学习英语的兴趣和习惯，提高学生个性化学习的能力。

（四）个性化教学的评价

1. 对教学环境和教师教学质量的评价

（1）观察法

观察法是以观察为主要方式对外显行为变化进行评价的一种方法。评价目的不同，需要观察的内容也有所不同。例如，若想评价学生之间的相互影响力，则需要观察学生的相互作用；若想评价教学对学生的影响力，则应观察师生之间的相互作用；若想评价教师的教学是否与学生的水平相适应，则应观察学生在教学过程中的反应；若想评价教师教学的运作是否灵活，则应观察教师讲课时间的安排；若想评价个性化教学是否充分发挥学生的自主性，则应观察学生自由学习的时间。

（2）讨论法

讨论法指师生在宽松的气氛中以群体讨论的方式来对教学环境和教师教学行为进行评价的一种方式。在这种气氛下，学生可以畅所欲言，既可以暴露相应的缺点，又可以展现其他途径不可比拟的优点，从而对教学做出评价并以此促进教学计划的改善。

（3）问卷法

问卷法是通过问卷的方式来对教学做出评价的一种方法。问卷法主要用来评价教学环境、教师教学水平以及学校整体教学效果的适宜性。问卷法的具体操作步骤如下：①确定评价对象及目标项目。②根据目标收集材料，制作问卷。③自己审定或聘请专家审定问卷的效度。④进行小规模问卷以考查问卷的效度。⑤对问卷进行修改、调整。⑥正式进行问卷的调查、统计、分析和评价。

2. 对学生学业成绩的评价方法

（1）个性分析法

个性分析法是在学习活动开始之前，将学生的自我介绍与教师的综合考察相结合，以此来确定学生学习起点的评价方法。描述性报告以文字形式对学生已有的发展状况做清晰的描述，以帮助教师具体把握每个学生的个性特征和个体差异，为每个学生的个性化教学设计提供基础，因而成为个性分析法的主要方式。描述性报告中对学生的描述包括情感、态度、技能、动机、能力倾向、未来方向等内容。

（2）成果展示法

成果展示法是指经过一段时间的学习后，学生以多种方式，如朗诵、演讲、表演、图画、广播等来展示其学习成果并体验成就感的评价方法。成果展示法在实施过程中应让每个学生都参与其中。目标成果之间不做横向比较，而只对同一个学生的成果进行时间上的对比，如将现在的成绩与一个月之前的成绩进行比较。

（3）亲师互评法

亲师互评法指教师与家长相互配合、相互交流来对学生的发展情况进行评价。教师通过多种方式（如家长会、家访、家长手册等）与家长定期沟通，相互交换对学生的看法，形成较为一致的看法，以便共同帮助学生解决其所面临的困难。

（4）卷宗评价法

卷宗评价法是根据卷宗对学生进行整体评价的方法。教师为每个学生建立卷宗，并将学生的兴趣爱好、风格特点、优点不足及学习进步情况等记入卷宗，进行追踪记载和评析。在此基础上，教师可以整体把握学生发展的全过程，并及时调整教学计划和进度安排。

（5）契约评价法

契约评价法是通过师生之间的约定来进行评价的一种方法。契约评价法的具体操作过程如下：①教师提供几种学习任务，简单陈述学习内容，并对学生进行引导和鼓励。②学生主动选择其中一项任务，然后签约进行学习。③经过一段时间的学习后，教师根据先前的契约进行评定。

在签订契约的过程中，学生必须事先对自己进行分析和评价。然后根据自身特点选择学习任务、制定学习目标，并考虑实现目标的途径和方法。由于合同是学生自愿签订的，学生在自主决定学习任务的同时，也为自己的学习承担了责任。这就最大限度地减少了学生对分数的焦虑和学生之间的学习竞争，增强了学生的自信心与积极性。

第五节 ESL 和 EFL 教学与实践

一、ESL 和 EFL 教学

（一）ESL 与 EFL 的定义

关于 ESL，《牛津高阶英汉双解词典》中的解释如下：作为第二语言的英语（教学）（教学对象所在国英语为第一或第二语言）。EFL 的解释为：非母语的英语教学，作为外语的英语教学。

（二）ESL 与 EFL 的差异

1. 教学对象不同

从 ESL 的定义我们可知，在 ESL 的教学对象所在国，英语为第一或第二语言，其教学对象大致上也可以分为两大类：一是移民到英语为第一语言的国家（如英国、美国）的外国移民后裔，英语与其日常生活息息相关；二是英语不是该国或该地区的第一语言但是其官方语言的国家（如新加坡、印度）的居民，即英语是其政府、司法、新闻媒体、教育和医疗等系统的正式用语。

而 EFL 教学对象所在的国家或地区，英语既非其第一语言，也非其官方语言，其教学对象大致上可以分为两大类：一是英语既不是其第一语言也不是其官方语言的国家（如中国、日本）的居民；二是官方语言是第一语言和英语之外的另一语言的国家（如莫桑比克、纳米比亚）的居民，他们的第一语言为当地语。对这些国家的英语学习者来说，缺乏沉浸式的英语学习环境。英语水平对其生活质量并无特别明显的直接影响，因而其重要性较低。

2. 教学条件不同

EFL 以课堂教学为主要信息输入源，学生在课堂外除了复习功课和参加英语角等第二课堂活动之外，很少接触英语。ESL 学习者除课堂教学外，在生活中就沉浸在良好的英语环境中，如日常生活中接触到的广播、电视、报刊、对话等都使用英语。而 EFL 学习者从教育的某一阶段开始，才以自己的第一语言为媒介来学习英语，如在我国大部分地区，学习者从小学高年级才开始以汉语为媒介来学习英语。

3. EFL 与 ESL 学习者的学习动机不同

学习母语以外的语言的动机大致上可以分为工具型学习动机和融入型学习动机。所谓工具型学习动机，是指学习者学习某一语言，是把该语言当成一种工具，去达到某一目的，满足某种需要。而 ESL 学习者的学习动机属于融入型。所谓融入型学习动机，是指某一语言的学习者学习该语言的动机是为了融入当地社会。这一类学习者要想融入当地生活，必须理解当地人的生活方式及语言表达方式，能够在不同场合下恰当地运用目标语言。

（三）EFL 环境下高校英语教学存在的问题

随着高校英语教学改革的发展，很多教师已尽可能多地给学生提供语言活动机会，教学内容也扩展到文化、交际等领域。但是，由于学生在中学的学习过程中形成的固有观念，他们对大学的教学内容的领会容易出现偏差，有些同学甚至感慨"高中授课内容比大学多得多""不讲语法，语法都忘光了"等。

另外，在相当长的一段时间里，通用英语教学在我国的高校英语教学中占主体地位，很多学校为了响应培养复合型人才的号召简单地开设了几门专业英语课。这些课程大多数在教法上雷同于精读课，重点放在句子的语法分析上。长此以往，就会使部分学生产生"专业英语很难很无聊"的心理。目前，高等院校英语教师在讲授专业英语时面临的最大挑战是缺乏教学所涉及的专业知识。

（四）EFL 与 ESL 的教学效果

EFL 教学的目的当然是尽可能使学习者达到尽可能高的英语水平，但不可否认的是，EFL 学习者不可能达到英语母语使用者的水平。并且可以很肯定地说，ESL 学习者的英语水平要比 EFL 学习者高得多，ESL 学习者可以达到的水平更接近于以英语为母语的人的英语水平。从掌握的词汇数量到运用熟练程度，语法规则（基本结构）、俗（俚）语、语体的运用等各方面都可以很清楚地显现出差异来。

从基本语言知识（词汇与结构）上来看，中上程度 EFL 学习者掌握了一定数量的常用词汇和基本结构，但对于词汇与语法结构的掌握大多还只限于基本意义。ESL 学习者掌握的词汇数量要大很多，对词义的把握也更全面，在语法结构方面虽然有时也犯一些错误，但从总体上看运用已很熟练。举几个词来作为例子，base 可以表示"基础""碱"；fry 可以表示"坚""鱼苗"。大多数的 EFL 学习者只能掌握上述各词的第一项词义，而 ESL 学习者则基本上都能掌握第二项词义。对于近义词，EFL 学习者往往很难区别开，对 ESL 学习者来说则不在话下。比如，test 与 examination，前者表示平时测验，后者表示正规的考试；rob 与 loot，前者表示（单独的趁人不注意的）抢劫，后者表示（公开的众多人同时在公共场所进行的）洗劫。这两组词对 EFL 学习者来说不容易区分开，而对 ESL 学习者来说是很容易区分的。此外，EFL 学习者很少能运用成语、俗语，也很难根据场合来正确使用正式或非正式语体。从总体上来看，两者在语言的四个基本技能方面的水平差异也很明显。EFL 学习者的被动技能（阅读、听力）要大大强于主动技能（说和写），其中阅读最强，听力其次，说和写的能力最差；而 ESL 学习者的四项基本技能的训练和发展则比较均衡，其阅读能力在四项基本技能中并不显得特别强，但写作能力仍是相对最弱的。

（五）ESL 和 EFL 教学对高校英语教学的启示

1. 转变教学侧重点

教育部 2007 年制定的《高校英语课程教学要求》指出，高校英语是以外语教学理论为指导，以英语语言知识与应用技能跨文化交际和学习策略为主要内容，并集多种教学模式和教学手段为一体的教学体系。因此，我们在高校英语教学中培养学生的语言应用能力，可以从以下两个方面着手：一是培养学生的英语综合应用能力特别是听说能力，落实到外语教学活动的各个环节并指导实践教学；二是设计高校英语课程时也应当充分考虑对学生文化素质的培养。

2. 改变教学方法

高校英语教师除根据教学内容和要求精心设计任务，给学生一个多向思考的空间之外，还可以充分利用各种实训实验室，增强学生的动手能力。在课堂活动中，通过鼓励学生发挥主动学习的精神，为学生创设语境练习和自发交际的环境，使学生成为课堂教学的中心。

3. 加强对教师的培养

多数教师在国内学习英语多年，没有机会体验地道的语言表达，非"双师型教师"也缺乏企业实践经验，不利于营造真实的交际环境。因此，进一步提高教师的业务水平和素质是很有必要的。其有效途径之一就是加强教师的培训与进修。

二、基于英语口语 ESL 和 EFL 的实践

（一）教学准备

课前准备是教学活动走向"成功"的第一步，而教学目标的分析、教学主体的分析和教学材料的选择及展示是课前准备的三要素。

1. 目标分析

人们认为教学目标的定义有狭义和广义之分，狭义的教学目标指的是学校根据国家所定的教学目的及学生自身现有的生理、心理和认知发展水平而制定的教学计划，它与学校和课堂相关联。而广义的教学目标指教学的目的或是教学计划，实质上就是把社会的需求转变为教育的要求。总而言之，教学目标指的就是师生通过教学活动预期达到的结果或标准，是对学习者通过教学以后将能做什么的一种明确的、具体的表述，主要描述学习者通过学习后预期产生的行为变化。那如何对教学目标进行分析？笔者主要从以下两个方面进行分析：

（1）目标关键词化

目标关键词化指的是教师在制定某学科的课时目标时，使用具有具体、明确、有针对性特征的词进行表述，以使目标更加地明确化，可操作化、可检验化。根据布卢姆的教学目标分类，我们把课堂教学目标分为认知、情感和心理运用，这三个方面构成课堂教学活动所要实现的整体目标。因此，教师应把教学目标视为一个整体，每一个教学目标的分类都应从简单到高级的梯度对目标水平进行描述，每一梯度都是建立在原有水平的基础上的。对我们而言，最大的困难就在于如何区分相邻分类的关键词，尤其是当我们面对的是不清楚、不明确的教学目标或是在陈述教学目标时，表述不清楚、不明确，如何来解决这个问题？教师应多多参加集体备课或是多听课，在备课中或听课后互相讨论，分享彼此的观点。

（2）目标行为化

行为目标以显性的、具体的、可操作性的行为描述形式来展示课程目标。

它的早期倡导者博比特认为，科学的时代要求准确性和具体性，由此而言，课程目标必须具体化、标准化，具有某种程度的客观性，并试图为确定课程目标提供一套操作程序。

2. 选择教学材料

（1）教学材料选择的生活化

教学材料选择的生活化，指的是教师在教学的准备过程中，设法把学生所要学习的知识和现实生活相互衔接。这样极易激起学生学习的热情和积极性，从而更好地帮助他们理解和内化知识。

（2）教学材料选择的结构化

每门学科都有各自的结构。结构指的是系统的诸要素之间相对稳定的联结方式或组织方式。布鲁纳在《教育过程》中指出，不管我们选择什么样的学科，必须使学生理解这门学科的基本结构，学习结构就是学习各事物之间相互联系的方式。教师只有组织有结构的教学材料，才有利于学生对知识的迁移和理解。

（3）教学材料选择的情境化

教师可以利用能利用的情境来更有效地实现教学目的，在没有可利用的情境时，也可以通过各种方式借助各种教学仪器创设情境，其目的是把学生引入一种特定的环境中，激发他们原有的兴趣，积极地参与问题的讨论，通过自己的发现去习得知识。比如，谈论到"How to get the job you want"，教师可以事先设置主题，告诉学生，即面试情境，在课堂上，学生以小组为单位，自行确定各小组中人物角色的定位，然后运用所学的知识和大脑中对面试情节已有的认知，进行"role play"，而后进行小组汇报。教师可以在旁进行指导，而后点评各小组，在评价过程中把新课的内容不断地渗入其中。总之，教师应尽可能地结合教学材料提出各种问题，创设各种适合教学内容的情境，达到有效的教学。

3. 教学方法的选择

对口语学习而言，以发挥学生主体性的小组活动形式是不可或缺的，因为语言本就是交流的工具，离开了人际交流我们便无法学好它。在进行小组教学时，教师应尽可能根据学生的水平、能力进行分组，这样在交流过程中不至于使得组里成员因为某些组员水平太差或是水平高而感到扫兴或是沮丧；形成的组员应该具有一定的稳定性，不宜常更改，为的是让学生能在一个熟悉的团体中更大限度地自由发挥。为了更好地组织好小组活动，每个小组应该有组长，小组长可以由学生推选或教师指定，其职责在于代表学生的意见，协助教师来进行课堂教学，是教师和学生进行交流的桥梁。进行小组活动时，教师角色不再是课堂的主宰者，而是一位协助者、指导者，在巡视过程中，指导学生的小组讨论方向，参与学生的探讨，随时给予学生帮助，提供咨询，同时尽可能地让学生使用英语讨论，最后倾听小组选派出来的代表发言并对他们的发言进行总结。

通过小组讨论，学生的语言运用能力得到了加强。在共同讨论中，通过不断地进行思想、情感交流，扩大了学生的知识面，同时也促进了学生创造性思维的发展，帮助学生更容易发现自己的不足，认识到问题所在，在练习中能够不断地提高自己的口语水平。在集体合作中，学生更能意识到集体合作的重要性，增强团队的精神。这时语言的学习不再是词汇的叠加，而是语言加文化在交际中的灵活使用。

（二）教学过程

教学过程可以选择互动教学法。互动教学法是指在教学过程中充分发挥教师和学生双方的主观能动性，形成师生之间相互对话、相互讨论、相互观摩、相互交流和相互促进的一种教学方法，它不同于传统的以教师为中心的"满堂灌"教学法，也不同于放任学生自发学习的"放羊"式教学方法，而是现在被大家一致认可和接受的方法，被广泛地运用于 ESL&EFL 的国家和地区的语言课堂教学中。

在进行互动教学时，必须注意以下几点：一是教师应确定明确的目的，进行充分的准备。例如，在学生提问前，教师应明确地向他们讲明提问的主题、内容和要求，以免学生的提问脱离主题，产生混乱的状态，不至于学生上完一堂课后，却不知道所学为何物。在学生向老师提问时，关于一些涉及教师隐私的问题，因地域国籍等而产生的文化差别，如工资、年龄等，这时候我们应及时地传授给学生有关中外文化差异的知识，这样才能使得课堂能够自然有效地进行。二是在互动教学中，教师既要起示范的作用，也要参与到对话中，如教师可以和一名学生编对话，然后向全班学生示范；对于学生所提的问题，教师可以参与到学生中去一起回答与谈论。要做到这点，要求教师在口语课堂中，不仅仅视学生为课堂的主体，对他们在课堂中所展示的聪明才智给予鼓励和赞许之情，而且要具备较强的课堂掌控能力，当学生的积极性被调动起来后，课堂上往往会出现一些问题，这就要求教师具有较强的课堂应变能力，发挥他们的指导作用，迅速地让学生回到原有的轨道，按教学目标有序地进行。

1.问答

此"问答"非彼"问答"，传统的"问答"采取的是教师问，学生答，学生处于被动的位置。当代的口语教学中的"问答"更加注重的是以学生为主体，大力提倡的是学生问，学生答，教师点评，或是学生问，教师答，更加有力地调动了学生学习的积极性，而这种交流方式也拉近了师生之间的距离，促进了师生间、学生间的相互了解，有利于建立平等的师生关系和伙伴型的学生关系。

2. 讨论

以新加坡 S 学院的语言研修班为例，整个教学过程分为三个阶段，准备阶段由教师指定教学主题和内容，而后把全班学生分为数个三至五人的小组，分配给每个小组所需完成的任务。自学、讨论和表述阶段，学生各自研读相关的教学内容后，再进行小组详细讨论，此为教学中的关键环节，期间要求学生通过组内外讨论、师生间互相请教，在正确理解所学内容的基础上，再结合自身的实际情况或是经历做好发言准备。综述、评估和总结阶段，由教师对汇报讨论情况做出点评、总结和打分。在讨论式教学中，学生的语言运用能力不仅能得到提高，而且其团体合作的精神能在此得以充分的体现和培养。在教学中，团体合作受新加坡政府重视，在课堂活动中，教师常把学生分成数个小组，以小组为单位合作解决问题，每个小组，互相分享彼此所知，学习彼此所缺，讨论如何完成任务。

模拟和角色扮演一样都属于语言课堂上的活动，两者都以游戏的形式借助语言来反映社会的现实生活，但模拟却比角色扮演更为复杂，步骤更为繁杂。它要求教师做许多的工作。在模拟教学活动前，教师要向学生介绍模拟的背景及其具体场景，介绍小组个人需要模拟的对象，说明其特征，明确各组的任务要求。在模拟活动中，教师身兼数职，既是组织者、观察者又是指导者和鼓励者。在模拟练习中，仔细观察学生的语言表现和行为；由于在模拟活动中，放手让学生去做，必定会出现一些语言错误，教师应及时恰当地运用第二语言习得研究中关于"分析错误"的理论纠正学生的错误，鼓励学生继续活动；在模拟活动中，指导学生在已有的知识基础上主动学习语言知识，充分发挥学生的创造性。最后，教师要对整个活动的效果及其每个参与者进行评价和总结。

实践证明，角色扮演和模拟活动的价值就在于为学生提供了一个运用目标语进行实践的机会和环境，让他们在这个舞台上运用目标语进行交流，在生生之间的互动中不断地习得语言，促使其口语水平的提高，在学校的剧场中表现"表演"和"观看"的本能，在生生之间的互动中学会合作、交往和责任。在角色扮演中，展现自己的个性和创造力。

对上述正流行或是仍在英语教学课堂上发挥作用的各个教学法进行总结和分析，不难看出各教学法并不是一个独立体，各自独立于其他教学法之外，而是彼此互有交集，如交际法和任务教学法。任务教学法的出现并不被视为一种新兴的教学法。就某种程度而言，它被当作是一种实现课堂教学中交际教学的途径和方法。教师在课堂教学中所采用的教学方法也不只是某一种方法，而是多种方法的综合。

英语口语教学也可以借助于线上家教、语言测验系统、学习单元、虚拟情境、语言游戏、探索式学习等得以施行。CALL 教学强调的是师生、生生间的交互学习，而不是单纯的教师传授。学生在教师的指导下利用手边的信息资源发展他们的自主学习能力，从而习得语言。以某一口语课堂为例，教师先向学生介绍一些常见的练习，几种口语沟通类型的步骤，再请学生以两人一组或多人一组的方式进行对话练习，教师可以利用网络双向沟通工具实行，在课堂教学中，教师帮助学生培养良好的口语沟通习惯。

虽然网络对于语言学习所起的作用不可忽视，尽管我们也在不断地运用多媒体于语言教学中取得了一定的成果，但问题却显而易见。比如，我们身边的可使用的教学程序、教学软件的质量问题，能与教师及其学习者的需要相匹配的计算机辅助语言教学的软件并不多。一线工作的教师因其丰富的实战经验使得他们在研发教学软件上更具有发言权。但是事实上，大多数教师缺乏一定的培训也或者说没有足够的时间去制作或研发简单的教学软件，更不用说复杂的。这一任务不得不交予商业研发商，但他们的成果却往往未依据教学原则而得以生成。此外，对现在的科技而言，人机互动与人们之间的互动比较而言还是后者更为有效而且更为"亲密无间"点。虽说如此，电脑网络就像其他运用于教学中的工具一样，它本质上并不能给学习带来促进力。因此，教师的责任就在于最大化计算机辅助语言教学的潜力以提高学生的语言认知水平。

（三）教学评价

1.学生学习评价

语音评分标准：① 0.0—0.4 重音不准，经常性的语音、语调错误致使说者难以被听者理解。② 0.5—1.4 重音不准，经常性的语音、语调错误致使说者偶尔被听者理解。③ 1.5—2.4 重音不准，一些持续的语音、语调错误，但是说者能被听懂。④ 2.5—3.0 偶尔的发音错误，但是说者能完全被听懂。

总体可理解度的评分标准：① 0.0—0.4 即使是在最简单类型的表达中，但总体可理解度仍很低。② 0.5—1.4 错误的发音，有限的词汇储备及其缺失的语言知识，频繁的停顿和 / 或反复的叙述，导致一般性不理解。③ 1.5—2.4 一些发音、语法和词汇选择上的错误或者停顿或是偶尔的叙述，导致一般性理解。④ 2.5—3.0 在一般的表达、演讲中完全能被理解，偶尔出现语法和发音的错误。

流利程度评分标准：① 0.0—0.4 语言表达过程中的停顿、断断续续或不依据目标语国家表达的顺序，以至于完全不能被理解。② 0.5—1.4语言表达过程中的大量的停顿和/或不依据目标语国家表达的顺序影响彼此的理解。③ 1.5—2.4语言表达过程中的一些停顿，但是依据目标语国家表达的顺序，并不影响彼此间的理解。④ 2.5—3.0语言表达流畅近似于目标语国家的人。

当然，评价的标准随着评价理念的变化而变化，随着评价内容的不同而关注点不同。但是无论如何，我们都不能以"能否与本族人说得一样"作为标准，因为即使是目标语国家的人，也存在语音、语法、流畅度等方面的差异。

2. 教师教学评价

（1）从师生及其交互活动来进行评价

第一，作为教学活动的主体——教师，对其在课堂教学过程的评价主要通过四个维度来进行。一是组织能力。看教学内容是否清晰，结构是否严谨富有逻辑，教学语言是否明了，教学活动的组织是否张弛有度。二是调控能力。看教师是否能根据课堂的教学情况及其出现的问题，采取有效的措施，调整教学环节以保证课堂教学任务的顺利进行。三是教学机制。

第二，一堂课的质量，应以学生的发展来衡量，新课程改革明确地提出需凸显学生的主体地位，多关注学生在课堂上的学习状态。一是参与状态。观察学生在课堂上是否能全员参与，参与的面有多大。二是交往状态。观察课堂教学中，是否有多边的信息联系和信息反馈，课堂中师生之间、学生之间的交往方式是否多样化，在交往过程中学生个体或是学生间的合作技能如何。三是思维状态。观察在课堂教学、课堂互动中，学生是否敢于发表见解，提出的问题是否具有可探究性、创造性，探究问题时是否主动、积极，在问题解决中，能否综合地运用语言和技能，进而获得信息，完成任务。四是情绪状态。观察在课堂中，学生是否具有调控自我学习情绪的能力。

（2）从课堂教学要素来进行评价

评价一堂课是否成功，除了关注学生的学习状态外，还需要关注的是教师的教学行为及其教师的教学技能。以下从六个方面进行简明阐述：一是教学目标。看教师指定的教学目标是否全面，能否把知识、技能、情感三个方面内在统一，是否具体、量化，是否符合学生的认知发展水平。二是教学内容。是否突出重点、难点，抓住关键。三是教学过程。看教学思路的设计，是否符合教学内容，是否符合学生的认知水平，在课堂教学展示中，观察教学的编排组合、衔接过渡是否紧凑合理。看教学思路的层次是否清晰。在教学环节中，时间的分配和衔接是否合理，前后时间的松紧度，教师和学生活动时间的配合，学生活动时间中个体活动和集体活动的时间计算以及时间分配是否合理。看课堂教学中教师运用教学思路的效果。四是教学方法和手段。看教学方法是否多样化，教学方法的选择是否建立在适当化、实际化的基础上，只有量体裁衣、优选活用，才能激发学生潜在的能力，促进其认知水平的发展，使得课堂教学常教常新。看教师是否适时、适当使用电脑、投影仪等现代化教学手段。

第三章　高校英语多元化教学理论与实践

第一节　高校英语文化教学理论与实践

一、高校英语文化教学理论

（一）高校英语文化教学的内容

1.语言文化

（1）挖掘词和短语的文化内涵

在特定文化背景下，不同的词汇和短语可以激发人们的不同联想。例如，中国人往往将"个人主义"一词作为"自私""以自我为中心""自负"的同义词，而individualism一词在西方文化中被赋予很高的价值，人们提倡并尊重个性化和特立独行。

（2）了解谚语的深层含义

谚语是一个民族长期以来文化智慧的积累和经验的沉淀。英语中有许多谚语阐释了生动的真理，反映了西方文化的价值观念和行为准则。学习谚语能帮助我们更加透彻地了解西方文化的精髓。

2.制度文化

（1）西方文化的社会习俗

不同的文化背景有不同的语言习惯和行为方式，这要求学习者在学习过程中要对目的语文化中人们的一些行为方式有所了解。例如，在日常交往中英语国家的人喜欢谈论天气、地理位置等话题，而把年龄、工资、婚姻状况等作为禁忌的话题。再如，中国人在接受礼物时习惯推辞几次才接受，当着客人的面打开礼物被认为是不礼貌的；而英语国家的人则习惯当场把礼物拆开并且要赞美几句。对于社会习俗的学习，最好的方法是身临其境地感受西方人待人接物的方式。如果没有这种条件，可以通过观赏英文的影视剧来学习西方的社会习俗，这些对西方人生活、学习、工作、娱乐等方面的直观、多角度的描绘为我们提供了学习资料。

（2）日常交际礼仪

在日常生活中，中国的礼节与西方的礼节有很大差别。如果你想同西方人和谐相处，了解西方的礼节是非常重要的。以问候语为例，英语的表达很宽泛、不具体，而汉语往往就事论事且明知故问，问话人并不在乎听话人回答的内容如何，也不期待回答，只是问候而已。

3. 观念文化

一是自然观。中国传统思维方式的重要标志是朴素的有机整体思维。在此思想观念的指导和影响下，中国人在思想意识、思维模式以及言语观方面都倾向于求整体、求综合，更加重视直觉。因而，中国人的语篇结构也是从整体到具体或局部，先纵观全局，后具体到细节。西方的哲学家往往认为世界上的万物都是对立的，事物都是一分为二的，因此西方人习惯于分析。

二是人性。中国人传统的人性论是人性本善，这源自孔子思想。孔子指出"性相近，习相远"，认为"仁者爱人"。孟子发展了孔子性本善说，注重发扬人的"恻隐之心""羞恶之心""辞让之心"等与生俱来的善行，"人之初，性本善"是中国文化中基本的人性论。而西方基督教的人性论强调"人之初，性本恶"。

三是思维方式。从实质上看，思维模式属于最为隐含的文化内涵之一，也是一个民族文化的核心。具体来说，思维模式既能反映民族文化的本质特征，又是构成民族文化的重要内容。在文化内涵的各个构成要素中，思维模式起着关键性的作用，它会决定人们的价值观念、行为准则和精神追求等。可以说，中西方文化差异主要体现在思维模式上，该模式也是造成中西方文化差异的一个重要原因。

四是人际关系。中国人在与人交往的过程中采取"群体取向"和"他人取向"的原则。在"群体取向"的影响下，中国人提倡以家庭、社会和国家利益为重，提倡"舍小家保大家"。

（二）高校英语文化教学的目标

文化教学以培养学生的文化意识为主要目的，在不同的教育阶段文化教学目标也有所不同。对我国国内的学生而言，外语教育的目的不仅仅是工具性的，也不仅仅是为了学会应对生存的交际技能，不是为了将中国学生变成西方人，而是从总体上提高学生的社会文化能力。胡文仲、高一虹把外语教学的目的分为微观和宏观两个层面。微观层面，外语教学的目的是交际能力。宏观层面，外语教育的目标是社会文化能力，即运用已掌握的知识、技能对社会文化信息进行有效的加工，使人格取向更加整合，潜能发挥更充分。社会文化能力具体又由语言能力、语用能力与扬弃贯通能力组成。

为了具体阐明文化教学与学生人格之间的关系，高一虹在《语言文化差异的认识与超越》中进一步指出，培养学生的跨文化交际能力应该以人的建设为根本，以人格的基本取向为目标。她认为人格的培养应该通过具体的教学或训练内容、材料、活动来进行，而不应该是空洞枯燥的道德说教。另外，在她看来"是什么"和"成为什么"远比"了解什么"和"做什么"重要，也即"道高于器"。总之，高一虹坚持这样一种观点，即文化教学重要的是将跨文化能力与人的素质培养这一整体教育目标有机地结合起来。

除了强调文化教学与培养学生人格、价值观的关系外，学者还指出应培养学生在真实交际中、在理解和运用基础上的创新能力。陈申在《外语教育中的文化教学》中提出，文化教学的目标应该是培养学生的文化创造力。他认为，文化创造力是指外语学习者在跨文化交际的实践把握，运用外国语言文化知识，并与本国文化相互作用而产生的一种创新能力。文化创造力是学生的一种能动性，一种主动从外国文化的源泉中摄取新东西的能力。另外，陈申还从语言与文化关系之间存在动态发展的观点出发，认为从长远的角度看，文化教学除了是语言教学的目标，更是帮助学生获取文化创造力的手段。

纵观我国学者对文化教学目标的界定可以看出，学者已达成以下共识：外语教学中的文化教学不是除了听、说、读、写、译等技巧以外可有可无的另一种技巧，而是对语言学习有着重要影响的学习内容。同时，学者以开阔的社会为着眼点把文化教学与学生综合塑造的提高结合起来，认为文化教学的目的绝不仅仅是帮助学生掌握一门外语，更重要的是帮助学生形成正确的世界观和人生观，适应世界的发展。

（三）文化教学现状

1. 国内高校英语专业文化教学现状

胡文仲、高一虹指出，外语教育中的文化教学"至今没有明确的教学大纲，教师即使意识到了文化教学的重要性也多半只能见缝插针地进行，文化教学只能锦上添花，而不敢喧宾夺主"，英语文化教学的状况在英语教学中的地位可见一斑。顾嘉祖先生把中国的英语文化教学分为两类：一是语言文化教学分离式。将文化看作一种可以和语言剥离开来的"知识"，在语言教育的课程设置中加入"知识"课程。二是语言教学的"附加式"。随着交际法教学在国内的盛行，越来越多的外语教育工作者意识到文化教学是外语教育不可分割的部分，培养学生的交际能力极为重要，但在实践中，却将文化看成是除"听、说、读、写"四技能之外的"第五技能"，也就是说这种语言文化教学的模式仍然是将文化附着于语言教学上的"附加式"。可见，教师还是习惯于把重点放在语言形式的教学上，而对交际能力的培养和跨文化因素的教学则流于形式。

2. 国外语言与文化教学可以借鉴的经验

英国的外语教学寓于大学教学之中。无论中学或大学外语专业都通过教授文学或使用文学材料提高学生的文化修养。近年来，由于交际法的普及，外语教材中日常生活题材的篇章大为增加，大学外语专业除了文学课程外，还开设历史、概况、经济等课程。对学生的外语实践略感不足，作为教学的补充，学校安排学生到所学语言国家交流一年或半年，以提高他们实际运用语言的能力，同时了解该国的文化传统、风俗、习惯、社交准则等。

美国在外语教学中对文化因素也给予了更多的重视。跨文化交际学是一门新学科，也是首先在美国建立和发展的。因为美国是一个靠移民发展起来的国家，国内各民族、种族的交往都会遇到文化差异产生的问题。另外，美国与世界各地的人们交际往来每时每刻都在发生，不仅政府官员、富商、高科技人员，普通人观光出国也为数甚多。这些广泛的交际使文化差异问题日益突出。为了研究如何解决由于文化差异造成的种种问题，跨文化交际学在美国应运而生。

由此可以了解到欧美国家在语言教学中都加强了文化教学的内容。我们可以借鉴欧美的做法，根据我们自己的经验，在外语教学中重视文化教学。

（四）高校英语文化教学的原则

1. 阶段性原则

阶段性原则是指文化渗透的内容应该根据学生的语言水平和接受能力，充分考虑到学生的认知能力和年龄特点，遵循由浅入深、由简到繁、由现象到本质这样一条主线，循序渐进地对文化内容进行逐步的扩展和深化。

2. 系统性原则

文化是一个整体，具有不同的结构和层次，因此我们在运用文化进行交流时要充分考虑到文化的各个要素和差异，对文化进行整体性的把握。让学生在进行文化学习时不仅要学习具体的知识点，同时对文化学习的内容和层次要在整体上进行把握。

3. 适度性原则

适度性原则主要是指教学内容和教学方法的适度。文化导入是直接导入还是间接导入需要把握好分寸，分清主次，如属于主流文化的东西应该详细讲解，适时引入一些历史的内容，以便学生理解某些文化传统和习俗的来龙去脉。教学方法的适度，就是要处理好教师讲课和学生自学的关系，教师应该成为学生课外文化内容学习的组织者和指导者，鼓励学生进行大量的课外阅读和实践，增加英语教学中文化渗透的原则和方法。

4. 交际性原则

人们用英语进行交际时，会无意识地把自己的母语文化带入双方的交际中来，这时母语文化与目标语文化就可能出现一定的冲突。而进行跨文化交际是人们学习英语的主要目的，要尽可能地习得对方的文化，减少双方之间的阻碍。为了避免跨文化交际的冲突，保持人们交流的畅通和交谈信息解码的准确性，我们在学习英语时要根据实际需要，注重英语国家的文化知识的量的积累，恰当、灵活地运用这些知识。

5. 开放性原则

由于文化广泛而复杂的内涵及外延，想要在有限的课堂教学里完整地进行英语文化教学是不现实的。因此，在英语文化教学中要充分利用第二课堂进行文化教学，培养学生的跨文化交际意识和能力，力图提高学生对中西文化差异的敏感性和适应性。而第二课堂活动主要包括组织学生观看英文原版录像、电影，开设"英语角"，鼓励学生大量阅读与英语文化相关的书籍、报纸和杂志，留心积累有关文化背景方面的知识以及举办专题文化讲座等。

6. 宽容原则

所谓宽容原则就是要彻底摒弃文化歧视。文化歧视是民族中心论和文化偏见的大杂烩。民族中心论包括对自己群体和文化的优越感，对外国群体或文化的敌意和否定态度，认为凡符合本民族习惯的都是好的，反之则是坏的。可事实上，民族是多种的，文化是多元的，在经济、科技全球化的形势下，每种文化都毫无例外地面临着完善、发展的问题。如何保持文化的多元发展，促进不同文化间的沟通和理解是人类共同面临的迫切问题。要解决这一问题，最重要的就是要推进不同文化间的宽容和理解。如果自恃先进，高人一等，对其他文化采取歧视、藐视、敌视的态度，会破坏各民族文化之间的和谐。只有互相尊重、互相学习、共同进步，世界文化才能异彩纷呈，繁荣昌盛。

（五）高校英语文化教学的方法

1. 附加法

附加法是指教师可以在英语教学中系统、适当地添加一些文化知识内容，作为英语教材的附加内容。附加法的形式有很多种，如可以在教材中专门设置一处文化专栏，在课外组织参观文化展览或是组织文化表演等。附加的文化知识既可以是单独的文化知识读本，也可以附加在英语教材中。附加法有助于学生系统地掌握英语国家的基础文化知识，教师也可以向学生推荐有关英美国家文化背景的书籍，并以书中内容为主题开展问答讨论、知识竞赛等活动。

2. 体验法

体验法就是让学生亲自体验文化教育活动，从中获得文化知识，培养积极的文化态度，并逐渐形成文化能力。英语教学中的体验法可以分为直接体验和间接体验两种。直接体验就是让学生直接与外国文化接触，如学习有关外国文化的课文、与外国人交流、观看外国电影等。直接体验法有助于学生在体验的过程中提高跨文化交际能力，以及获知外国文化的能力。间接体验是让学生在不知不觉中接触并了解外国文化知识。间接体验的教学内容大多隐含在语言教学活动之中，因此对学生语言能力的要求相对较低，较适合小学或是中学的文化教学，而直接体验则更适合高中或是高校英语文化教学。

3. 实践法

实践法就是学生在教学实践中亲身参与文化交往，在实践的过程中获得文化知识。在课堂上，教师也可以通过设置特定的交际文化情景，帮助学生有意识地融入英语的生活环境中。此外，还可以充分利用多媒体计算机技术，或是电视、幻灯等现代化教学手段播放外语的视听资料，不仅给学生带来更为直观的感受，还可使学生在耳濡目染中习得英语。通过这样的方式习得的英语知识，学生的感受会更为深刻。教师还可向学生推荐一些难度适中的阅读文本，通过阅读提高他们对英语文化的了解。总之，教师在文化教学中应注重语言环境的创设，使学生在实践中了解和掌握文化知识。

4. 融合法

融合法就是在语言教学的过程中融入文化教学的知识目标、态度目标、能力目标等内容，学生在学习语言知识和技能的同时不自觉地掌握文化知识。具体来说，就是在编写文化题材的课文和语言材料时采取文化会话、文化合作、文化表演、文化交流等方式进行外语课堂教学。这种方法要求在教材和教学方法中系统、恰当地将文化知识融合到课文与教学中去。由于语言知识存在一定的规律性，如我们要先学习名词的单数形式，才能学习名词的复数变化等。因而，要想全面地体现文化知识、态度、能力、目标不是一件易事。因此，在教学实践中，可以将融合法与附加法结合使用，融合法可以将文化态度的教学目标融入课文中去，附加法则可保证文化教授的完整性。

5. 游戏法

学生运用文化进行交际失败的一个重要原因就是英汉两种语言中的众多词语对英美人和中国人来讲所产生的词的联想意义和词的文化内涵是不同

的。对于这类文化知识，教师可以通过玩游戏等方式使学生在娱乐的同时，不知不觉地接触到语言所负载的文化内涵。例如，在讲解 owl、landlord、peasant 等具有文化含义的词语时，教师可将全班学生分成两组，让其中一组同学列出这些词在英语中的联想意义，另一组列出这些词所对应的汉语的联想意义，然后进行对比分析。这样不仅可以调动学生的学习积极性，还能有效地让学生吸收和消化所学到的知识。

二、高校英语文化教学实践

（一）角色扮演教学实践

模拟教材内容中的某些场景，让学生以文章中的身份参与角色表演或模拟表演。这种教学方法可以使学生通过观察和体验剧幕情景，亲身经历文化困惑和尴尬等一系列情景，寻找造成交际障碍和文化冲突的原因。具体场景如下所述：两个美国人正在穿越一些虚构的地方，过了一段时间，他们想返回居住的旅馆，但他们走得太远了，更糟糕的是他们又把钱弄丢了。他们需要钱买票乘车返回他们的旅馆，因此决定向当地人求助。扮演当地居民的学生，应该按照真正的当地居民的样子去做，在这些虚构的地方有某些独特的生活习惯和行为方式。

（二）图片展示文化教学实践

教学任务：学习 A 教材第一单元。

教学目的：使学生了解中西方时间观念差异，并据此理解中西方行为观念的差异；教会学生换位思考；提高学生的跨文化意识。

教学形式：小组活动、小组讨论。

教学流程：课前、课堂展示和分析。

1. 课前任务分配

上课前一个星期，教师可将学生分成四人小组，每组学生收集一些与中西时间观念、行为观念相关的文字、图片和视频，然后整理并制作成 PPT 演示文稿，以备上课时使用。

2. 课堂展示

课堂上，教师可从每组选出一名学生（或由组内成员推选一名学生）上前展示自己制作的 PPT 文稿。例如，待学生展示完毕后，教师可引导全班学生就之前的展示内容讨论中西方的时间观念、行为观念差异以及时间观念差异对行为观念差异的影响，从而使学生更科学、更理性地处理文化冲突问题。

3. 分析

该教学实践以培养学生的文化语言输出能力和跨文化交际能力为导向，遵循中西文化双中心原则，多维度灵活设计文化教学，使文化教学不再死板，同时也极大地突出了学生的主体地位，充分调动了学生的积极性、主动性，锻炼了他们搜集信息、发现差异、分析问题的能力，最终使学生深刻认识到中西方时间、行为观念上的差异，这必将有助于他们日常的英语语言学习，有助于切实提高他们的跨文化交际能力。

（三）体验式文化教学实践

1. 感受异国家庭生活

教师可以挑选几名同学表演异国家庭生活的某些情景，其他学生观看并思考这些生活场景与本国同样的生活场景的异同，再将其具体表述出来，具体活动流程如下所述：

步骤一：教师安排几名学生就异国（如美国）家庭生活的某些场景进行角色扮演。建议教师安排 2~3 个有关美国家庭生活的场景表演（每个场景表演大约需要 10 分钟）。例如，吃晚餐及餐后活动、外出就餐、去朋友家中参加聚会、接待祖父母到家中做客等。此外，教师应鼓励表演者在自然放松的状态下进行表演，以达到较为理想的活动效果。

步骤二：教师在此活动环节中安排一位或几位"外国客人"参与到场景表演中，并要求观看的同学注意表演中涉及的生词和词组。

步骤三：表演完毕后，教师要求学生组成小组就以下问题进行讨论：①你在观看表演的过程中听到了哪些生词和词组？（这一问题不仅有助于学生掌握更多的表达方式，更有利于调动学生积极性，促进讨论活动顺利展开）②你从这些生活场景表演中观察到了什么？（探讨这一问题的目的在于帮助学生了解美国家庭生活的某些方面。训练其观察和理解能力）③这些家庭生活场景与我们本国同样的生活场景有何异同？④要求作为观众的学生问参与到表演中的"外国客人"在这一过程中有何感受（这一问题使参与表演的学生有机会去体会成为新文化中的一员或接触陌生环境时的感受）。

步骤四：每一小组选派代表向大家陈述其讨论结果或意见，建议教师在各组代表陈述完毕时引导学生比较各组讨论结果和意见的异同。

步骤五：教师引导学生考虑怎样做有利于我们尽快融入异国文化或陌生环境？分析这一教学实践片再让学生比较异国文化和本国文化中某些生活场景的异同，有助于学生深刻体会并领悟中西方文化的不同之处，扩展自己的文化知识，从而完善自己的世界文化价值观念。

2. 采访外国人

教师布置学生就某些特定的问题采访一些外国人，并引导学生比较不同的受访者给出的答案，以及他们对采访和采访问题所表现出来的态度和反应。具体活动流程如下所述：

步骤一：教师课前布置学生就某些共性的问题对外国人进行采访，最好每 1~2 位学生采访一位外国人，这有助于学生拥有足够的信息资源进行比较。

步骤二：采访结束后，教师在课堂上引导学生就采访结果进行比较和讨论。

步骤三：教师引导学生对采访过程进行讨论：①你是否对采访对象的某些言语或行为感到惊讶，为什么？②假如你是受访者，你会如何回答样卷中的问题？③你如何评价自己在这次采访中的英语交际能力？

步骤四：学生讨论该课堂活动的目的和从中获得的启发。

分析：采访外国人的活动可以使学生了解在不同的文化背景下对某些问题的看法和态度。

第二节　高校英语情感教学理论与实践

一、高校英语情感教学理论

（一）基本概念

1. 情感

《心理学大辞典》中认为："情感是人对客观事物是否满足自己的需要而产生的态度体验。"换句话说，情感就是人的大脑在受到客观事物的刺激以后，凭自己的真实感受和生活习惯等所引起的一系列情绪存在的一种心理状态。凭借对万物的判断经验，情感分为积极与消极两个方面来发挥作用，并且以人是否需要该事物作为判断标准，正如东汉哲学家王充所云："凡人之有喜怒也，有求得与不得。得则喜，不得则怒。喜则施恩而为福，怒则发怒而为祸。"

2. 情感教学

情感教学是指教师运用一定的教学手段，通过激发、调动和满足学生的情感需要，促进教学活动及计划的过程。情感教学的宗旨是以人为核心，提倡对人的本性、人与人之间的平等、关怀及精神方面追求的尊重。因此，老师应该鼓励学生自我实现，而不是自我否定。作为一名高校的英语教师，在教学中不能只注重认知因素的重要性，更要使情感因素的积极作用得到充分发挥，以便有助于教学目标的实现与教学效果的提升，这样才能做到真正意义上的认知与情感因素的相统一。因此，情感教学的核心就应该是控制学生教学活动中的情绪，让其处于最佳状态。教学过程其实就是一个知识讲解、传授与师生情感交流相结合的过程，因此在教学过程中，教师在保证学生获取知识与技能的同时，更要让学生得到积极的情感体验，这样才有可能让学生对学习充满激情，形成积极的学习态度，从而保证课堂教学的顺利进行，促进教学效果的进一步提升。

（二）情感教学的作用

1. 有利于促进学生认知的发展

在情感教学情境下，学习不再仅仅局限于课堂上教学内容的学习，学生会在教师的启发下学会有效的学习方法，并且能在其他课程的学习中运用已学会的方法进行学习，这样学生主动学习的欲望与积极性就能得到提高。

2. 有利于促进学生潜能的开发

情感教学的实施改变了传统的教师灌输式、学生被动式地接受知识的学习模式，教师采用多种多样的方式方法来刺激学生的学习主动性，这样学生便可以充分发挥自己的学习主观能动性，不但可以学到知识，更能在学习中开发自己潜在的才能。

3. 有利于促进学生的良好品德的养成

在情感教学实施过程中，宽松和谐的课堂氛围，不但让学生体验到个体被尊重的积极情感，也使学生懂得了尊重他人的重要性，课堂上的相互协作让学生学会如何团结他人，如何与他人合作与竞争，同时也会让学生产生时间效率观念，培养起学生的积极进取精神。

4. 有利于学生社会化的发展

情感教学的实施彻底改变了教师在课堂上绝对权威的传统教育思想，提供了表现自我、表述自身情感和与人协作的机会，使学生能够得到积极的情感体验机会，这就为学生步入社会后所要求的合作以及组织等社会能力的发展提供了有利的条件。

(三) 情感教学的原则

1. 寓教于乐原则

寓教于乐，从其字面意思就可以得知这条原则要求教师在教学的过程中，要尽可能地创设轻松愉快的教学情境，以便让学生带着愉快的心情，对学习产生浓厚的兴趣，在快乐中获取知识，得到积极的情感体验。这是情感教学原则体系中的一条核心原则。这其实正是"乐学"思想的体现。

教师在贯彻寓教于乐原则时，首先以调节学生的情绪为出发点，为学生创设轻松愉快的学习氛围，但最终的目标却是让学生在这种愉快的情境当中感受积极情感的体验，引导学生走向学习"乐中学，方可学中乐"的终极目标。

2. 以情施教原则

以情施教，顾名思义，就是要在教学过程中，不能一味地传授知识，讲解教材内容，而是要在教学过程注重学生的情感需求，以教师的热情带动学生的学习激情，并使之形成积极的情感态度，最终达到情感促进认知，情知交融的教学目标。这是情感教学原则体系中很有代表性的一条原则。教师在贯彻这一条原则的时候一定要能够调控好自身的情绪，不能将自己的低落情绪传递给学生，要始终以满腔热情为学生创设轻松愉快的氛围，以积极的情感态度影响每一位学生。当然，教师还要学会合理地处理教材中的情感内容，让学生能够体会到教材中的积极情感。

3. 情感交融原则

教学活动的参与者不外乎学生与老师，在这个由老师和学生双方构成的教学活动中，既有师生之间情感的交流，更有认知信息的相互传递。在整个教学过程中，教师与学生交流的时候一定要把学生在情感方面的渴求摆在首位，努力用自己的热情来感染学生，达到"以情动学生"的效果，让学生在与老师的情感交融中感受到老师的关心与鼓励，创建和谐平等的师生关系，提升最终的教学效果。赞可夫在《和教师的谈话》中也明确地表示，"师生关系决定着教育的最终效果"，简言之，师生之间的相互沟通与交流以及和谐平等的师生关系对教学效果有着举足轻重的作用。

二、高校英语情感教学实践

(一) 课堂上采用分层教学

针对不同层次的教学对象设定不同的教学目标，在课堂教学中兼顾不同层次的学生实施分层教学、分层考核，使每个层次的学生均有所收获。课堂中，教师尽可能多地组织学生运用分组合作、团队合作等方式进行合作学习，如表演对话、短剧、小品等。在活动中，同学们既锻炼了口语又学会了如何与人合作，通过共同努力完成既定任务，学生的自尊心和自信心大大增强，团队合作意识也自然得到提高。

（二）多元化评价，增强自主学习意识

目标行为导向教学其中一个很重要的理论是教学评价的多元化。注重教学过程的形成性评价和注重教学结果的总结性评价同等重要。除采用上述两种评价外，教学中的多元化评价还指老师的评价、学生自评、学生互评以及家长的评价等。多元化评价能帮助教师全面了解课堂教学的成果和学生学习的进展，以便分析存在的问题，及时修正、调整教学计划，达到预期的教学目标，同时带给学生更多的鼓励和信任，增强他们的自信心和自主学习的意识，提高学习能力和策略。

第三节　高校英语自主学习理论与实践

一、高校英语自主学习理论

（一）概念界定

1. 自主学习

自主学习的概念起源于 20 世纪 60 年代，亨利·霍莱克最早在外语教学领域给自主学习下了定义。霍莱克的定义指出自主学习是为学习者自主负责语言学习的一种能力。他从学习者角度提出学习者应该在学习开始时根据自己的情况预先确定学习目标、制定学习计划、决定并选择适合自己的学习方式，对学习过程、学习计划的实施进行监控监测。同时，他提出这种能力是可以在特定环境中实施的，是学习者潜在的能力。霍莱克提出的自主学习引起了广泛的关注，随后很多学者开始对这一领域展开了热烈的讨论。

国内学者对自主性英语学习的研究比较晚，但是对于自主学习的讨论也非常热烈。学者林崇德概括了自主学习的能力：学习者有能力根据自己的情况愿意决定自己学习的过程，其中包括学习目标、学习方法、学习过程、学

习结果的监控与监测。郭继荣等提出自主学习包括学习者的责任能力和学习能力，是学习者愿意做的，也有能力做的。李广凤认为自主学习是一种能力，是学习者能够对自己的学习负责，并能自觉调控自己的学习过程。

综合上述国内外不同学者对于自主学习的概念的不同界定，可以发现自主学习的定义都指出自主学习是学习者在学习中的一种能力，结合我国英语教学的特点，笔者比较认同霍莱克经典的观点，即自主学习体现在学习过程中的一系列自主学习的行为上，是学习者对自己的学习过程负责的一种能力，这个学习过程包括学习者根据自己的情况确定学习目标、制定学习计划、决定并选择适合自己的学习方式，对学习过程、学习计划的实施进行监控与监测。

2.英语自主学习能力

英语作为一门学科有一定的特殊性，它包含了知识的传授，但更多的是能力的培养和实践的操练。根据国外对自主学习的概念的界定，国内许多学者从不同的角度、不同的理解给英语自主学习能力下了定义。

我国学者束定芳认为，英语自主学习能力应该包括学习者的态度、能力和环境等几个方面。态度指学习者积极学习的态度；能力是指学习者能够独立完成自己的学习任务的能力；环境是学习者要主动寻找学习的机会，创造学习机会，该环境包括老师、教学设施和学习资料。

国内知名学者徐锦芬在参考大量国外相关文献的基础上，结合我国英语教学特点，全面概括了英语自主学习能力。这种能力应该涵盖以下五个方面：①了解教师的教学目的与要求。②确立学习目标与制定学习计划。③有效使用学习策略。④监控学习策略的使用。⑤监控与评估英语学习过程。何莲珍也提出学习者角度的自主性学习，是学习者能够独立地确定学习过程和评估过程的体系。

纵观国内外学者对英语自主学习能力所下的定义，其本质含义是一致的，即学习者在英语学习过程中，能愿意并自主地设立自己的学习目标和制定学习计划，选择适当的学习方法和学习策略，监控自己的学习过程，并评价自己的学习过程和结果。因此，笔者比较赞同徐锦芬对于英语自主学习能力所定义的五个维度。

（二）自主学习的相关理论

1.建构主义学习理论

建构主义学习理论也叫建构主义，是行为主义和认知主义的进一步发展，是认知心理学的一个分支，在西方现代较流行。早期的皮亚杰、布鲁纳、维果茨基等人的认知心理学思想对建构主义思想发展起着重要的作用，他们最早提出通过内因和外因的作用来研究人们认知事物规律。

建构主义认为，知识不是教师直接传授的，是学习者主动建构的，这个过程是学习的过程，是学习者建立在已有的知识经验、知识结构并进行主动建构内在心理表征的过程。这个过程不是人脑对事物直接地、简单地反映，不是被动地接受知识的过程。这个过程是一个同化、适应、平衡的过程，是一直循环进行的。

建构主义的基本特征主要是"学习的自主性、情境性和社会性"，强调学习是以学习者为中心的，建构主义对学习和教学都提出了很多新的观点。建构主义在教学中提出构成学习环境的四要素即"情景""协作""会话""意义建构"。建构主义认为只有在一定的情境下，才能顺利地激发学习者已有的知识和经验，使学习者能利用自己原有的知识结构建构新知识，这就要求教师要为学习者创设有意义的学习环境，提供丰富的学习资源，让学生有多种机会自主选择在不同的环境中应用所学的知识，从而让学生能够积极、主动地参与到学习中。"意义建构"是指整个学习过程的最终目标，所要建构的意义在于事物的性质、规律以及事物之间的内在联系。而对于教师的作用，建构主义认为建构知识的过程中教师应该成为学生的帮助者，对学生的学习起组织、指导和帮助的作用。建构主义提倡在教师指导下的、以学习者为中心的学习。

总之，建构主义理论很丰富，但其本质可以用一句话概括：以学习者为中心，强调学习者对知识的主动探索、主动发现并对所学知识和意义进行主动建构，而不是对客观知识进行内化理解。而自主学习提倡在教师指导下的、以学习者为中心的学习，即既强调学习者的认知主体作用，教师是意义建构的组织者、帮助者、指导者和促进者，又利用情境、写作、会话等学习环境充分发挥学生的主动性、积极性和创造性。而学生是信息加工的主体，是意义的主动建构者，学生在自主学习过程中处于核心地位，这也体现了建构主义的宗旨，同时建构主义为研究自主学习提供了有力的理论依据。

2.人本主义学习理论

人本主义学习理论的核心是以"人"为中心的教育理论。人本主义强调在学习的过程中人本身的特性，重视人类的情感和价值等对学习者的影响，反对将人的心理低俗化和动物化。

人本主义学习理论的代表人物卡尔·罗杰斯认为，教育面对的是学生，是活生生的人，是具有主观能动性的独立个体，具有学习和行为的能力，而不是被动接受知识的东西。罗杰斯在《学习的自由》中概述了人本主义强调"以学习者为中心"，主张主动有意义的学习，这种有意义的学习强调学习内容与个人之间的关系，是指学习者所做出的一种自主、自觉的学习，要求学习者能够在一定的范围内自行选择学习材料，自己安排适合自己的学习情境，以个体的积极参与和投入去实现自己的潜能，求得自己更充分的发展。他认为学习是自我主动和自我实现的过程，是人类天性中的巨大潜能，而学习者要学会如何学习。他还强调教育的核心是应该把学生作为"自主"的学习者，教师应该把学生作为学习的主体，让学生自由地学习，关注他们的情感，构建有效的学习环境，创设一定的学习情境，促进学生潜能的发展，帮助学生实现自我价值。

人本主义另一位代表人物马斯洛提出需要层次论。马斯洛按等级排列人的需求，其中最底层为人的基本生理需求，而最高层次的是人的价值观，即人必须要改善人的自我意识，发现利用潜能，实现自我和自我价值。这种"自我实现"是人本主义最根本的目的。这种愿望能够产生强大的动机，充分利用天资、潜能，实现自我"完满的人性"。人本主义理论提倡以学习者为中心，尊重学习者，重视培养学生的自主学习能力，主张构建创设有意义的教学情景，通过个性化教学来启发学生的创造性思维。这些主张与当前提出的自主学习的目的是一致的且相契合。自主学习提倡以学生为中心，为学生营造自主成长的空间，帮学生定制并满足个性化的学习需求，注重发挥学生的学习积极性和主动性，培养他们终身学习、自主学习的能力以实现自我的教育。

以上理论都强调了以学习者为中心，强调自主性的重要性，这些理论都是非常有力的理论依据，能够用来指导笔者的研究。

（三）提高学生自主学习能力的教学建议

1. 以学习者为中心，培养学生学习的自主性

建构主义强调学习者对知识的主动探索、主动发现并对所学知识和意义进行主动建构，人本主义者认为，学生是具有主观能动性的个体，而不是接受知识的"容器"。所以，在教学中教师要培养学生的学习自主性，激发他们的主观能动性，提高他们的英语学习兴趣，使他们成为学习的主体。在教学中，教师要采用多样化的教学模式组织丰富多彩的教学活动，让不同层次的英语水平的学生都能积极参与其中，如开展小组短剧表演、课文分角色朗读、词汇竞赛等。鼓励学生参与到课堂活动中，并对学生给予相应的鼓励，让他们树立学好英语的信心，让学生发现英语学习的乐趣，这样学生才会积极主动地投入到英语学习中来。

2. 帮助学生确立合适的学习目标与计划，突出学习的个性化、自主化

自主学习过程中，学生因为自身英语水平的不同，不应该再受到单一的教学内容、统一的教学进度的限制。相反，学生应该根据自己的英语水平、目标需求、习惯特点、兴趣爱好选择适合自己的学习内容，确定自己的学习进度，确立自己的学习目标，形成自己独特的学习风格。这样就要求教师要以学生为中心，引导学生确立学习目标。目标应该明确、具体，一定要在学生的能力范围之内，但要具有一定难度和挑战性。如果目标过高，与本人的能力差距太大，学生觉得实现可能性小，反而对学习没了兴趣，没有激励作用，容易产生挫折感。而目标过低则缺乏足够的成就感，其作用也不大，不能起到激发动机的作用，并且对于不同的学生要有不同的目标。

3.结合教学进行学习策略的培训和使用

人本主义者罗杰斯认为，教育的目标应该是让学生学会学习，不断适应各种变化与改革，只有这样，学生才能主动地发挥潜能，才能适应社会发展的需求，才能实现自我，真正成为有用的人。学习策略是自主学习中一个关键的因素。国内外研究结果表明，学习策略的有效使用在语言学习和发展过程中起着十分重要的作用，它不仅能使学习者增强学习责任感，而且对提高学习自主能力、独立能力和自我指导能力起着积极的作用。

在进行英语课堂教学时，教师要以学习者为中心，提高他们的学习能力，培养学生的学习策略，让学生把学习策略运用到课内外语言实践中，这样才能反映学生对学习策略的应用及掌握情况。

4.指导学生自我监控与评估学习策略及过程

在教学过程中，罗杰斯反对过去单一的外部评价模式，提倡学生的自我评价。在整个学习过程中，学习者的自我评价与监控是指学习者为了完成学习目标和学习效果，积极有意识地对学习过程监测、调控、反馈等。自我监控有助于学习效率的提升，有助于学习者个体的自我发展。教师在评估方面要给予较多的指导。

自我评估最常见的方式是利用他人设计的测试题来进行自我测试，帮助学生了解自己的学习效果，让学生发现学习中的难点和弱点，为下一步调整学习目标、学习策略和学习计划做好准备。所以，在学期初，教师可以对学生的英语进行全面的测试，测试学生听、说、读、写、译的能力，对比分析每个学生的不足，让学生了解自己的不足，让他们根据自己的情况制定出适合的学习目标，并一个月检查一次完成的情况。

对英语学习的自我监控与评估表现出以学生为中心，让学生成为学习真正的主人，使学习者对学习责任感更强，并能促使学生独立思考、反馈，自我评估和自我监控学习过程和结果，以便及时改善学习策略，调整学习计划和目标，从而提高学生的自主学习能力。

5.充分利用现代教育技术丰富教学资源，构建自主学习的语言环境

建构主义认为，学习的特征应该具有社会性和情境性。学习者只有在社会性和情境下学习，才能顺利地激发已有的经验，能利用自己原有的认知结构，通过同化和适应，内化新知识，赋予其意义，并完成最终的意义建构。由此可见，构筑自主的学习环境，是实现意义建构的必要前提和基础。随着现代科技带来的便利，教师可以充分利用现代化教育技术，开发和利用互联网资源，丰富英语教学资源，延伸英语课堂，大大提高学生的学习效率。建构主义提出的学习情景性特征，就是学生要在一定的真实的学习环境里学习知识、实践知识。作为教师，要尽量多提供丰富的学习情境及学习资源，让学生根据自己的需求来选择适合自己的学习内容和方式。尤其在移动终端使用广泛的当代，充分利用碎片化时间来提高学生自主学习的学习效果，如教师可以利用各种英语学习的手机应用等，促进学生的自主学习。教师也可以利用学校的局域网，提供各种学习资源和学生感兴趣的学习内容，如四、六级考试的相关信息以及英文的资源等。

二、高校英语自主学习的实践

英语自主学习是外语教学与科研创新相结合的产物，理论联系实际是自主学习的指导思想。我们知道，一定的模式总是选择某种或多种操作方式，但某种操作方式并不只服务于某一种模式。自主学习操作的总原则是：联系实际，不忘国情；综合利用，博采众长。语言学习的自主方法有两类：一类在课堂上使用，称为自主学习的课堂操作；另一类在课外使用，称为自主学习的课外操作。

（一）自主学习的课堂操作

课堂要把语言学习和语言使用有效地结合。课堂活动应具有以下特点：一是学生在用英语进行交流时，同时思考英语的形式。二是教师重视学生语言理解和学习的过程，缩小教与学的差距。三是鼓励学生用英语讲述自己的思想。我们可以归纳出四条适用的教学原则，即交际原则、活动原则、平衡原则和多样性原则。以下是一部分活动类型的介绍。

1.对比活动

这是一种将自己的输出与语言范例做比较的活动。在听力、阅读和写作课上都可以用不同的形式与重点进行。对比活动可以先于听力理解活动开始，

先听一下学生在说出要表达的某些意思时会怎么说，再听原文表达，帮助学生注意自己的表达与目的语的差距，加深对所学语言材料的印象。

2. 评判性活动

评判性活动即培养学生自我表现评估能力。例如，在全班公开评改一篇文章，让学生学会对用词、语法结构及语篇结构的评估方法，并逐步学会懂得什么是好的写作，以找到并注意自己的差距。这类学生训练由老师指导过渡到由学生为主的自我表现评估，给学生机会去发展对所学语言内容和过程的心理联系。

3. 谈论语言的活动

学生讨论语言主题成为此活动的主要内容，让学生以讨论形式完成一些语言活动和任务，如通过小组讨论的形式完成教科书上的翻译题、问答题、填空题、作文提纲拟定甚至堂上作文等练习。通过讨论，知识得到分享，学生对自己与同学间的差距有所注意，完成任务的质量也比以个人方式完成得好。在对问题进行讨论的过程中，教师应鼓励、引导学生尽量用英语谈论，从而进一步提高对两种语言的认识。

设计这些活动的指导思想是，把语言规则和语言使用结合起来，重视语言理解和语言学习的过程。训练学习者对语言的心理认知意识，有助于发展学生对学习过程和所学语言内容的心理联系。通过讨论、交互活动的方式，学生既注意了语言的形式，又交流了对语言问题的想法。只有当学习者发展了对所学语言内容和学习过程的心理联系，只有在培养了对语言和学习过程的思考和评判时，自主学习才有可能得到发展。

（二）自主学习的课外操作

课外操作的方法是建立自主学习中心。自主学习的学说是鼓励学习者逐渐脱离对教师依赖的学说，强调以学习者为中心，教学重点从侧重语言知识转化为侧重学生的技能和能力训练，培养学生的"交际性自主"能力。但学生自主必须以有足够的指导为前提，因此自主学习中心应运而生，专门为学生提供课外进一步学习的条件。自主学习中心组成的要素有很多，主要包括资料、设备、环境、管理、辅导、中心人员及学习者的培训和学习者的评估等。总之，要创办自主学习中心，不仅要求教师要转变思想观念，调整个人角色，还要广泛征求学生意见，确立学生的中心地位；不仅要做好教师、辅导员与管理人员的培训工作，还要充分考虑学习者的个人因素，搞好入门培训。

第四节 高校英语网络教学理论与实践

一、高校英语网络教学理论

(一)英语网络教学的基础理论

1. 心理学

心理学是研究人类认识世界，获取知识、技能和发展智能的心理规律及其心理机制的一般性原理。心理学在语言研究中的应用主要体现在输入信息处理以及语言认知能力两方面，并逐渐发展成为心理语言学与教学心理学。这两个学科主要研究的是学生习得外语知识以及掌握语言技能的心理过程以及发展规律。心理语言学主要有行为主义和认知心理学两个研究方向。其中行为主义学派认为语言在本质上是刺激与反应的结合，即语言是人对外界刺激的反应，可以通过观察以及测量得出反应的规律，也可以通过外界的强化、训练，模仿或塑造逐渐形成。行为主义理论在 20 世纪 50 年代以前曾是教育界的主流教育理论，但随着人们对认知心理学的认识，行为主义理论受到很大的质疑和抨击，并逐步被行为主义心理学所取代。到了 20 世纪 90 年代，瑞士心理学家皮亚杰在认知心理学的基础上提出建构主义心理学，并成为外语教学与信息技术相结合的主要理论依据。网络外语教学依据心理学、心理语言学和外语教学的有关原则，更加科学有效地培养学生掌握外语知识与技能，发展学生的智力与个性，提高语言交际能力。

2. 教育教学理论

网络教学属于教育学的一个分支，因而教育学的教学理论同样适用于网络教学。教育学研究的对象是教育中普遍存在的教育现象以及教育问题，属于一般意义上的教学原理。网络教学以教育学的基础理论为指导，研究外语教学的教学目标、教学方法、教学模式、教学环境、教学资源、教学评估以及与外语教学相关的学科理论。可见，教育学为网络教学提供了理论支持，网络教学同时也拓展了教育学的研究领域，两者之间的关系十分密切。

3. 方法论

方法论指的是人们认识世界、改变世界的一般方法，即人们在观察事物和处理问题的过程中总结出来的一般规律。方法论是对具体科学方法的概括和总结。科学方法指的是人们获取可靠信息，正确地解释现象、理解文本的方法。科学方法是科学精神的集中体现，彰显出科学的实证精神、理性精神和审美精神，充分体现出科学的怀疑和批判意识。科学方法的特征概括如下：①将事实进行准确的归类，总结出内在的相关和秩序。②通过创造性的想象发现科学定律。③自我批判。

4.绩效理论

绩效是指人们在工作中完成任务的数量、质量以及效益成果等。"绩效"同源于英语中的 performance，原意为性能、能力、成绩、工作效果等。在西方心理学中，绩效则是指与内在心理过程相对的外部行为表现。绩效技术之父吉尔伯特认为，绩效是一种成就。在教育界，绩效这个概念也越来越引起教学工作者以及科研人员的关注，他们发现将绩效理论应用到教育教学中有助于提高教学工作的效率，尤其是以信息、技术为依托的网络教学。因此，在英语网络教学中应用绩效技术来设计教育、教学方案时，要体现适用性、经济性、可行性等基本原则。

5.传播学

"传播学是研究人类一切传播行为和传播过程发生、发展的规律以及传播与人和社会的关系的学问，是研究社会信息系统及其运行规律的科学。由于传播是人的一种基本社会功能，所以凡是研究人与人之间的关系的科学，如政治学、经济学、人类学、社会学、心理学、分析学、语言学、语义学等，都与传播学相关。"传播学与教育学相结合产生了教育传播学。教育传播学是指教育者按照一定的教学目标，选择相应的教学内容，通过有效的媒体把知识、技能、思想、观念传达给受教育者的一种活动。教育传播学结合了传播学和教育学的理论和实践，研究的对象主要为信息传播活动的过程及其规律，研究的内容主要包括传播过程中各基本要素的相互联系与制约，信息的产生与获得、加工与传递、效能与反馈、信息与对象的交互作用；各种符号系统的形成及其在传播中的功能；各种传播媒介的功能与地位；传播制度结构与社会各领域、各系统的关系等。传播理论在网络教学中的运用有助于外语教学信息更加有效地传播，对于优化外语教学效果提供了理论支持。

6.哲学

哲学是自然知识、社会知识、思维知识的概括总结。因此，可以说哲学是一切自然科学、社会科学以及思维科学的理论基础。英语网络教学同样需要应用辩证唯物主义的认识论和方法论，这些理论的应用有助于构建更加有效的网络教学体系。

在英语网络教学中使用哲学的观点有助于其构成要素之间关系的处理，

如教师与媒体之间的关系、教师与学生之间的关系、传统教学与现代教学之间的关系、传统教学资源与网络资源之间的关系等。只有处理好这些构成要素之间的辩证关系才能保证网络在英语教学中实现更有效的教学作用。

7. 美学

"美学"一词源于希腊语 aesthesis，最初的意义是"对感官的感受"，德国哲学家鲍姆加通首次使用，它的产生建立在自古希腊以来历代思想家关于美的理论探讨之上，是以往美学理论的体系化、科学化。而古希腊以来的美学理论探讨又建立在人们审美欣赏和审美创造活动基础之上，是人们审美活动的哲学反思。

美学是从人对现实的审美关系出发，以艺术作为主要对象，研究美、丑、崇高等审美范畴和人的审美意识、美感经验，以及美的创造、发展及其规律的科学。美学在网络教学中得到了充分的体现。从网络资源方面来说，不同于传统教学单一的文本教材，网络学习资料（尤其是音像教材和多媒体教材）往往包含生动形象的图画、形象优美的语言表达、鲜艳的颜色搭配、悦耳动听的音乐旋律等，这些都是艺术美在网络教学中的具体体现；从教学手法来说，网络技术把原本抽象单调的教学内容形象化、艺术化，并通过多媒体课件等方式展示出来，大大增加了教学内容的趣味性和吸引力。可以说，网络教学从内容到形式都强调通过科学美、教学美和艺术美来传递教学信息，但外语教学中的美应突出一个"真"字，即真实而准确地表达教学内容的科学性，揭示语言本质的客观规律。

（二）网络辅助外语教学的特点

1. 教学目标多元化

学习英语的学生之间总是存在这样那样的差异，或学习风格不同，或学习方法不同等。这就意味着英语教学在面对不同学生的时候必须有所差异，从而实现多层次的教学目标，而网络辅助外语教学恰好可以实现这一点。网络辅助外语教学可以根据学生的实际，确定教学的起点和目标，学生的学习环境可以做到个别化。学生可以根据个人兴趣、理解能力和学习进度自己选择学习内容。从认知的角度来看，利用网络展示教学信息有助于知识、理解、分析、运用、评价等各种学习目标的实现。

2. 教学管理便利化

从教学管理方面来看，网络辅助外语教学能够使更多的学生受到优秀教师的辅导。在传统英语教学中，优秀教师即使全天候教学，他们接触到的学生人数也十分有限，但若将他们的教案、教学视频等上传至网络上，就能够使更多的师生受益。这样既缓解了师资短缺的问题，又充分发挥了优秀教师的潜力和作用。

3. 教学过程交互化

网络辅助英语教学过程具有交互性，包括师生交互、生生交互和人机交互。利用计算机网络开展英语教学有助于为学生创造一个真实的语言环境，如网上聊天、电子邮件等。这样，学生不但可以及时得到反馈信息，提高学习效率，还能在与其他人进行网络交流的过程中提高学习兴趣和学习效果。

4. 教学方式先进化

网络辅助外语教学强调学生的主体地位，认为学生是知识意义的主动建构者，教师只对学生知识意义的建构起组织、调控、评价等作用，而不能取代学生的位置霸占课堂。这与现代教育观念是一致的。因此，个性化教学成为英语教学改革的新趋势。而英语网络教学以其丰富的网上资源和网络技术的特征，在教学实施上充分显示其针对性、灵活性、适时性和自主性的个性化教学特征，这是传统教学所不具备的。

（三）网络协作教学活动设计原则

高校英语网络协作教学活动的设计不同于一般的教学活动设计，教学发生的场所从传统的教室变为网络课堂，它有着自己的一套设计原则。

1. 协作性原则

从活动目标的设计来看，高校英语网络协作教学活动设计强调对学生协作意识和协作能力的培养，其中协作意识反映了学习者与他人协作的思想、态度、兴趣、动机和情感，协作能力反映了学习者与他人协作的技能，包括与他人的信息交流情况和与他人共同完成学习任务的情况。从活动方式的设计来看，高校英语网络协作教学活动设计强调以协作为主要的活动组织形式。

2. 指导性原则

高校英语网络协作教学活动强调学生充分发挥其认知主体作用，但是也不能忽视教师的指导作用。在活动过程中，教师的参与会直接影响到活动效果的成功。教师的指导性作用，体现在协作活动环境的创造和协作活动过程设计两方面。在提供协作活动环境的设计上，教师要筛选、组织、整合、开发相应的网络学习资源和工具，供学生完成不同的学习任务。在协作活动过程的设计上，教师要选择不同的活动类型，制定活动步骤，确定设计的策略和规则，逐步提高学生的协作学习能力。

3. 针对性原则

根据学习内容的不同，协作活动类型也应不同，活动需要不同的策略指导，不同的规则约束，不同的环境支持。所以，每一个活动的设计都具有针对性。

4.目标明确性原则

网络课程的教学过程中，需要制定明确的教学目标，这是教学取得成功的关键因素。学习者在网络学习中要进行哪些活动，要完成哪些任务，需要明确的目标提示，使得教学活动思路清晰地进行下去，而不至于忙乱。

（四）高校英语网络教学存在的问题

1.学生自主学习能力不足

自主学习是指以学生作为学习的主体，通过学生独立的分析、思考、探索、解疑等方法实现学习目标。由于学生长期以来接受的都是以"教师为中心"的教学模式，他们习惯了跟着老师的思维走，对自主学习不适应。因此，在自主学习时，学生不会围绕网络教学内容安排自己的课外学习，不知道应该何时学、学什么、如何学等，结果导致学习效率低、学习效果差。

2.校园网络建设质量低

目前，我国高校的内部网络建设普遍存在质量低的现象，主要原因是过分追求网络技术方面的先进性。由于现在高校的网络建设成为教育评估的一项重要指标，很多高校投入大量的资金和人员建设校园网站，开发网络课件。同时，高校为了吸引学生点击网页，设置了很多网络功能吸引学生的眼球，而这些往往不会为学生的学习提供实质性的帮助。还有一些学校为了追求网络教学中的高技术含量，发动教师编写了大量的重复性的教学软件，结果造成人员以及网络资源的浪费。国家鼓励高校建设校园网络，是为了给学生提供更多的学习资源，方便学生学习，提高学生的知识水平以及学术能力。因此，高校的网络建设应以教育教学活动为中心，而不是只注重网络技术的应用。

3.英语网络教学手段落后

我国英语网络教学的建设稍显落后，这主要是由于我国的英语教学研究和网络教学实践起步较晚。目前，我国在网络教学软件开发、语料库建设以及教育教学设计方面的人才较为欠缺，尤其是在英语网络教学领域，既懂得英语教学又懂得网络软件设计的人员数量很少，这些导致了高校网络教学系统缺乏适合英语教学的软件等现象。

（五）高校英语网络教学问题对策

1.网络教学与传统教学相结合

网络教学是信息与技术发展的必然产物。它为英语教学创造了更为有利的语言环境，在很大程度上弥补了传统教学的不足，但是仅依靠网络教学而完全舍弃传统教学的做法也是不可取的。传统教学有着网络教学无法比拟的优势，两者只有互相结合、取长补短，才能实现最佳的教学效果。

与传统教学相比，网络教学缺乏教师与学生之间面对面的交流，忽略了学生在学习过程中的情感因素，学生也无法得到来自教师的人文关怀。在传统教学中，教师可以通过口头的表扬或是鼓励的微笑帮助学生树立学习的自信心，激发学生的学习积极性。同时，教师还可以及时地处理学生在学习过程中出现的其他问题。由此可见，只有将网络教学与传统教学有机地结合起来，才能达到最佳的教学效果。

2.重视教师培训

网络教学顺利开展的前提是教师必须掌握网络教学中的相关操作技术，可以利用网络技术功能进行科学合理的教学设计。但现实情况是许多教师对英语网络教学模式一知半解，不能较好地利用网络手段顺利地开展教学活动。因此，对教师进行网络教学相关内容的培训十分必要。培训的内容涉及网络教学课件的制作、网络教学软件的使用、网络教学管理和评价等，只有重视教师的培训，增强教师使用网络教学的能力，各种网络教学才能发挥应有的作用。

3.改变教师教学态度

许多高校英语教师已经习惯了传统的教学模式。经过多年的教学经历，总结出了一套较为完善的教学方法。因此，这些教师面对较为陌生的网络教学普遍存在排斥心理，不愿意尝试网络教学这一新兴模式。还有部分教师习惯了在教学过程中起主导作用，认为网络教学这一以学生自主学习为主的教学模式会削弱他们的职责。可见，网络教育要想在英语教学中得到更广泛的应用，必须改变英语教师对网络教学的态度。通过培训可以帮助教师认识到网络教育的优势以及教师掌握网络教学对自身教学能力提高的益处。当然，不可否认的是网络教学给教师提出了更高的要求，面对新的要求和挑战，英语教师更应该转变思想、更新观念，积极投入到网络教学的构建中去，并帮助学生接受新教学模式，培养自主学习的能力。

4.加强对学生自主学习的监控

目前，国内各个高校的英语网络教学使用普遍存在一个问题，那就是对于学生自主学习的监督和控制作用比较薄弱。学生运用网络系统学习时，完全自主选择想要学习的内容，自主安排学习的计划，这样一来，对学生的自控能力要求很高，然而很多学生在缺乏外界监控的学习环境中很难保证学习的效率和质量。因此，加强对学生自主学习的监控很有必要。

5. 加强对学生学习策略的指导

对大多数学生来说，由于长期接受传统教学模式的教育，对教师的依赖性很强，自主学习能力较差，因此为了让学生在自主学习中知道学什么、怎么学，培养学生合理制定学习策略显得尤为重要。教师可以在课堂教学中采用展示、示范、训练、评估和扩展的方法传授学习策略，还可以指导学生定期对自己的学习进行评价和总结，并及时地调整学习方法，从而帮助学生掌握适合自己的学习策略。学生掌握学习策略对于其更好地管理自我学习有很大的帮助。

（六）高校英语网络教学的优势

1. 提供大量的学习资源

网络可以提供大量的学习资源和学习信息，并且这些资源会得到及时的更新，更具有实用价值。对英语教学来说，网络所提供的学习资源的优势则更加明显。英语教学十分注重学生所学语言的真实、地道以及实用。传统教学所提供的学习资源大多是文学著作，使用的大多是文学用语，那么学生学到的日常交际语言就相对较少。网络所提供的英语既有文学语言，又有日常生活用语，这些语言的生动性和数量之大都是教科书无法比拟的。

2. 提供新的师生交流平台

网络教学为师生提供了新的课下交流平台。学生可以通过论坛给教师或同学留言，可以通过发帖的形式提出问题或回答他人的问题。教师也可以通过平台的通知板块为学生提供学习建议，提出学习目标或是发布近期作业。教师和学生还可以通过电子邮件等网络手段进行课下的交流和讨论。可以说，网络方便了教师和学生之间的沟通，也促进了师生之间的交流。

3. 提供大量真实生动的语言

外语教学界认为，学生必须学习真实、地道的外语，然而这对中国学生而言十分困难。以语法翻译法为主时，学生主要通过文学著作学习语言，虽然提高了外国文学修养，从经典著作中学到了外语，却对日常交际用语十分陌生。听说教学法时期提倡学习根据语言结构编写的教材或改写过的简易读物。这一做法又被交际法的倡导者们指责为不地道的"教材语言"。而互联网的优势就在于，它不仅能够提供大量英语文学作品的原文，还包括大量的英语日常用语，其语言之生动真实与数量之大是任何教材都无法比拟的。

4.有利于培养学生的听说能力

网络教学具有开放性和灵活性的特点，学生不需要太多的语言学习材料，只要有一台电脑，便可以随时随地地利用教学资源进行学习。网络资料集音频、视频、图片、文本等媒体于一体，给学生带来了传统教学无法提供的视听享受，丰富的语言学习材料、生动有趣的动感信息增添了学习的趣味性。除此之外，英语网络教学还给学生提供了一个线上互相交流的平台。通过网络，学生可以和其他英语爱好者一起交流学习。这就是英语网络教学具有的视听优势。

网络教学的使用提高了英语教学的广度和深度。传统教学模式较为单一，教师与学生之间的互动交流很少。使用网络教学能够实现互交式的教学环境，如师生对话、学生交流、人机对话、情景模拟练习等，在很大程度上提高了学生学习的效率和学习效果。目前，由于学生主要通过课堂来获取知识，这就使学生的学习受到两方面的制约：一是课堂时间有限，教师为了完成规定的教学任务，没有过多时间用来交流或是练习；二是语言输入有限，学生在课堂上获取的语言输入主要来自课本和教师的传授，那么课本的质量以及教师的语言水平在很大程度上制约了学生语言交流能力的发展。语言的学习主要通过交际，课堂下的交际活动也往往受到很多因素的制约。

综上所述，网络教学所提供的视听资源以及网络交流平台更有利于学生听说能力的培养。

二、高校英语网络教学实践

（一）网络英语阅读教学实践

1.教学任务

以 Alienation and the Internet 为例，展示网络阅读课程一个单元的设计。教学目的：①了解互联网的发展历史以及互联网给人们的生活和工作带来的影响。②了解该单元的关键词和词组的用法，包括名词转化为动词现象，并学会使用这些词和词组。③学习阅读理解策略。教学形式：个人、小组。

2.教学流程

（1）课前教学准备

在该阶段，教师将与文章有关的背景材料提供给学生，包括互联网的发展历史、互联网相关术语、互联网对人类生活和工作所产生的巨大影响等方面的背景资料。先前知识的激活对学生信息负载的减轻十分有利。

（2）阅读交互设计

在网络学习过程中，人与人之间面对面的情感交流机会很少，因此使两个学生结为学习伙伴，可在一定程度上解决独自学习过程中容易产生的厌倦和孤独情绪。具体而言，教师可以把学习水平相近或者是高水平和低水平的学生分为一组，他们共用一台电脑；也可以把高水平和低水平的学生分为一个学习小组，这样高水平的学生可以有效地帮助低水平的学生。而对低水平的学生来说，高水平学生对自己也起到激励学习的作用；或者将水平相近的学生划分为一个学习小组，学生不会因感觉和水平有差异的学生一起学习而浪费时间，而且可以互相取长补短，从而提高学习效率。值得提及的一点是，在交互阶段，教师应确保给学生提供同样的活动。在交互阶段，学生分组讨论互联网对自己的学习和生活的影响，讨论结束后，互相分享讨论结果。

（3）讲解并调整阅读策略

本课程的阅读策略培训是通过多媒体动画教学来实现的。多媒体动画老师以有声思维的形式讲解阅读策略以及讲解如何在上下文语境中猜词。在网络课程的教学过程中，教师应根据学生自身学习情况提供不同的学习策略，主要包括自主学习策略和协作学习策略、教与学指导策略（主要针对教师和承担辅导任务的学生）等。为了便于学生在阅读过程进行自我监控，教师可设计阅读策略自检表。

在教学平台上，教师可以创建如下功能模块：助学模块、辅助模块、评估模块、学生信息模块、在线导师模块、论坛互助模块和作业上交模块。

（二）网络英语口语教学实践

教学任务：学习上海外语教育出版社出版的口语教材中的"面试、找工作"的内容。教学目的：①使学生熟悉掌握话题中所用的词语及表达。②加深学生对西方国家面试规范与文化的理解。③帮助学生熟悉与找工作相关的对话，并使学生学习自己创作对话。④学生为一场英语面试做好准备，包括穿着、说话的语调、问候等方面的准备。

1.课前预习

教师在课前可给学生布置预习任务，让学生利用口语资源网对"找工作"单元的相关主题、重点词汇和句型等进行提前预习，同时通过视频案例进行观摩，使学生更直观地认识这一主题，激发其学习的兴趣。

2. 课上讲解

教师利用视频和视频会议系统在网上展开口语课的教学活动。首先，教师先对本单元的重点词汇、句型进行讲授。然后，以听力活动开始进入单元主题的学习，组织学生进行学习活动和课堂操练。在词汇讲解过程中，教师应注重解释其语用规律，选用适当的英文或中文解释词汇，同时提供例句。此外，教师可利用大量案例讲解来激发学生兴趣，以便学生更好地理解词汇和句型的应用方法和环境。

3. 网上操练

第一，对重点词句的巩固。在课后，学生需要完成课程网站上提供的至少10道相关配套听力练习、20道词汇练习。系统会给出学生结果判断，并将结果记录到后台中，作为以后学生成绩评定的参考。

第二，角色扮演。在角色扮演中，第一步是熟悉课件中的对话。选择一个角色，在系统提示下，默想或者说出电脑中角色提问的回答，系统会在一定时间内将答案自动显示出来，学生也可以点击 display（显示）键，对答案的显示进行自主控制。这一步完成之后，就正式开始角色扮演，学生重新选定一个角色后，按照提示对着话筒说出答案，语音识别系统会给出相应判断，如果正确，学生可以继续往下进行；如果不正确，学生需要重新回答或者寻求系统帮助，系统会在短时间内显示答案。此外，教师还可以引导学生进行跟读、复读、原声对比等操练。

4. 小组学习活动

小组活动可以采取多种形式进行，如典型示范、角色扮演及讨论等。在典型示范中，老师可以请两个学生分别作为面试官和面试人员模拟课程中给出的场景进行对话，并在此过程中强调发音的注意事项、词语的使用等。接着，将学生分为2~3人的小组，让小组成员进行角色扮演，然后互相交换角色，互相纠正错误。教师通过网络平台的视频系统监控各小组活动的展开情况，也可以在学生小组学习活动过程中，提出面试中可能会遇到的较难回答的问题，适当引导学生的小组讨论。

5. 课后总结

教学结束之前，教师需要对每个学生给出一份练习情况总结及评价，同时将学生的一些优秀作品上传到学习论坛上，鼓励学生对他人的作品进行评价。此外，教师还应总结归纳单元学习效果，就学习过程中发生的值得回忆的事与学生进行讨论、分享。

分析：在该教学实践中，网络英语口语学习环境提供了真实的语言环境和丰富的语言材料，通过利用网络的便捷功能来展开口语教学活动，无论是对学生的学习还是教师的教学而言都大有帮助。具体而言,网络提供的本单元中的相关词汇、音频对话、网络资源和求职面试的视频片段以及一些诸如在线词典等辅助英语学习的工具,可供学生在该节口语课前进行预习、课后进行复习、练习和补充学习之用。此外,"学习指导"这一栏目可帮助学生解决可能遇到的问题,从而培养其学习策略。教师可利用相关视频软件展开网络教学互动,进行文字聊天或视频语音交流等。总之,在网络环境下开展英语口语教学,对学生英语口语水平的提高极为有利。

第四章　高校英语教学中的常用方法

对当代大学生来说，学习英语的目的不能仅局限于通过各项考试，而应该在于运用英语进行交际。同时，当前的新形势也对英语教师提出了更高的要求。英语教师不能再单纯依赖传统的教学方法与途径，而应该积极发挥个人的主观能动性，不仅做到"传道、授业、解惑"，还要积极探寻英语教学与学习的规律，帮助学生接受英语、理解英语，从而真正地学会并能熟练地应用英语。本章重点解读语法翻译法与直接法、情景法与听说法、认知法与交际法、全身反应法与任务型语言教学法。

第一节　语法翻译法与直接法

一、语法翻译法

语法翻译法是英语教学的一种方法，其以翻译和语法学习为主要的教学活动。语法翻译法为欧洲教授拉丁语和希腊语的传统方法。这种方法从 19 世纪开始应用于教学现代语言，如法语、德语和英语，至今还在许多国家应用。

（一）语言和语言学习的观点

语法翻译法把目标语（英语）看成一个规则系统，这一规则系统能从在文本和句子中了解到，并与母语规则和意义有联系。语言学习被视为智力活动，这种智力活动涉及规则学习、规则记忆和以大量翻译方式与母语意义相联系的操作。

（二）教师的教学目的

按照使用语法翻译法教师的理解，学习英语的主要目的是通过学习英语来培养其阅读文学作品的能力。为达到此目的，学生必须掌握英语的词汇和语法规则，以便能运用其进行翻译。教师还认为，在学习英语的过程中，通过背诵语法规则、背诵词汇、应用语法规则做翻译练习，学生可以得到很多逻辑、思维的训练，从而使智慧得以提升。

（三）主要的教学活动和特点

语法翻译法主要的课堂教学活动包括对整篇课文大意的译述，把英语课文逐句译成母语的活动，对课文中语法规则做演绎式的讲解，以及直接阅读课文以加深对课文的理解等活动。

如果在一个以语法翻译法为教学方法的课堂上听课，教师在教授"最后一课"（The Last Lesson）时，课堂活动很可能会做如下设计：

第一，教师会用母语把文章的作者和写作背景做一个简单介绍，接着教师会对文章大意进行译述，以使学生对文章的整体有一个初步的理解。

第二，对课文进行逐句翻译。一般来说，在翻译之前，教师会带读单词表里的单词，以使学生知道单词的发音和意义。在逐句翻译的时候，教师会先朗读句子，然后用母语解释词的意义、短语的意义和句子的意义。碰到语法方面（包括词法、句法及惯用法）的问题，教师会比较详细地解释语法现象、规则和用法，并举例加以说明。逐句翻译和语法讲解是语法翻译法课堂教学的中心活动，它占去课堂活动的大部分时间。

在讲解清楚语法和翻译完课文的基础上，教师还会让学生直接阅读课文，并做一些阅读理解的练习以加深对课文整体的理解。阅读理解的练习多以多项选择的形式出现。

到此为止，教师基本完成了一课的教学。教师还可以根据情况让学生做一些笔头的翻译练习。

（四）对学生能力的培养

语法翻译法重视词汇和语法的学习，强调阅读和写作两方面能力的培养，而听、说能力并没有得到应有的重视。

（五）教学材料的设计

在语法翻译法的教材中，不少课文选自英语文学原著或选自文学原著的简写本或改写本，课文会按照语法现象和项目的出现顺序来安排，很多教材采用线性排列的组织方法。课文后一般编有语法项目的解释、练习，并有英语和母语对照的词汇表，词汇按阅读课文的需要来选择，通常选择生词或旧词新义。

（六）教师和学生的角色定位

在该教学法里，教师是课堂教学的权威、知识的传授者和课堂教学的组织者，学生在教学中接受教师的教导并按教师的指示去做。

（七）母语的作用

母语在语法翻译法中是教学语言，教师用母语翻译外文，进行语法讲解，并用母语回答学生的提问。

（八）教师对待错误的态度

由于使用语法翻译法的教师重视语言准确性的培养，他们期待学生能在翻译方面达到较高的水平，因此，他们对学生的错误会及时纠正并为学生提供练习的正确答案。

二、直接法

直接法是英语教学的一种方法，具有以下特点：①只使用目标语进行教学；②意义通过语言、动作、物体等手段结合情景来表达；③先教说，后教读、写；④用归纳法讲授语法。

直接法在 19 世纪末是作为对语法翻译法的批判而创立的。

（一）语言和语言学习的观点

主张直接法的学者认为口语是第一性的，而非笔头语。所以学生应学习日常使用的目标语。英语学习和母语学习相似，语言学习过程可用联想心理学（associationist psychology）解释。因此，可以将英语教学与教室、家庭、街道等不同环境中的实物、人物等联系起来。

（二）教师的教学目的

使用直接法教学的教师旨在培养学生使用英语进行交际的能力。虽然听、说、读、写四种技能都要培养，但在入门阶段的重点放在对学生口语能力的培养方面。为了更好地达到培养学生运用英语进行交际的目的，学生应学会用英语进行思维，只有这样，才能摆脱母语的干扰，无障碍地用英语表达自己的思想。

（三）主要的教学活动和特点

直接法主要得名于它主张在英语教学中将英语词语同它所代表的事物和意义直接联系起来。这种联系是直接的，不需要以翻译为中介。直接法的主要目的是培养学生运用英语进行交际的能力，而在初级阶段主要是口头交际的能力。因此，在直接法的课堂里，教学活动有如下三个特点：①全英语的教学。教师用英语进行教学，并广泛使用实物、图画、手势、表情等直观手段对英语的词义和句子等进行解释，以使意义表现得更清楚。②模仿、朗读和问答是主要的教学活动形式。这些活动有利于帮助学生更好地掌握正确的语音、语调和培养学生的口头表达能力。由于直接法主张听、说、读、写同时进行，因此在突出听、说技能训练的同时，读、写也要从一开始就抓起来。③教师要求学生在提问或对教师的问题作答时，均以完整的句子说出问句或答句，因为句子被视为口头交际的基本单位。

（四）对学生能力的培养

在直接法的课堂里，虽然听、说、读、写的训练一开始就已经出现，但是口语被视为基础，特别是在入门阶段，教师的工作重点是培养学生的口头交际能力。阅读和书写的练习都是根据口头练习的材料来设计的。由于对口头表达能力的重视，教师从一开始就十分重视训练学生标准的发音和扩大学生的词汇量。相比之下，对语法规则的学习和讲解往往会被忽略。

（五）教学材料的设计

主张直接法的学者在编写教材时，很注意使用"活语言"作为基本材料，在教材中安排讲授"日常用语"，以使学生能学用结合、学以致用。有些学者认为，按直接法的教学大纲编写教材是以情景（如教授"购物""在银行里"等情景中使用的语言）或以某一话题为基础的（如教授谈论"天气""地理"等话题的语言）。

（六）教师和学生的角色定位

虽然在直接法的课堂里教师主持所有的教学活动，但学生要比在语法翻译法的课堂中主动得多。教师和学生有着一种搭档（或伙伴）的关系，学生可以向教师提问和回答教师的问题，教师可以向学生提问和回答学生的问题。另外，学生也可以与学生之间进行对话并讨论问题。

（七）母语的作用

由于直接法强调语言形式同客观表象之间联系的直接性，认为在英语形式和客观表象之间不应加入相应的母语形式，否则母语将会成为学习英语的障碍，干扰英语的学习。因此，直接法主张全英语式教学，不应该在英语课堂中使用母语。

（八）教师对待错误的态度

从教学法简史中可知，直接法是在学者们对学生学习母语、运用母语进行观察研究的基础上建立起来的。学生学习母语，犯错误是不可避免的，父母却不会过多指责学生的错误，相反，他们会以不同的形式讲出正确的语言，让学生自己去纠正错误。使用直接法的教师对待学生的错误也如父母对待学生学母语时的错误一样，采用不同的方法让学生自己纠正错误。例如，当一个学生提问"What is the ocean in the West Coast？"时，教师可以说"You say 'what is the ocean on the West Coast？'"耐心地以谆谆教导的方式让学生意识到自己的错误，最后达到自我改正的目的。

第二节　情景法与听说法

一、情景法

情景法又称口语情景法（oral approach and situational language teaching），是 20 世纪 30—60 年代由英国应用语言学家创立的英语教学法。情景法的影响较大，现在许多学校仍在使用按它的原则编写出来的教科书、工具书和字典，如《新概念英语》《英语句型和惯用法》《现代高级英语学生字典》。虽然情景法和听说法有共同的理论基础，但是情景法也有不同于听说法的特点，即它强调语言在情景中的应用。

（一）语言和语言学习的观点

情景法的语言观是英国的结构主义。口语是语言的基础，结构是讲话能力的核心，应在情景中通过口头练习来学习语言结构。学习语言有三个过程，即接受语言输入，通过重复操练熟记语言并在实际练习中使之变为个人技能。很明显，行为主义的语言学习观是习惯形成理论。

（二）教师的教学目的

使用情景法的教师希望通过英语教学培养学生四种基本的语言技巧，即听、说、读、写的技巧。这些技巧是通过对语言结构的掌握获得的，而语言结构又是通过口语的训练来掌握的。

（三）主要的教学活动和特点

《新概念英语》的教学活动可以概括为：提出情景，学习语言；听说领先，反复操练；书面练习，巩固结构。

教师首先根据课本中提供的图画（情景）向学生说明将要学习的内容，其次是听力训练：听对话或课文的朗读（或录音）。由于教师要求学生合书而听，所以在这一阶段，学生只接触到声音符号和图画提供的信息，没有与文字符号打交道。最后，教师开始对课文或对话进行讲解，并要求学生弄懂新的词汇和语法结构。教师用英语做解释，但碰到特别困难的词汇和结构时，也可以用母语讲解。在学生理解课文内容的基础上，教师指导学生对课文的重点结构进行操练。操练时，教师向学生提供一定的语言线索或情景，控制操练的内容，学生则按要求口头操练不同的语言结构。

在听、说练习的基础上，教师会安排笔头练习，好让学生把学到的语言结构加以巩固。笔头练习的形式包括回答问题、句型转换、造句等。

（四）对学生能力的培养

情景法有六大特点，其中两个特点是：①语言教学始于口语（Language teaching begins with the spoken language）。材料在以书面形式呈现之前是口头讲授的（Material is taught orally before it is presented in written form.）。②一旦有了足够的词汇和语法基础，就会引入阅读和写作（Reading and writing are introduced once sufficient lexical and grammatical basis is established）。通过解读这两个特点可以发现，虽然情景法的目标是培养学生听、说、读、写的能力，但是它强调的仍然是听、说方面的能力。在主张情景法的学者看来，口语是第一性的，是笔头语的基础，是在教学中应强调的方面。

（五）教学材料的设计

情景法的教材在编写方面有两个明显的特点：①按照语言项目的出现频率，选择词汇和语法项目，常用的先安排、先教授；②按照从简单到复杂的原则安排和组织教学内容。

《新概念英语》明确地体现了这两个编写原则。就词汇项目而言，它先覆盖常用词汇表中的 2000 个常用词，然后才教授一些较难和出现频率较低的词；就语法结构而言，先教授简单句，然后教授并列句，最后才是复合句。

（六）教师和学生的角色定位

在情景法的教学中，教师不仅是语言楷模，而且是课堂活动的设计者和指挥官：作为语言楷模，教师以正确的英语设计学习的情景，教师的语言是学生模仿的标准；作为课堂活动的指挥官，对所有的课堂活动进行组织和控制；作为活动的设计者，在教学中需要认真观察学生的错误，然后考虑在下一堂课中应如何设计教学，以便帮助学生改正错误。

在学习的初级阶段，学生是一个模仿者，模仿教师的语言，按教师的指令去做。随着学生水平的不断提高，教师会鼓励他们多提问和多做一些控制性较少的活动，如对话。

（七）母语的作用

在情景法的课堂中，英语是教学语言，教师使用英语组织教学、解释语言项目和布置家庭作业。但在解释语言词汇或结构时，当碰到一些难以解释清楚的项目时，教师也会使用母语进行讲解，但教师不鼓励学生使用母语进行翻译。

（八）教师对待错误的态度

语音和语法方面的准确性是十分重要的。因此，在学习过程中应想方设法避免学生出现错误。一旦出现错误，教师应及时予以纠正，以便使学生养成良好的语言习惯。

二、听说法

听说法是由美国语言学家建立起来的英语教学方法。它和直接法的共同之处是强调口语的第一性，强调口头能力的培养。但它也有自己的独特性，它认为语言是不同的，母语是英语学习的主要干扰，可以使用 CA（contrastive analysis）对比分析母语和英语各个层面的异同，预测学习英语时碰到的困难：困难来源于两种语言的差异。听说领先，读写跟上，这可以说是听说法特点的一种表述。

（一）语言和语言学习的观点

听说法把语言看作一个系统，这个系统由在结构上相互联系用以表意的成分组成，这些成分是音素、词素、单词、结构和句型。因此，听说法在语言学理论方面是以结构主义作为其理论基础的。

在语言学习理论方面，听说法是以行为主义的学习理论作为依据的。按照行为主义言语行为的学习模式，语言技能的获得必须经过刺激—反应—强化这一过程。学生会对教师的语言（刺激）做出反应。教师应尽量强化正确的反应，使它们重复出现。由于语言学习被视为习惯的培养，教师会要求学生重复某些语言结构以加快习惯的养成。因此，句型操练在听说法中被视为一种有效的方法。

（二）教师的教学目的

使用听说法的教师希望通过教学培养学生使用英语进行交际的能力。语言是一套习惯（language is a set of habits），学习英语就要养成一套新的习惯。而要这样做，就需要超量地学习（over learn）语言，通过大量的模仿、记忆和操练，熟练掌握各种语言结构（包括语音、语法和词汇的结构），在运用各种语言结构进行交际时能达到不假思索脱口而出的程度（或称为自动化的程度）。为能自动化地使用英语，学生必须克服母语的旧习惯对英语新习惯的干扰。

（三）主要的教学活动和特点

由于听说法重视口语教学，教材中的每篇文章均由对话开始，因此教授对话是听说法课堂的主要活动。听说法课堂的教学活动和特点可以总结为四步：①教授对话，听说领先；②跟读模仿，句句复述；③强化操练，掌握句型；④巩固口头，读写跟上。

为把对话教得生动活泼，教师可以通过不同的方式进行表演。例如，在一个听说法的课堂中，教师正在教授真空吸尘器推销员和顾客之间的对话。为了表演得生动逼真，男教师一会儿把一个蝴蝶结放在头上扮演女顾客，一会儿又把蝴蝶结放在脖子前面扮演男推销员。

一般来说，教师会分两次对对话进行表演，以使学生听懂对话的内容，然后教师会要求学生一句一句地模仿跟读。如果遇到比较长的句子，教师会用逆向组句法（a backward building-up drill）来训练学生对难句的掌握。

多次的模仿和跟读后，教师、学生之间会表演对话。表演的形式可以是多样的，既可以由教师扮演对话的一方，全体学生扮演对话的另一方，也可以由一半学生扮演对话的一方，另一半学生扮演对话的另一方。无论跟读还是对话，其目的都是使学生能背诵对话。

接着，教师会抽出对话中的一些句型进行句型操练。句型操练可以说是听说法中一个很有特色的训练项目。它可以是替换词型（a single-slot substitution），也可以是句型转换型（transformation）。做替换词型的操练时，教师可以先提供一个句子："I'm going to the post office."然后利用多媒体向学生展示一张银行的图像，接着说"I'm going to the bank."接着可以向学生展示不同的图像：药店、公园、餐馆，训练学生说出"I'm going to the drug store/park/restaurant..."。对于句型转换型的操练则更加灵活了，教师可以说出肯定句，训练学生说出否定句或疑问句；教师还可以说出两个句子，训练学生把它们合成一个复合句（定语从句、状语从句等）；教师也可以说出一个句子和提供一个情景，训练学生说出一个某种句型的句子（如倒装句、虚拟语气的句子、感叹句等）。句型操练是训练学生掌握各种句型、句子结构的一种行之有效的训练方式。只要教师运用得当，它会是一种效果很好的训练项目。

不管是模仿跟读还是句型操练阶段，教师对读得好、做得对的学生都会予以鼓励，教师会说"good"或"very good"，以此提高学生的学习积极性，促进学生良好习惯的养成。

通常来说，听说训练完成后，教师可以布置阅读和书写的练习，以提高听、说的效果。也就是说，在听、说训练完成后，教师才会让学生拿到或看到所学对话的书面形式，这大概就是很多人把听说法的具体操作总结成"听说领先，读写跟上"的原因。

（四）对学生能力的培养

创立听说法的学者认为口语是第一性的、文字是第二性的，良好的听说训练有利于读写能力的培养。因此，听说法强调听、说能力的培养，课堂的大部分时间都花在听和说的训练方面。教师很注意学生的发音和语调，不少教师还使用语言实验室加强听的训练，特别训练学生对不同音位（phoneme）的词语和句子的区分，教师还会使用语言实验室训练学生掌握正确的语音和语调。

（五）教学材料的设计

听说法教材的编写有两个较明显的特点：①按结构大纲（structural

syllabus）来编写；②考虑学习者的母语和文化背景，根据不同母语背景的学生的特点来编写。

在结构大纲里，对语言不同的层面（语音、语法、词汇）都有较详细的描述，各种结构都按由简单到复杂的顺序排列好，以供编写教材使用。因此，在听说法的教材里，可以看到有语音的训练项目（发好某一个音的要领、发音的示意图等）、语法结构的训练项目和词汇的训练项目。但最中心、最重要的项目应该算是句型的训练，这是因为支持听说法的学者认为，语言首先是言语，而言语应通过结构去学习。

语言是一种习惯，而语言又各有所异，因此，在学习英语时必须克服母语习惯的影响，养成英语的新习惯。要找出母语对英语学习的负面影响，使用对比分析方法，比较两种语言（母语和英语）各个系统（语音、语法和词汇系统）的异同，从而找出某一母语的学生在学习英语时会碰到的问题。因此，在编写教材时，编者会做两种语言系统的比较，比较母语和英语在各个层面的异同，并按照学习者不同的情况、不同的母语等编写出不同的教材。

（六）教师和学生的角色定位

在听说法的教学中，教师不仅是学习英语的楷模，还是课堂活动的指挥官。学生是模仿者，他们时时在模仿教师的语音、语调，会尽自己的努力争取模仿得更像。课堂上的活动，不论是对话教学还是句型操练都是在教师的指挥下进行的。教师控制操练的速度，熟练掌握操练的程度，不仅可以鼓励学得好的学生，还可以对学生所犯的错误进行纠正。从这个意义上来说，听说法是一个教师起支配作用的方法。

（七）母语的作用

在听说法中，母语的习惯被视为学生学习英语过程中养成英语新习惯的干扰，因此母语不在听说法课堂中使用，英语是教学的主要语言。为了找出学生学习英语的难点（trouble spots），教师可以将母语和英语两个系统进行对比分析。根据对比分析的结果，母语和英语的不同点将构成学习上的难点。

（八）教师对待错误的态度

听说法认为，学习英语是掌握一种新的语言习惯，而习惯的形成主要靠正确的模仿和练习。因此，从学习英语的第一天开始，教师就要严格要求学生，要求学生做到理解正确、模仿准确、表达无误。教师应及时纠正学生的错误，使学生养成正确的英语习惯。

第三节 认知法与交际法

一、认知法

认知法是英语教学的一种方法，其所依据的观点是，语言学习是主动的心理活动而不只是形成习惯的过程。它强调的是学习者在运用和学习语言特别是学习语法过程中的积极作用。

（一）语言和语言学习的观点

转换生成语法和心理语言学可视为认知法的语言和语言学习理论。认知法认为，语言不是一种习惯的结构，而是一种受规则支配的体系；人类学习语言不是单纯地机械模仿，而是受规则支配的创造性过程。在学习理论方面，有认知理论的四个原则：①活的语言是受规则支配的创造性活动；②语法规则有其心理的现实性；③人类有独特的学习语言机制；④活的语言是思维工具。按照这些原则，语言教学应视为一个有意识学习的系统（a consciously learnt system），新语言应在实际中呈现和实践，学习语言应在有意义的实践中进行。

（二）教师的教学目的

认知法的教学目的是培养学生实际、全面地运用英语的能力，它探讨怎样才能使成年人掌握英语，以达到使用英语的目的。

（三）主要的教学活动和特点

认知法把英语教学过程分为三个阶段，即语言理解、语言能力和语言运用。

第一阶段主要是对语言进行理解的阶段。学生要理解教师讲授或提供的英语材料，明白语言规则并懂得它们的构成和用法。按照认知法的理论，语言规则的讲授可采用发现法（discovery learning）。教师可提供易于使学生发现规则的语言材料，从已知到未知，引导学生发现和总结出语法规则。

第二阶段的教学主要是语言能力的培养。语言能力，必须在理解语法规则的基础上，通过有意识、有组织、有意义的操练来获得。操练形式是多种多样的，其中有些形式会与听说法的练习形式相同。但是认知法主张的是做表达思想感情的有意义的练习，而反对那种只重形式的机械性练习。练习的形式可以是看图说话、描绘情景、转述课文、造句和翻译等。

如果第二阶段的练习是紧扣课文、围绕课文的语言点进行且控制性较大，那么第三阶段的教学活动应该是控制性较小的、使学生享有更大自主权的交际性练习。通过多样化的交际性练习，培养学生运用语言材料进行听、说、读、写的能力，特别注意培养学生真实的交际能力。

交际性的练习可以是按指定的情景进行交谈，如围绕在商店购物、在医院看病、在餐馆用餐的环境中进行交谈；也可以是按指定的题目进行叙述和讨论。交际性的练习可以是口头的角色扮演，也可以是书面的作文和翻译。不管其形式如何，第三阶段的交际活动都是以学生为中心的，教师处于从旁指导的地位。

（四）对学生能力的培养

尽管认知法主张听、说、读、写齐头并进，但它过分强调规则的指导作用和成人学习英语的特殊性，因此对语音、语调方面要求的严格程度稍逊于学生的理解能力和自学能力。

（五）教学材料的设计

认知法的教材按有利于培养学生发现和理解语言规则的原则来设计。教材中包括反映英语在不同情景中使用的电影、录像和录音等材料，以便使教师在教学时能对不同的语言结构进行不同形式的操练，并创造英语环境让学生进行交际的操练。

（六）教师和学生的角色定位

认知法认为，在英语学习中，教学活动应以学生为中心，只有激发学生对英语的兴趣，激起他们学习上的动力，教会他们正确的学习方法，他们才能积极、主动和有创造性地学习英语。因此，在英语教学中教师是导师，引导学生解决学习上的问题，引导学生发现语言规则，创造情景让学生操练语言规则；学生是英语积极的使用者，他们在教师的指导下，发现语言规则、理解语言规则，并在大量的交际活动中创造性地运用这些规则。

（七）母语的作用

主张使用听说法的学者重视语言的差异性，而赞同认知法的学者则重视语言的普遍性和共同性。他们认为，成年人学习英语可以利用自己在母语学习中已掌握了的语法知识、概念和规则为英语学习服务，进而促进英语学习。因此，母语应该在英语教学中使用，它可以用来讲解语法规则和语言现象。与此同时，支持认知法的学者也意识到母语和英语在结构上存在着差异，母语的过多使用必然会干扰英语的学习。因此，他们认为母语的使用要适量和恰当。一般来说，在教学的第一阶段，即语言的理解阶段可多用母语，在第二阶段和第三阶段应多用英语。

（八）教师对待错误的态度

支持认知法的学者认为，语言习得是按照"假设（hypothesis）—验证（check）—纠正（correct）"进行的。在语言习得的过程中，出现错误是难免的，也是很自然的。学生的错误可能由各种原因造成，母语干扰、教学不当或英语内部某些成分相互干扰都会造成错误。所以，对错误要做具体分析，找出原因，给予必要的指点并提出纠正的方法。但在交际过程中，由于不熟练、疏忽或某些语言项目未习得而出现的错误，只要不影响交际，教师就不必打断学生说话而进行纠正，以便创造一种轻松愉快的交际气氛，让学生更好地使用语言。

二、交际法

交际法（the communicative approach）又称功能法（the functional approach）或功能—意念法（the functional-notional approach），产生于20世纪70年代初期的西欧共同体国家。英国学者为创立交际法做出了杰出的贡献。交际法是人们深入研究语言功能的结果，标志着在英语教学中人们开始从只注意语言形式和结构的教学转向注意语言功能的教学。

（一）语言和语言学习的观点

交际法视语言为交际工具，因此，英语教学的目的是培养学习者的交际能力。一个掌握了语言交际能力的人，不仅懂得语言的结构，而且还知道在什么时候、什么场合、对什么样的对象得体地使用语言。在语言教学中，学习者不但要学会结构，更重要的是学会使用结构、掌握语言功能。强调交际中意义的传递、语言的使用是交际法的特点。

交际法的语言学习理论依据可以从其实践中了解到，可将它们归纳为三个原则：交际性原则、任务性原则和意义原则。交际性原则认为，涉及真正交际行为的活动能促进语言学习；任务性原则指出，使用语言进行有意义的活动能促进语言学习；根据意义原则，对学习者有意义的语言能促进语言学习。按照这些原则，应该让学生在真正的交际活动中进行有意义的活动，完成一定的学习任务，以达到培养语言交际能力的目的。

（二）教师的教学目的

支持交际法的教师的教学目的是培养学生用英语的交际能力。一个学习语言的人不但应该有识别句子是否合乎语法规则的能力和造出合乎语法规则的句子的能力，他还必须懂得怎样恰当地使用语言，即对不同的对象使用不同的语言，在不同的场合、不同的时间使用不同的语言。因此，英语教学应培养学生英语的交际能力，即要培养在一定的社会环境中恰当地使用语言的能力。要达到此目标，学生需要懂得语言的形式、意义和功能，他们应该懂得不同形式的语言结构可以表达同一种思想。因此，学生要通过学习学会使用正确的语言形式来表达思想。

（三）主要的教学活动和特点

准交际活动是为真实交际做准备而设计的教学活动，可以是句型操练、对话等项目，目的是对英语中的句型和结构进行训练，为交际活动做好准备。如果没有对英语结构和句型的掌握，要进行交际就十分困难。功能性的活动是利用语言功能获取相关信息。社会交际性的活动是利用语言建立和维持人与人之间的友好关系，可以是角色扮演、解决问题等活动。

在交际法的课堂里也有语言结构性的活动。在初中英语教材的教学步骤中，第 3 项训练（Drills）就属于这一类型的活动。这一类的活动与听说法的句型操练有相似的地方，但不完全一样。因为按照支持交际法的学者的要求，可以把这一类型的活动设计得很像真正的交际活动。

按照支持交际法的学者的理解，真正的交际活动应该有三大特点：信息沟（information gap）、选择性和消息的反馈。缺少这些特点的对话就很可能是句型操练，而不是真正的交际。因此，教师在设计教学活动时也应注意真正交际活动的三大特点。

交际法教学的另一特点是，教师会尽量使用真实的材料进行教学，这些材料可以取自外文的报纸和杂志，也可以取自外国的电视剧或电影。

（四）对学生能力的培养

在交际法里，语言的功能比结构更受重视。一般来说，交际法的教材按功能大纲来编写。同一功能不同结构的语言要分不同的阶段介绍，先介绍简单的，然后介绍较复杂的。

听、说、读、写四种技能从一开始就进行训练。口头交际被认为是在说话者和听话者之间通过磋商（negotiation）而实现的；进行书面交际时，语言的书面形式的意义也是通过作者和读者之间的相互活动而理解的，读者不仅要看懂文章，更要了解作者想要表达的含义。

（五）教学材料的设计

交际法的教材有不同的设计类型，有纯粹功能型的，有结构—功能型的，也有功能—结构型的，还有题材型的。纯粹功能型的教材，考虑到语言形式的不足，会使语言结构失去系统性；结构—功能型的教材，注意了语言结构的安排，但对功能意念项目考虑不足，也会失去系统性；相反，功能—结构型的教材，注意了功能意念项目及系统性，但对语言结构安排不足；题材型的教材，可以照顾语言形式的系统安排，又能适当地安排功能项目，是编写教材较好的设计形式。

初中英语教材可以算是题材型的教材。在该书中，编者以一组学生、家长和教师为中心人物，通过他们在校内的活动（如上课、过教师节、开运动会、互相帮助等）和校外活动（过生日、过中秋节、家长教师谈话、在田野劳动等）来展示各种学生、家长和教师在实际交际中出现的较真实的情景，让学生在情景中学习英语和运用英语。

题材型的教材可以使语言形式和功能项目完美结合，能采用语言结构和语言功能项目循环式的编排方法，使语言结构的出现从简单到复杂，使语言功能项目多次出现，有利于学生掌握和运用语言。

（六）教师和学生的角色定位

在交际法中，教师的作用是多方面的。教师既是组织者，安排全部的教学活动；在教学活动中又是顾问，回答学生提出的问题，观察学生的表现；同时也是交际者，不时与学生用英语进行交际。教师的职责是使学习变得更加容易、有趣。从这个意义上来说，教师也是学生学习的提供方便者（facilitator）。

学生主要是以交际者的身份参加学习的，他们在交际法的课堂上通过交际学习交际。

（七）母语的作用

母语在交际法中没有特别的作用，英语应是交际活动中唯一的语言，在解释课堂活动和布置作业时也应用英语进行。支持交际法的学者认为，要使学生明白英语不仅是一个学习的项目，而且是进行交际的工具。但有些学者认为，有时谨慎地使用母语也是可取的，但要合理、适当地使用。

（八）教师对待错误的态度

学生在使用英语进行交际时犯这样或那样的错误是正常的，是不足为怪的。学生会在使用英语进行交际的过程中，不断完善自己，从多犯错误到少犯错误。因此，教师应鼓励学生积极运用英语进行交际，就算学生在交际过程中犯了某种错误，只要不影响交际，教师也不应打断学生的思路去纠正学生的错误。

第四节　全身反应法与任务型语言教学法

一、全身反应法

全身反应法是在 20 世纪 60 年代后期被创立的一种英语教学法，创立该法的依据是儿童习得母语的表现。儿童学习语言是从听开始的，儿童学习讲话也发生在听别人讲话之后。

儿童对成年人的指令（command）一般是先做行动的反应，然后才做语言的回答。成人学习英语与儿童习得母语有相同的地方，因此可以借助儿童学习母语的方式去学习英语。

（一）语言和语言学习的观点

全身反应法认为，目标语的大部分语言结构及数以百计的词汇项目都可以通过教师有技巧地使用祈使句来教授。刺激—反应可以看作全身反应法的学习理论。因此，全身反应法体现了以语法为基础的语言观和行为主义的语言学习观。由于在全身反应法中使用了语言和行动的结合，在语言学习层面上，它还与心理学中的记忆痕迹理论，以及降低忧虑、紧张有利于语言学习等观点有联系。

（二）教师的教学目的

教师希望使用全身反应法帮助学生在轻松自如的学习环境中掌握初步的听、说技巧。在学生还不愿意或不敢参与"说"的训练的时候，教师不应强迫他们参与"说"的活动。这样一来，学生在学习英语时就不会感到太大的压力。

（三）主要的教学活动和特点

全身反应法主要的教学活动是发命令（issue commands）和对命令做出反应。最初，教师向学生发命令，学生对发出的命令做出反应。教师在发命令时，会用恰当的语音语调并伴以姿势和面部表情，使人得到一种愉快的感受。

在学生能理解命令和对命令做出正确反应的基础上，学生也可以模仿教师向其他学生下命令，其他学生也会对其命令做出反应。口头操练结束，学生学习阅读和书写。当然，阅读和书写材料都是口头练习过的祈使句。

（四）对学生能力的培养

全身反应法侧重培养学生的听、说能力，但语言方面则强调对语法结构和词汇的掌握。

（五）教学材料的设计

在编写教材时，有两件事情需要重点注意：①选择适合在课堂环境里使用的词汇和语法结构；②选择学生容易学习和吸收的语言项目。如果发现一些项目（如语言结构、词汇等）不适合在课堂上使用，学生也觉得难以掌握，这些项目就应该从教材中删除。

（六）教师和学生的角色定位

一般来说，在全身反应法的课堂上，教师是命令的发出者，学生则是对命令做出反应的人。当一部分学生理解了命令并能向其他学生发出命令时，他们也可以成为命令的发出者。

（七）母语的作用

教师可以用母语来介绍全身反应法，但在教学中教师会全部使用英语。

（八）教师对待错误的态度

教师对学生的错误应采取容忍的态度，只纠正一些较大的错误。在纠正错误时也应注意方法，不应使学生感到有压力。

二、任务型语言教学法

任务型语言教学是指在语言教学中使用"任务"作为教学核心单位的语言教学途径，它可视为交际法在教学方面的发展。

（一）语言和语言学习的观点

任务型语言教学以多种语言模式作为其语言理论。任务型语言教学倡导者在研究任务及其分类时注意语言的结构、功能及其互动模式，如在决定任务的语言复杂度时，要使用结构作为标准并注意词块教学的问题；也有学者提出按三种功能的方式对任务进行分类；还有一些学者主张从互动维度去区别任务的类型。

任务型语言教学的语言学习观点与交际法一样。除此之外，任务型语言教学还有其学习原则，即任务能提供语言习得所需要的语言输入、输出及互动，任务活动能激发学生的兴趣及动力，学习方面的困难也能通过协商来解决。

（二）教师的教学目的

任务型语言教学的目的在于培养学生在语言使用活动中准确和有效地进行交际的能力。学生在完成任务的过程中获得使用语言进行互动的机会，依靠语言互动，学生能获取和理解语言输入，使用语言表述、交流。学生能在意义协商的过程中建构自己的语言系统。

（三）主要的教学活动和特点

尽管任务型语言教学的倡导者在教学模式上没有统一的意见，但如果综合强任务派和弱任务派在教学模式中的活动，我们会发现在他们的教学中都包含两种活动类型：任务型活动和语言学习活动。强任务派的任务型活动是真实交际活动和结构性交际活动（authentic communication and structured communication），其他语言学习活动或称使能性任务（enabling tasks）都不算任务型活动；而弱任务派任务则包含所有的任务活动。如果把威利斯（Willis）

描述的教学模式（步骤）作为强任务派的模式，把努南（Nunan）的模式作为弱任务派的模式，则他们的教学模式可表示为

willis 的模式：

任务前阶段（pre-task）；

任务中阶段（task cycle）；

聚焦语言阶段（language focus）。

Nunan 的模式：

图式的建立（schema building）；

控制性练习（controlled practice）；

真实性听力练习（authentic listening practice）；

聚焦语言成分（focus on linguistic elements）；

更灵活的练习（provide freer practice）；

引入教学任务（introduce the pedagogical task）。

两种类型的任务型活动即语言学习活动和任务型活动见表 4-1。

表 4-1　强任务派和弱任务派教学模式的比较

各活动内容活动种类	Willis 模式的内容	Nunan 模式的内容
任务型活动	在任务前阶段激活相关图示（背景知识）及已掌握的语言结构及词汇，在任务中阶段分组进行真实性的交际活动，之后做准备并汇报结果	在建立图式步骤中激活相关背景知识及已掌握的语言结构及词汇，进行更灵活的练习和真实性的交际活动
语言学习活动	在聚焦语言阶段使用增强意识活动，让学生在教师指导下分析和发现语言特点，之后设计练习让学生练习语言点	用控制性练习帮助学生掌握要学习的结构、词汇和功能，使用聚焦语言成分活动练习语言，结合真实性的听力练习加深对语言成分在语境中使用情况的认识

（四）对学生能力的培养

在任务型教学活动中，学生使用目标语完成社会中出现的各类任务。在学习过程中，他们通过语言互动进行交际，在大量的听、说、读、写活动中使用语言和语言运用策略交流，最终获得用目标语在社会活动中做事的能力。因此，可以说任务型语言教学强调通过使用目标语互动达到培养交际能力的目的。

（五）教学材料的设计

由于任务型大纲在设计方面存在一定的争议，而又欠缺相关的实证研究，因此不同学者提出了不同的大纲设计思路。人民教育出版社的 New Senior English for China 在编写时"以话题为核心，以结构和功能项目为主线，组织和安排听、说、读、写的活动，通过'任务型'活动和完成项目（project）实现教学目标"。Go for It 也可以说是使用同一类模式编写的。

（六）教师和学生的角色定位

教师在任务型教学中要根据学生的需要、兴趣及语言学习水平选择、改编或编写好任务并决定教学的顺序。从这个意义上来说，教师是任务的选择者和决定者。在引领学生进行活动时，教师还扮演着多重角色。他们要帮助学生激活背景知识，组织学生进行小组活动，安排学生汇报做任务的情况并评估学生的活动，给予学生学习方面的反馈。在学习语言的过程中，教师是语言分析的引导者和语言项目操练的组织者。

在任务型语言教学中，学生是小组活动的参与者，以及活动的监控者、探险者和发明者。在参与活动的过程中，学生会观察自己和同学的表现，监控自己和别人语言和学习策略的使用情况，并尝试用自己认为的最好的手段去解决问题。

（七）母语的作用

使用任务型语言教学的目的在于培养学习者使用英语进行交际、做事的能力。因此，英语应是教学中唯一的语言，母语在教学中没有特别的作用。但在一定的场合，教师要解释一些问题，如涉及两种文化的差异的问题时是否应使用母语，也值得我们去思考与尝试。

（八）教师对待错误的态度

在进行任务型活动的过程中，学习者会在教师的指引下使用各种资源（语言和非语言的手段）去完成任务。在日常生活中我们会经常遇到多种困难，如不懂得"救护车"用英语怎样说，学生会用"car"去表达；不懂得"急救医护人员"用英语怎样说，学生会用"policemen"去代替。这时，教师可用重述（recast）的手段"纠正"学生的用法。这种"纠正"的手段会在任务型语言教学中出现，但不应被视为"纠正错误"，而应被看作"意义磋商"和"聚焦形式"。

第五章　高校英语教学设计优化策略

第一节　教学组织优化策略

一、英语知识组织策略

人的语言交际能力包括语言能力和运用语言的能力。语言能力是指学习者对语言知识（语音、语词、语法、文化知识等）的掌握；语言运用能力是指学习者具备的以听、说、读、写等形式运用语言、实现特定的语用目的的能力。倘若学习者没有掌握语言知识，就不可能具备运用语言的能力。语言知识和语言运用的能力相结合才是语言学习应达到的目标，因为它们就像一个硬币的两个面，是构成语言交际能力不可分割的两个组成部分。因而，促使学习者掌握一定的语言知识和具备听、说、读、写语言交际能力是英语教学的目的。

（一）语音知识组织策略

语音是人们运用语言进行口头交际赖以传递信息的媒介，是语言的外壳，是整个语言学习的重要基础；学习者的语音水平对其听、说、读、写、译各项技能的发展都起到直接或间接的制约作用。因此，语音教学是英语教学过程中的一个至关重要的环节，在相当程度上决定了学习者在英语学习方面的发展。

（二）语词知识组织策略

语词是语言的基本要素，是组成句子的基本单位。语词包括音、形、义三个结构要素。学习和掌握语词的音、形、义三个要素并在交际活动中灵活运用语词的过程，是一个复杂的心理认知过程。语词教学包括意义、用法、使用策略等方面的内容，教师应根据词的不同特点、学习者在学习时的认知规律、学习者已有的知识、经验和个性心理特点等，采用各种不同方式，揭示语词的本质特征。

语词知识教学应当遵循的组织策略主要有以下六个方面：

1. 选择恰当的语词

一般来说，所选择的语词应是出现频率较高，或者常常造成学习中的困难、具有一定的代表性的语词。这样，通过一部分单词的学习可以使其他单词的学习变得轻松。

2. 合理确定语词学习目标

一个成年的非语言文字工作者掌握的本族语的语词中，一般只有 1/5 是能熟练运用的语词，4/5 是理解性的语词。一般的外语学习者所能熟练运用的外语语词也只是其总语词量的 1/3，其他 2/3 是理解性的语词。所以，在语词教学中，应该根据这一比例，合理地确定语词学习的目标。这样可以大幅度提高语词教学的有效性，降低语词教学的难度，尤其是记忆单词拼写形式的难度，进而提高学生的语词运用能力。研究表明，利用语境学习语词是语词学习的主要途径。语境可以为学习者提供目标语词的意义及其他相关信息，学习者根据语境提供的这些信息，定位目标词的词性、弄清目标词的搭配，理解含有目标词的句子与比邻句子之间的关系，从而逐步掌握目标语词。

3. 本着直观性、情景性和趣味性原则展示语词

直观性就是指利用实物或教具展示物质名词，利用动作展示动词，利用面部表情或体态动作展示表情词语等。同时，教师还应当引导学习者通过分析阅读或借助听力材料，自主领悟和推理单词的用法，将语词教学与技能教学融为一体。

4. 引导学习者在具体情景下使用语词

如果学习者不能够在真实的语境下使用语词，则很难掌握单词的用法，更谈不上发展口头表达能力和笔头表达能力。因此，语词教学并非仅仅是指对语词音、形、义方面的讲解，还应包括为学习者提供具体的情景，让学习者学会使用语词。

5. 帮助学习者了解语词所包含的文化含义

语言是文化的载体，要恰当地使用语言就必须了解相关的文化知识。因此，语词教学不能仅限于引导学习者了解语词的字面意义，还必须了解单词的语用意义，同时还必须掌握单词的文化意义。

6. 利用记忆规律、学习风格帮助学习者记忆语词

对中国学生来说，单词的词形与读音记忆是一大难点，因为英语是拼音文字，而汉语是象形文字，同时由于语言历史的原因等，英语的拼写形成了同一语音不同拼写形式的现象。

不同学习风格的学生有着不同的记忆方式，教师应该基于学习者的不同学习风格，引导他们掌握不同的记忆方法和策略。比如对于视觉型学习者，边看、边写、边拼读可能是有效的，这对于学习词缀等构词法也是有效的，但是对于听觉学习者，可能需要边听边看，口头拼读单词才能更好地记忆语词。

（三）语法知识组织策略

语法是语言能力的一部分，掌握语法知识可以帮助学习者认识语言本身的规律，从而主动、积极地学习语言。学习者掌握一定量的语法知识有助于学习者理解，甚至监控、纠正语言的输出，为准确表达提供可靠保证。

语法知识教学应当遵循的组织策略主要有以下四个方面：

1. 注重语法教学的系统性

语法是语言系统规律的体现，语法教学也必须符合系统性。系统性原则要求语法教学依据教材中的语法系统，同时也要符合语法发展的规律，即语法知识的选择应符合现代交际的原则，满足交际的需求，避免出现交际中较少使用、为语法而语法的教学设计。

2. 贯彻语法教学的交际性

基础教育的语法教学应当遵循交际性原则，即在必要的意识提升活动和语法操练的基础上，教师为学习者尽可能地创设交际性语言环境。例如，运用实物、图片、动作、表演、录像等手段，创建包含运用语法规则的具体情景。教师也可以利用学习者已经掌握的词语、短句来突出语法的交际本质，创建真实、半真实的交际活动，引导学习者感知、理解和学习语言。

3. 注重语法教学方法的多样性

语法教学应注重活动的多样性、话题的多样性、课堂组织的多样性、评价方法的多样性及教师指令的变化性等。例如，将归纳法与演绎法相结合。归纳法更有利于鼓励学习者积极探索，以发现规则，满足求知的欲望，形成学习的内在动机；隐性语法教学与显性语法教学相结合，以隐性教学为主，适当采用显性教学，通过隐性教学培养学习者的语言运用能力，通过显性教学增强学习者语法意识；语法教学与听、说、读、写活动相结合，语法应服务于听、说、读、写各项技能，语法教学应该在听、说、读、写的活动中培养，以实现服务于交际的目的。

4. 激发学习者的语法学习动机

学习动机是开展一切学习活动的保证。为了激发学习者的语法学习动机，语法教学中要注意选择恰当的语法内容，尽可能创设真实的语境，以适合学习者的年龄、认知能力与语言水平，同时贴近学习者的生活经历。

（四）文化知识组织策略

语言与文化是密不可分的，语言的学习不可能离开文化。在一定程度上看，外语教学就是文化教学。文化知识教学应当遵循的组织策略主要有以下四个方面：

1. 系统地组织文化知识教学活动

在外语教学中系统地添加一些文化内容，如在教材中专门设立文化专栏、举办文化讲座、组织文化欣赏活动等，可促使学习者系统地掌握所学外语国家的基础文化知识。

2. 将文化知识目标和态度目标、能力目标等融入外语教学

在外语教学中，将文化知识目标、态度目标、能力目标等融入其中，如采取文化会话、文化合作、文化表演、文化交流等方式进行外语课堂教学，引导学习者在语言学习过程中接受文化教育。

3. 通过师生活动感知文化差异

在外语教学中，教师与学习者作为不同文化表现者参与文化互动活动，如师生相互讨论某一文化现象，通过文化疑惑解析、文化冲突化解、文化专题研究等方法，引导学习者感知文化之间的差异，形成开放、平等、尊重、宽容的文化态度。

4. 通过学习者直接参与文化交往获得文化知识和文化体验

学习者在外语教学中直接参与文化交往，如通过面对面的交往或网络交往等直观的方式，在潜移默化中获得文化知识，养成积极的文化态度，形成有效的文化能力。

二、课外活动组织策略

在我国，英语学习是在汉语环境下进行的，往往缺乏真实性，而且还存在英语学习时间不足的问题。因此，课外的语言学习活动，如与英语本族语者交谈、欣赏英文电影、观看英文电视节目、阅读英文小说、用英语写电子邮件等，是实现英语教学目标的不可或缺的补充性教学活动。通过组织丰富多彩的课外活动，学习者能深刻理解所学的语言知识和技能，并自觉地将所学知识和技能加以应用，培养英语交际能力。

教师应在组织课外活动的过程中起引导作用。例如，教师可向学习者推荐课外阅读的英文小说。当然，教师在课外活动组织过程中不可干预过多，否则，就有可能减弱学习者的积极性。

课外活动组织分为大型的课外活动和小型的课外活动。戏剧表演是可以定期开展的大型的课外活动之一，可用来巩固和评价所学的语言知识和技能。这类具有创造性特点的课外活动非常有利于发挥学习者的主观能动性，同时还能促进学习者之间的团结与合作。开展英语歌曲比赛、英语角、英语报刊或手抄报等带有综合性特点的实践活动也属于大型的课外活动。它们为学习者运用所学语言知识和技能提供了很好的机会。学习者之间相互合作，也有

利于培养集体荣誉感。

开展这类大型的带有综合性特点的实践项目都应该有一个主题明确的活动方案、相应的图示和文字说明。由于开展这些活动的目的是巩固已学知识和已经形成的语言技能，因而，这类活动应定期开展，而且安排的时间也要适当，通常可以安排在期中、期末进行，也可以安排在英语节、艺术节等活动期间进行。值得注意的是，此时参与者是否使用英语是对学习者的表现或作品的重要评价标准之一。

经常性的课外活动多属于小型活动，通常指由学习者一个人或一组人开展的活动。例如，教师引导学习者参与游戏；经常采用讲故事的方式呈现或练习所学语言知识，能够非常明显地提高学习效果；学习者用英语写日记，有条件的可以建立自己的英语博客；学唱英文歌曲和歌谣是练习所学的内容，如语法结构、语音规则、词汇和句子韵律的有效方式。这些活动有利于提高学习者使用语言的流利程度，并增强学习者对所学内容记忆的效果。

三、教学形式组织策略

在现代教育中，教学组织一般分为三种基本形式：班级教学、小组教学和个人学习。班级教学是教师向一个班级的学生传递教学信息的教学组织形式；小组教学是教师通过组织班级内的学生形成不同的小组，传递和分享教学信息的教学组织形式；个人学习是教师指导学生个人根据学生自己的选择，接受和获得教学信息的教学组织形式。

个人学习是人类历史上最早出现也是最本质的学习形式。在人类社会分工之前，原始人类的教学都是口口相传的形式。随着人类的社会化分工变细，教学需要强调规模效益，班级就开始出现了。在班级教学中，教师会根据不同的学习风格、学习基础等，把学生分成若干个小组进行教学。在英语课堂教学中，讲解课文或说明语法内容时，通常会采用班级授课的方式；在组织任务实施时，通常会将学生分成小组；而对于需要记忆、背诵的内容的学习，自然只能依靠学生个人的努力去完成。

当然，教师应该根据教学需要，最大效度地使用不同的教学形式。以小组教学为例，教师应该尽可能根据教学目标，将学生分成小组。若任务需要不同能力学生的配合才能完成，就应该根据学生的能力水平，把不同能力的学生分在同一小组，而不是把同一能力水平的学生分在同一小组。但若任务是需要同一能力水平的学生才能完成，就自然应该据此分小组。

只有一切从学生出发、一切从学习出发，才能最大效度地选择恰当的组织形式。

第二节　教学传递优化策略

一、展示策略

　　语言输入指在语言学习过程中，学习者接触作为学习目标的语言内容的过程。语言输入是语言学习的重要条件和前提，因此，教师应特别注重研究和利用心理学的基本原理，掌握作为语言输入的语言知识与功能的展示策略，以促进学习者对语言输入相关信息的理解和应用。以语言技能输入为例，听、说、读、写是人类使用语言开展交际活动所需要的主要技能，同时也是人类认识世界、获取知识、发展自身能力、相互交流情感必不可少的重要途径。从英语教学角度来看，培养学习者听、说、读、写的能力是英语教学的主要目标，而且，以上各种技能必须全面发展，不可偏废。事实上，作为言语交际活动的方式，听、说、读、写各项技能相互联系、相互依存。但是，听、说、读、写各种言语活动也有它们各自的特点，教师应结合教学实践进行相应的训练活动，以提高教学的针对性。

（一）展示听的技能

　　作为人类口头交际活动的基本形式，听总是领先于说。听不仅是接收和理解声音符号信息，更是积极思考、重组语言信息、创造性地理解和吸收信息的心理语言过程。它涉及学习者的认知、情感因素，如学习者感知语音、辨别词汇、句法、句意的能力等。因此，在展示听的技能时，应注意以下几方面：

　　1.听力材料的真实性

　　真实性指听力材料的语言要力求真实、自然、地道，能反映出英语本族语者使用语言的习惯，具有真实的交际意义。

　　2.听力材料的可理解性

　　可理解性指听力材料作为语言输入在难度上应具有以学习者现有的知识结构为基础，但又稍微高出现有能力的特点。

　　3.听力材料的多样性

　　多样性指听力材料的题材和体裁应多样化，目的是促使学习者接触丰富多彩的语言，尤其是在不同交际场景中的语言使用。为了扩大语言输入量，教师应结合教材内容，为学习者补充适当的辅助听力材料。

4.学习者的语言知识、背景知识水平

教师应意识到语言知识是听力理解的基础，听者必须具备一定的语音、词汇、语法知识；同时，学习者还要对听力材料中涉及的人物、场景、文化背景、风俗习惯、生活方式、价值观等方面的背景知识有所了解。

5.学习者的情感状态

学习者的学习动机、自信心、焦虑等情感因素直接影响听力理解水平，教师应帮助学习者树立自信，以轻松、愉快的心情去听，保持思维的活跃性，提高听力效果。

（二）展示说的技能

同听力一样，说的能力也是人类言语交际活动的基本形式。说话者借助已有的语言知识和规则创造性地运用语言，是大脑积极思维的过程。教师应借助一系列的教学活动实现语言规则的内在化，避免学习者从母语到英语的"心译"过程，从而实现直接流利地表达思想和情感。因此，在展示说的技能时，应注意以下几方面：

1.先听后说

根据理解先于表达的认知特点，教师在展示说的能力时，要本着先听后说的原则：一是要针对语音或知识点，教师在展示过程中应要求学习者听清、听准，然后再口头模仿；二是要重视语言理解，教师在展示过程中应促使学习者接触大量语言信息，并逐步实现语言规则的内在化，促使学习者积极吸收和扩充语言知识。

2.口语活动的多样化

在英语教学中，学习者从学会发音、模仿到在交际场景中运用语言连贯地表达思想是一个漫长的过程，口语活动应多样化，如模仿、简单的问题回答、机械操练、意义操练、交际活动、小组活动、角色扮演、解决问题、自由表达等。

3.学习者的语言水平

口语活动的展示应考虑到学习者的语言水平，如语言能力和语用能力。语言能力是口语表达的前提。正确的语音语调、一定量的词汇和语法知识积累都是培养学习者口语表达能力的基础。在口语交际过程中，学习者应具备一定的语用能力，即根据具体交际场景和上下文，调动已有的文化背景知识和个人体验，得体地使用语言，实现交际的目的。

4.学习者的情感状态

焦虑是影响学习者口语表达的主要干扰因素，但适度的焦虑可以促进学习。教师在展示说的能力时，应尽力创设交际情景，鼓励学习者大胆表达，促使学习者以自信、积极的心态参与学习活动。

（三）展示读的技能

读是人类书面交际活动的基本方式，是通过视觉感知语言符号获取书面信息的行为，更是从视觉感知语言符号到完全理解书面材料的意义的过程，也是与语言知识、文化背景知识、个人经验等相联系的认知加工过程。时代的发展，尤其是计算机技术的广泛应用，大大促进了信息的交流，英语阅读愈加凸显出其交际活动的本质特点。因此，在展示读的技能时，应注意以下几方面：

1.阅读材料的真实性

真实的阅读材料往往为本族语者所用，如英文报纸、电视、电影中的英语材料等；非真实的阅读材料指专门为学习外语的人设计的学习材料，如对词汇和语法知识等会做特别考虑和处理。介于两者之间的阅读材料尤其适合外语环境下的学习者，这类材料既兼顾真实性，又考虑到学习者的语言水平，非常有助于提高语言水平和语言技能，为今后阅读、理解真实的材料做好充分准备。

2.阅读材料的可理解性

阅读材料的可理解性指语言信息输入稍稍高于学习者目前的知识水平，旨在传递语言负载的信息，帮助学习者获得交际性阅读技能。真实性与可理解性并非完全对应：真实的材料未必可理解，可理解的材料也未必真实。对初学者来说，材料既应真实，又要具有可理解性，才能有效地提高学习者的阅读技能。

3.阅读材料题材的广泛性、知识性和趣味性

阅读材料的题材应广泛，文章内容应包括不同的知识范畴和文化背景，教师应引导学习者了解和掌握不同体裁、不同题材的作品。同时，阅读材料内容应新颖、有趣，以激发学习者的学习兴趣，提高学习动机，调动其学习的积极性。

4.学习者的语言水平

阅读过程始于视觉感知语言符号，学习者必须掌握一定的语音、词汇、语法等语言结构知识。学习者的背景知识和个人经验构成了"认知图式"，图式知识与语言结构知识共同形成了学习者理解所读内容的前提条件。

5.学习者的情感状态

兴趣是影响学习者阅读能力的重要因素之一。学习者的阅读兴趣越浓，

则其阅读量越大，阅读面越广。为了培养学习者的内在阅读兴趣，阅读材料的选择必须难度、适当，力求实现知识性与趣味性的统一，以帮助学习者在提高语言知识的同时，充分享受阅读带来的愉悦感。

（四）展示写的能力

作为人类日常交际中的一种表达性技能，写是将思想转变成语言文字符号的过程。在英语教学中，不同的学习阶段对写有不同的要求。起始阶段的写作活动是为高级阶段的交际性的写作奠定基础的，有助于促使学习者最终能够使用英语自由地表达思想。写作既是英语教学的目的，又是英语教学中重要的表达手段。因此，在展示写的技能时，应注意以下几方面：

1.写与听、说、读技能的结合

任何一项语言技能的培养都不可能是孤立的，只不过是在单项训练时有所侧重而已。写的能力应与听、说、读的能力相结合。例如，听写既有助于提高学习者写的准确性，又能检验理解的正确程度。学习者对段落的仿写、改写、写出摘要等活动都是在阅读基础上完成的，如果让学习者先说再仿写、改写，既可减少表达的错误，又可降低写的难度。

2.学习者的语言水平

写的技能培养受到学习者的语言水平的限制，如语言能力、语用能力等。由于书面语比口语更正式、更复杂，所以要求表达上的精确程度较高，学习者应掌握丰富的词汇，能够准确、恰当地表达思想，而且学习者还要学会运用不同的语言形式表达特定的意义。同时，学习者还应考虑读者的文化水平和知识背景，在写作中恰如其分地传递信息。

3.写作活动的多样性

写的活动应根据学习者的语言水平采取多种多样的方式，如书写、抄写、听写、段落仿写或改写、句子或段落扩写、看图写作、按照提示写作、课文缩写、文章改写、自由表达等。

4.学习者写作动机的激发

教师应尽可能地结合学习者的生活实际和思想感情，为学习者创设问题情景，挖掘交际题材，捕捉学习者的兴趣点，促使学习者产生表达的意愿，使他们有话可说、有情要抒。

（五）任务输入策略

任务教学倡导通过教师的充分指导促进学习者积极地投入知识的心理建构，在促进新旧知识相互联系的同时，引导学习者产生主动学习的心理倾向。输入策略包括以下几方面：

1.学习者先前知识的激活

学习者借助教师的充分引导将新信息与先前知识整合成更高层次的知识结构。例如，教师提供一些核心概念，以语义联系的方式激活学习者原有知识，作为接收新信息的基本框架；或以提供典型范例的方式使抽象的讲解变得具体、形象，更有利于学习者的理解。

2.各项技能的使用

同样的新信息可以通过多种感觉通道展示给学习者。例如，阅读材料的展示既可以通过视觉的形式，也可以通过听觉的形式，即既涉及读的技能，又涉及听的技能。但是，如果多种感觉通道提供的信息量超过一定的度，或两种感觉通道呈现的信息完全无关且信息量过大时，学习者则难以接纳，从而降低了教学效果。例如，教师留出一定的时间让学习者阅读和理解教材或黑板上的与学习任务有关的内容，如果此时教师还在滔滔不绝地讲解，反而会使学习者无所适从。

3.难度适中的任务

教师在呈现学习任务时应确保任务难度适中，因为学习者对过难的学习任务常常会望而却步，对过易的学习任务又难以引发学习的兴趣。在任务设计中要安排适度的任务，以引发学习者进一步探寻的兴趣。

4.引起学习者注意

任务呈现应为学习者体验不同的内容，但呈现方式和内容应简洁明了，避免杂乱、无关的信息分散学习者的注意力。例如，在使用多媒体手段呈现信息时，应删除无关的背景信息及不必要的细节内容，以突出重点。

5.激发学习者的动机

如果任务难度适中，呈现方式灵活且富有趣味性，学习者更有可能产生对学习的兴趣，从而产生积极的、愉快的学习欲望。

二、吸收策略

外语学习过程中语言输入与语言吸收有着本质区别。语言吸收是指学习者在接触作为学习目标的语言内容后摄入目标内容的过程。作为输入的语言，因为语速过快或呈现速度过快，或者因为难度过大，学习者不能理解全部的语言，那些无法理解的语言就不能成为学习者的吸收语言。语言是行为，因为语言行为是人类社会化的交际手段。语言也是知识，因为语言知识是人类社会行为内化的结果。具体到英语教学中，语言训练可以促使学习者掌握英语语言本身的结构和规则及相关技能。英语知识结构大体包括语言结构和语言规则两方面。语言结构指语音、词汇、句法、语篇结构；语言规则指语法规则。显然，学习者掌握语言的结构和规则能完善语言使用的正确性，监控语言运用过程，修正错误；同时，也有助于学习者生成多种句式，灵活表达思想。语言训练是促使学习者更快、更好地吸收语言的有效手段。

（一）促进吸收的语音教学活动

对中国学生的英语语音学习来说，节奏常常是学习的难点。节奏包括重音、长短、连读，其中重音起决定性作用，即节奏与句子重音和词的重音关系密切。英语中大量单词有两个以上的音节，其中有的音节强而有力，被称为重音。单词重音的变化有时会引起词义的改变。

（二）促进吸收的词汇教学活动

掌握词汇的音、形、义三种结构要素是开展词汇知识教学的基本内容。

1. 音

音是词汇的物质外壳，人类在口语交际中凭借词的声音理解来表达意义。

2. 形

形是词汇的书面形式，词形是在口语的基础上产生的记录语音的书面形式符号。

3. 义

义是人类心理认识活动对一类事物进行概括的反映。词义又分为具体意义和中心意义。具体意义是指词与词所代表的客体的关系；中心意义是指词与概念的直接联系。

在语言交际中，首先要在音和代表客观世界的意义之间建立联系。词汇作为符号，是音和义的统一体。没有意义，词音和词形的结合就缺乏内容，语言交际就无从谈起。没有词音就谈不上词形，没有词形就无法使用书面语进行交际。因此，无论是口语交际还是书面语交际，必须建立音、形、义的紧密联系。首先，形成词音和词义的联系；其次，形成词音、词义和词形的联系；最后，达成词音、词形和词义之间的直接联系。

语言最基本的功能就是人类的交际工具，语言能力具体表现为听、说、读、写四方面的技能。英语教学只有通过社会交往活动才能培养学习者的交际能力，教师与学习者、学习者与学习者之间用英语开展交际活动是帮助学习者获得有效语言输入的主要途径。

（三）促进吸收的听力教学活动

以听力技能培养为例，听的过程涉及生理学、语言学和心理学等方面因素。它既包括对语言知识的辨认，又包括对语言内容的信息加工处理。因此，听力技能覆盖了语言的不同层次，涵盖多项"微技能"。

（四）促进吸收的口语教学活动

口语技能培养应遵循下列原则：

1. 从形式操练到交际性活动的循序渐进原则

语言教学中的许多口语活动以语言形式为中心，目的是帮助学习者掌握语言的发音、词汇、句型结构等。为了培养学习者的交际能力，口语教学应更多地重视意义的表达，但这并不否认操练的必要性和重要性。从注重形式到注重意义的过渡并不一定与学习者的学习阶段完全对应。每个阶段都有不同种类的训练活动，即使学习者在语言学习初级阶段也可能进行交际活动。

2. 尽可能为学习者创造开口讲英语的情景

针对有些英语学习者怯于开口讲英语的现象，教师应结合实际生活模拟情景，努力营造浓厚的语言氛围，利用积极的情感反馈，消除心理障碍，鼓励学习者积极参与课外活动，培养学习兴趣，体验成就感，获得学习英语的内在动力。

3. 正确对待口语表达的流利性和准确性

口语表达的流利性强调意义的完整表达，而准确性强调语言形式的正确使用。过于重视流利而忽视准确，很可能使语言难以理解；过于重视准确而忽视流利，则可能使意义表达缺乏连贯性。以纠错为例，若过分重视流利性而很少纠错可能导致学习者形成错误的语言表达方式，在交际中影响听者的理解，影响交际的顺利进行；过分重视准确性而经常纠错可能导致学习者情绪焦虑，或对英语学习产生抵触心理。

（五）促进吸收的阅读教学活动

阅读技能也是由一系列微技能组成的：

（1）识辨语音、词的特征和语法关系，以理解语言的表层意义；

（2）预测阅读内容，学习者在阅读过程中不断验证和修正自己的预测，这正是学习者（读者）与阅读材料作者之间的互动关系。

（六）促进吸收的学习策略教学活动

事实上，学习策略的运用也是促进学习者语言吸收的有效手段。学习策略指能够有效实现学习目的、学习者有意识采用的学习行为及方法。培养学习者的策略意识就是指培养学习者在学习过程中的自我监控能力、自我调节能力，以提高自身的认知操作水平。具体来说，策略培养就是提高学习者对自己认知过程的思维，是大脑对信息的表征、组织、储存、提取过程的思维。根据学习者的心理过程特点，学习策略可分为元认知策略、认知策略、情感/社交策略三种。

元认知由元认知知识、元认知经验及元认知监控三部分组成。元认知知识又分为三部分：个人知识、策略知识和任务知识。元认知经验指的是学习者在学习过程中的感受。元认知监控指的是学习者监控、管理、评估及调整学习活动的过程。即元认知学习策略指学习者利用元认知知识，结合自己的元认知经验，调控学习过程所采用的策略，如计划、自我管理、自我监控、自我评估等。学习者能够充分利用各种学习资源促进目的语学习，主动拓展接触目的语信息的渠道，寻求学习机会，也属于元认知策略。此外，学习者通过各种手段分析学习中的任务需求、语言需求、注意力需求、情感需求，并根据各种需求分析安排自己的学习的能力也属于元认知策略。有声思维是培养学习者自我监控、自我管理意识的一种有效方式，譬如，教师引导学习者在阅读过程中说出自己对阅读信息的理解，使他们学会思考、预测和验证，形成自我监控力。

认知学习策略指学习者为了解决具体学习问题而采取的学习策略，按照语言的听、说、读、写各项技能，可以分为普遍适应式学习策略、词汇策略、听力策略、阅读策略、写作策略等。普遍适应式学习策略不受学习目的和环境的影响，适用于多种学习目的和活动，这类策略包括联想、概括、演绎/归纳、词义猜测等。

情感/社交策略属于非智力因素。情感策略的目的是帮助学习者在学习过程中保持良好的情绪状态，如移情，即通过换位思考等方式体验他人的情感。其他常见情感策略有析疑、合作、自我激励等。常见的社交策略有合作、求助、寻求与他人用目的语交流的机会、释义、非语言交际等。例如，教师引导学习者通过合作解决独自一人可能难以解决的问题，可以提高学习者的自信心，减少焦虑感。

三、输出策略

语言输入是指学习者听到或阅读到的并能作为其学习目标的语言信息；语言输出是指学习者产生语言成果的过程，包括语言知识的输出和语言技能的输出。

语言知识通常指语音、词汇、语法规则等方面的知识，学习者对这些知识的掌握程度关系到语言表达的准确性。正确的语音、语调不仅是口语交际的声音符号，更是交际者有效传达信息的重要手段。词汇是句子的组成成分，学习者必须掌握丰富的词汇，才能准确、恰当地表达思想。语法规则知识是学习者组织词汇、句子，进行言语表达的基础。如果学习者缺乏基本的语言知识，就不能正确表达，交际的有效性也就难以保证。因此，语音、词汇、语法规则是组成语篇材料的基石，是将思想转为言语或文字的重要手段。尤其是在书面语表达中，语言知识的运用要更加正式和复杂，无冗余性。

第三节　教学管理优化策略

一、时间管理策略

课堂教学过程是一个动态的过程，教师、学习者、教学环境三者之间发生相互作用，以此促进教学目标的实现。现代课堂管理注重建立良好的课堂环境，保证良好的课堂活动秩序。同时，有效的课堂管理还应当能够保持课堂互动、促进交流，因为课堂活动从本质上说就是一种寻求师生之间、学习者之间对话的实践交流活动。课堂活动的最终目的是促进学习者的持久发展，因而课堂活动本身也具有持续发展的特点，课堂管理必须调动各种可能的因素，挖掘课堂的活力。

可见，课堂的有效管理就是尽可能使学习者参与学习活动，使教师有效地利用教学时间，确保高效率地教学。因此，课堂管理的一个重要目标是尽量争取更多的时间用于学习。

（一）课堂时间的分类

1.分配时间

分配时间是指教师按照课程表确定的为某一特定的学科学习确定的时间，在这里特指为学习英语这门科目所设计的时间。

2.教学时间

教学时间是指教师完成常规管理及管理任务（如考勤、处理课堂行为问题等）之后所剩余的用于教学的时间。

3.投入时间

投入时间是指学习者实际上积极投入学习或专注于学习的时间，属于教学时间，也称专注于功课的时间。

4.学业学习时间

学业学习时间是指学习者以高度的成功率完成学业功课的时间。

多项研究表明，学习者课堂时间分配的质量，如投入时间和学业时间，与他们的成绩呈明显的正相关。分配给教学的时间并不如学习者投入学习的时间以及完成学习的成功率那么关键，因为即使教师安排学习者参与教学活动，但如果学习者不配合，这样的安排显然对学习成绩没什么用。可见，为学习者争取更多的学习时间，实质上是指让学习者参与有价值的学习活动，从而提高单位时间的学习效率。

（二）时间管理策略

为了提高课堂时间的利用率，教师可采用下列时间管理策略。

1.提高学习者参与课堂教学活动的积极性

提高课堂时间利用率的最有效途径就是教学活动要引发学习者的兴趣，提高学习者的参与程度，教师应给学习者提供较多的积极参与学习活动的机会，尤其要鼓励学习者形成并参与结构完善的合作学习。

2.保持课堂活动安排的紧凑性

在上课时尽量避免打断或放慢教学进度，保持教学的良好紧凑性，是保证学习者高度参与学习活动的关键。在一个能够保持课堂活动安排良好紧凑性的环境下，学习者总是有事可做，并不会被轻易打断。例如，如果教师突然中断上课，花上几分钟去处理一件完全可以课后处理的小事，会对学习者的参与性产生极大的干扰，这不仅会浪费学习者的时间，而且学习者过后要花费更多的时间安定情绪，将思路转到功课上来。

3.保持课堂活动安排的流畅性

保持课堂活动安排的流畅性是指教师合理而又富有技巧地将学习者从一项学习活动引向另外一项学习活动，而不是毫无过渡地从一个主题跳至另外一个主题。教师在课堂上如果缺乏活动安排的流畅性，如重复复习学习者早已掌握的知识，或无端地停止讲课去思考下一个问题或准备材料，都会影响学习者对学习活动的参与程度，影响单位时间的学习效率。

4.形成课堂活动之间的良好过渡

课堂活动之间的良好过渡指学习者从一项学习活动向另一活动的变化，如从单词讲解到实物演示、从小组讨论到个体发言等。过渡被视为课堂管理的"缝隙"，最容易发生课堂问题。因而，教师在引导学习者过渡时，应给予学习者一个明确的信号，使学习者理解将要进行的活动或内容。

5.鼓励学习者进行自我管理

如果学习者能学会很好地管理自己，就能大大提高学习时间的利用率。例如，教师通过让学习者参与课堂规则的制定，反思制定某些规则的原因以及产生不良行为的原因，引导学习者考虑他们将如何计划、监督和调节自己的学习行为，并对照规则，反思自己的行为，以补充完善已有规则。当然，鼓励和引导学习者发展自我管理的能力可能要花费额外的时间，教师也要付出更多的精力，但是，从学习者的长远发展看，这些努力都是值得的。

二、纪律管理策略

纪律管理是有效教学的重要保证。课堂管理是指那些能够有效鼓励学习者参与课堂学习的话语、行为和活动，而纪律是指评判学习者行为是否适当的标准。课堂纪律是维持课堂秩序的手段，是课堂活动顺利开展的保证。课堂纪律同时还具有社会功能，具有内化道德规范、促进学习者健康成长的作用。

课堂纪律管理包括正常纪律的维持和违纪处理两方面。维持正常纪律的目的是要建立课堂上的和谐人际关系，这主要包括师生关系和学习者之间的关系。和谐的师生关系表现为教学相长，积极健康，尊师爱生；学习者之间的和谐关系表现为学习者之间互帮互助，团结合作。形成积极的竞争关系，既有利于提高学习者的学习积极性，也有利于其潜能的充分发挥。教师要帮助学生在合作和竞争中达到一种平衡，以建立宽松的教学环境。

作为正常人，都具有自制力，能够管理、调节和控制自己的行为。如果教师过分严格地约束学习者的行为，学习者反而容易产生抵触心理。可见，纪律的维持既不是采取生硬的措施来控制学习者，也不是放任自流；既要采取必要的策略维护和谐的课堂气氛，又要给学习者一定的自由度，学习者才会与教师密切配合，共同维持好课堂教学纪律，在和谐融洽的气氛中愉快地参与教学活动。

就课堂纪律来说，预防学习者违反纪律比纠正学习者的问题行为更重要。要想保持良好的课堂秩序，教师可采取下列纪律管理策略：

（一）从教师自身角度出发采取的策略

教师采取各种措施促进良好的纪律管理，比如，教师事先知道学习者的姓名；提问时按照姓名而不是座次顺序进行提问；要求学习者在教师讲话前要保持课堂安静；教师更要周密地计划好课堂活动，确保学习者在课堂活动中自始至终都有事可做；公平地对待每一个学习者等。

（二）从学习者角度出发采取的策略

在很多情况下，教师应借助集体的作用维持课堂纪律。例如，教师可以组织小组活动，让学习者互相监督，在培养学习者良好的自我管理能力的同时，促进良好课堂秩序的维持。课堂活动的设计应考虑到学习者的个性差异，充分利用学习者的多元智力倾向特点。此外，值日班长制度也体现了对学习者自我的约束，从而发挥纪律策略的作用。

（三）从学习任务角度出发采取的策略

学习任务的设计能够促成良好的纪律策略，比如，教师可以根据所学内容，开展设计一些游戏活动，激发学习者的学习兴趣，促进学习者的参与，自然有利于课堂纪律的维持。

（四）正确处理课堂管理和教学之间的关系

课堂管理与教学具有不可分割的关系。如果教师只是将精力和时间全部投入到教学活动中，一味地追求促使学习者解决问题，而忽视了课堂管理系统，将是极其危险的，因为教会学习者有效利用和控制自己的社会行为与教会学习者管理和控制认知同等重要。

事实上，即使面对学习者的问题行为，也不主张进行简单的批评或惩罚处理，而是要针对学习者的具体情况，进行认真细致的思想工作，选择恰当的处理时机，循循善诱，动之以情、晓之以理。针对学习者的具体情况，发现问题行为产生的根源，采取适当的措施，使学习者真正认识到自己行为的错误所在，从而决心改正课堂上的不良行为。例如，教师采用对待正常学习者一样的做法对待有情绪障碍的学习者，这显然不合适。教师应掌握一定的心理学理论，采用心理辅导的方式，帮助有情绪障碍的学习者正确认识和评价自我，确立自信心，培养学习者的自我调节能力，形成健康人格。

第六章 高校英语教学创新性思维的培养与发展

第一节 高校英语教学的创新性思维概述

一、创新思维培养的理论依据

众所周知，创新教育总的来说就是培养创造力的教育。近些年来，教育改革的核心和焦点已经集中于创新这一层面。在今天知识经济逐步到来的时代，我们更要加强培养学生的创新思维以及学生的创新能力，培养创新能力要靠教育来进行挖掘。

在教学过程中，在学习和掌握前人已有知识的基础上，教师要用创新精神来改革教学方法，把创新思维和创新能力的培养寓于全部教学过程之中，让学生学会学习。一方面要保护和激励学生的想象力、好奇心；另一方面要保护和激励他们的求知欲，开发学生的潜能，培养他们探索和创新的能力。在教学过程中教师要注重学思结合，善于多运用心理学知识，运用教育学的理论知识来培养学生良好的身心素质，来培养学生有利于创新的优秀心理品质。

（一）我国学者对创新思维的研究成果

创造作为一种心理现象，是有其活动过程、活动方式、活动结果和能力要求的。个体的神经系统，尤其是大脑是创造力的物质基础，为创造力的发展提供了可能性。知识的大量积累才会有所创造，知识越多越有利于创造力的发挥。创造意识则能结合创新思维将创造的原理与技巧化作个人的内在习惯，变成一种自觉行为和生活方式。创新思维作为一种思维活动，既有一般思维的共同特点，又有不同于一般思维的独特之处，突出表现在求异性、联想性、发散性、逆向性等方面。创新思维是从事创造活动和取得创造成果的关键。培养开发创新思维，首先要扩展思维的视角，其次要提高想象能力。

（二）英语新课标提出要加强创新思维的培养

英语新课标的理念强调关注人的发展，明确体现了基础教育对创新能力的关注，"培养创新精神"是基础教育阶段英语课程的任务之一，也是新课程标准中的一个基本理念。创新思维能力的提高，能使学生更好地理解和掌握语言学习的规律，进而达到运用语言进行交际的目的。在教学中要开展创造性的学习活动，将"培养创新精神"贯穿于教育教学行为，是优化英语教学的重要内容。新课标还强调"着重提高学生用英语进行思维和表达的能力"，给学生提供的空间更大，让学生有思考、发挥的空间，要求学生主动参与、主动探究、学习。通过创新能力的培养，让学生通过自主学习、自觉领悟，再去创造性地应用语言，变语言学习为语言应用，达到英语语言学习的最高境界。在英语教学中，遵循新课标的创新理念，完善教学模式，改变教学策略，对培养学生独特、灵活、积极的创新思维能力有十分重要的意义和作用。

二、创新思维培养的目标

（一）帮助学生形成正确的自我意识

自我意识通常标志着个性的形成，是对自己的自我感觉因素，而正确的自我意识能使自信心增强，让学生更正确地认识自我，对创新思维能力的培养具有促进作用。学生要乐观自信，这样才能以正确的自我意识进行创造，如果消极自卑，不利于形成正确的自我意识。教师除了多观察学生多思考外，还要在教育教学中充分发挥自己的主导作用，引导学生充分自由发表见解，教学气氛宽松，学生主体意识强烈，这样才能帮助学生形成正确的自我意识；另外，教师还要照顾到每一名学生的特点，一方面要统一要求，另一方面要因材施教。

学生除了正确全面地认识自我、积极地悦纳自我，还要善于倾听他人对自己的评价，不断地自我反思、自我发展，不断修正与发展正确的自我意识，积极地提升自我，促进良好自我意识的形成。

（二）培养学生健全完整的人格

健全完整的人格是创新活动的心理保障。培养健全完整的人格已经不仅仅是个人的需要，更是时代发展的需要。作为一名人格健全的学生，应该具有积极向上的人生观，同时思想、言行也应该是协调一致的，要把个人的需要和愿望、目标和行为很好地统一起来；既胸怀远大的理想，又有脚踏实地的敬业精神，把自我积极地融入社会的潮流中，认识自我，完善自我。积极进取、奋发向上的人生态度，谦虚好问、大胆实践的个性品质，这一切都有助于创造力潜能的开发。人格体现了一个学生心理能力的总和，教育关系人格化，使学生全面发展，培养学生健全完整的人格，为他们搭建施展才华的舞台。

（三）培养学生创新的兴趣

兴趣是学生在探索、认识事物时所产生的一种浓厚的忘我的乐趣。这种乐趣能够使人主动自觉地投入其中，注意力高度集中，得到强烈的满足，甚至达到忘我的程度。兴趣是点燃智慧的火花，是克服困难的一种内在心理因素，是学习知识的动力。许多科学家从小培养了对科学的浓厚兴趣，他们抓紧一切时间刻苦学习，放弃了乐于享受的玩乐、游戏，又正是因为他们对科学的浓厚兴趣，所以唯有他们才能从科学研究中体会和感受到无穷的乐趣和愉快，这种乐趣和愉快是他人所无法体会的。如居里夫人所言："科学的探讨研究，其本身就含有至美，其本身给人的愉快就是报酬，所以我在我的工作里面寻到了快乐。"

假如一个人对他所从事的创造研究的事业一点兴趣也没有，他必然会畏难，他也就不可能有科学家们那如醉如痴、坚持不懈、废寝忘食的劲头，不可能有战胜一切困难的精神，那么对于创新思维我们也就无从谈起，更别说培养学生的创新精神，因此兴趣是人生最好的老师，是创新活动的催化剂。

第二节　高校英语教学的创新性思维培养要点

一、创新思维培养的构成要素

（一）鼓励与培养学生的求异思维

有研究表明思维是创造的关键，它是我们面对问题的思考，是由已知走向未知的路径。思维可分为发散思维、聚合思维、形象思维、抽象思维等。求异思维即发散思维，就是追求思维的多样性。发散思维和聚合思维的统一就是创造性思维。创造性思维又是形象思维和抽象思维的统一，在教学中要培养与锻炼学生的创新思维及创新能力。让学生多动手、多参与、多操作，培养与锻炼他们判断推理、分析综合的能力。

1.求异思维是创新思维的核心

求异思维是创新思维的核心，没有求异"就无所谓创新"，英语教师应鼓励学生"标新立异"，回答老师提出的问题敢于用自己的独特见解。引导学生从不同角度、不同思路去思考、探索。例如，在课上对老师提出的问题，让学生各抒己见，展开热烈讨论，鼓励学生敢于发表自己的见解。在课堂教学中，作为教学组织者的教师应多采用课堂讨论的形式，积极鼓励学生敢于创新，敢于用自己的独特见解来回答问题。训练学生的求异思维能力，寻求所有可能的答案。

2.鼓励学生的求异思维，要善于设疑问难

鼓励学生的求异思维，要善于设疑问难，"学贵有疑。大疑则大进，小疑则小进，不疑则不进"。英语课堂教学中培养学生积极求异的思维能力，就应多设信息沟，每一个教学步骤都层层递进，在设计思考题时可根据语言材料或教学内容，设计灵活性较大的思考题，以便让学生进行讨论、辩论、争论，这样一方面调动了学生的积极性，另一方面训练了他们的求异思维能力。当学生兴致勃勃地进行学习时，他们就会不畏困难、积极主动地学习，这时教师应不失时机地加强语言信息的刺激，给学生创造学习英语的氛围，营造创新教学的氛围。

3.教师应给学生以创设问题的空间

教师应鼓励学生敢于问"问题"，帮助学生消除紧张心理，给学生以创设问题的空间，不仅告诉学生问"问题"的方法，也要做问"问题"的示范，要站在学生的角度去问"问题"，并引导学生多角度思考，自己找出问题的答案。把课堂提问的主动权还给学生，鼓励质疑和思考，培养学生的创新精神。课堂训练中，还可通过逆向、多向、横向、纵向、变换、动态等思路，补、改、比、变等方法活化训练，打破思维定式，提高思维的灵敏度，全面灵活地培养学生的创新思维能力。

（二）发展学生的想象力

作为一名教师，应该多鼓励、赞扬学生的"异想天开"，应引导学生敢于"标新立异"，想别人没有想到和没有做过的事情，从而激发他们的创新欲望。想象在日常生活中必不可少，想象力是创造奇迹的源泉。爱因斯坦曾说："想象力比知识更重要，因为知识是有限的，而想象力概括着世界上的一切，并且是一切知识的源泉。"学生的想象力常有一定的局限性，具有情节简单而不稳定的特点，同时他们的想象力面广而不深入、夸张性大而创造性不强，教师更要给以正确的引导和培养。

（三）培养学生敏锐的观察力

观察是我们感知外界信息的最重要的过程。自然信息只有经过科学观察，才能进入人的认识领域而成为科学研究的现实基础。观察是我们认识世界、进行创新的一个基本方法，在英语教学中教师要注意培养和提高学生的观察力。

二、创新思维培养应注重的问题

（一）加强基础教育

创新思维培养应全面而且要持续下去，应贯穿于整个教育过程之中，在基础教育阶段更为重要与迫切。有关心理学的研究表明，孩子早期培养所形成的一些不良习惯，如果不及时地进行纠正，长大以后就很难改变。基础教育是素质教育的第一个环节，而且是最重要的一个环节。

在创新思维品质的培养中，要使思维合理流动从而提高创新思维能力，思维流动过程要求是合理的、不停顿的，充分发挥学生的各种智力因素和非智力因素。有意识地培养将各种不同形式的思维水乳交融，密切配合，综合形成系统，取得良好效果。强化创新意识，培养想象思维能力，进行发散思维和收敛思维的训练，多运用逻辑思维与辩证思维，多学习，多从书本上学习，从实践中学习，从有知识和有经验的人那里学习，都是提高创新思维能力的好的途径。广泛的兴趣、宽广的知识、灵活的思维有助于更有效地进行创新思维。

（二）创设实施创新教育的环境与氛围

著名心理学家托拉斯说："我们要想促进创造力，那么就需要提供一个有奖赏的和友善的环境，以便使之在其中繁荣发展。"

1. 要创设良好的学校氛围

学校是培养人的阵地，它作为学生直接接受教育的场所，学生直接在其中学习和生活，因此更应创设良好的创新教育氛围和环境，发挥环境教育的作用。学生创新思维的形成，创造能力的提高，一所学校的培养目标、学风、学术气氛及管理体制等都对他们有很重要的作用。学校的橱窗、走廊等地方都可以布置得具有浓厚的英语文化学习氛围。学校还应积极创造条件举办一些英语课外兴趣活动，因为课外活动是一个能充分激发创新思维火花的重要途径，学生能有机会充分运用英语进行交际。教师开展各种创造性活动，注重学生创新思维的培养，让他们体会到学习英语的快乐，用英语进行创造的愉悦。教师在组织学校英语课外兴趣活动时，可以充分利用身边的场景和实物来学习英语，通过创意制作英语小报、贺卡，自编自演英语小品和写英语短信或者发送英语电子邮件等活动，提高学生的英语学习兴趣和运用能力，让学生从在活动中单纯地学习英语知识转变为既在活动中用语言进行交际，又用英语进行创造。

2. 要创造艺术的环境

著名教育家陶行知先生强调创造艺术的环境："要教整个的环境表现出艺术的精神，使内容与形式一致起来。"良好的艺术环境具有"润物细无声"的效果，只有营造了艺术的环境，潜移默化着师生的行为，才能激发师生的创造力，净化学生的心灵，产生强大的教育力量和感染力量。艺术的环境是学校对师生进行创新教育最生动、最直接、最具体的教材，因此，我们要十分重视学校的环境整洁、井然有序、文明礼仪、文化氛围、艺术气息，让学生时时、处处感受到四周充满着艺术精神，令人赏心悦目，接受情感熏陶，在创新思维培养方面起到潜移默化的作用。

3. 要创设良好的家庭氛围

家庭是学生不能选择也不可回避的地方，是他们大部分时间都在其中度过的生活的场所，家庭氛围直接影响着孩子的成长，对孩子创新思维的培养也有着非常深厚的影响。家长及家庭生活环境时时刻刻对孩子起着潜移默化的教育作用，适宜的家庭环境是培养孩子创新思维的基础和重要条件，如果孩子与父母之间有着积极的交往，良好的家庭气氛能促进孩子能力的发展，同时榜样也会起到巨大的作用。

和谐且富有创造性的情境是培养学生创新思维的重要因素条件，坚持全学校、全家庭、全方位实施创新教育，营造实施创新教育的良好环境；坚持全面性、全体性、主动性与创新性实施创新教育，培养高素质、创新型人才，为社会发展做出应有的贡献。

第三节　高校英语教学的创新性思维培养策略

创新思维是指人们运用已有的知识和经验增长开拓新领域的思维能力，亦即在人们的思维领域中追求最佳、最新知识独创的思维。创新思维不是天生就有的，它是通过人们的学习和实践不断培养和发展起来的。

一、立足教材，精心设计教案，激发学生创新思维

教材是教师授课和学生学习的重要媒介，一套好的教材在整个教学过程中起着非常重要的作用。在英语教学中要培养学生的创新思维能力，首先就要为学生选择一套针对性强、能训练学生创新思维能力的教材。

二、巧设疑问并鼓励提问，启发思考，引导创新思维

教育教学实践表明，"学贵乎疑""任何创新思维都源于问题"。因此，让学生带着问题学习，凡事多问几个为什么，善于思考、勤于思考，求新求异。让问题走进学校、走进课堂，在课堂上产生新问题，寻找解决问题的方案，强化问题意识，是培养学生创新思维的一条有效途径。创新意识是培养学生创新能力的先导。自古以来，只有敢问、善问、善求之人，才会有学业的进步、认识的丰富，才能为人类的文明与发展做出不凡的业绩。

然而，在实际教学中，"问"在大多数情况下只是停留在教师提问、学生回答的层次上，教师更多考虑的是怎样问更巧妙，而很少思考如何使学生提问、敢问、善问。教学中，教师通常对学生的发问有两种担忧，担忧学生提问打乱自己的教学思路，担忧学生不可预见的提问延误了教师的教学时间，导致不敢鼓励学生提问。要培养学生创新思维能力，就要彻底摒弃教师"一言堂、满堂灌"的教学思想和方法，更新教育观点，建立良好的师生关系，为学生创造一个宽松和谐、具有探索氛围的学习环境，使学生敢想敢问，让问题走进课堂。英语课堂教学可以引入竞争机制，对学生的问答和提问进行合理评价，树立学生善于思考、敢于发言的信心。

在同等条件下，让学生比试谁提出的问题数量多、质量高，既能调动学生提问的积极性，又能激发和强化学生的自信心。让问题自觉地走进每个学生的头脑，给学生提供自我思考、自我探讨、自我创新、自我表现、自我实现的实践机会和积极的情感体验，从而引导学生进行创新思维。在教学中，应注意多角度、多方位地设计各种思考题，发展学生横向、类比、逆向、联想等思维，使学生不单单停留在理解和掌握所学的内容上，而且要利用现学的知识，结合已学知识去创新、去探索，培养他们的创新思维，增强他们的创新能力。

三、活跃课堂气氛，合作互动，拓展创新思维

良好的课堂气氛能营造一种具有感染力的催人积极向上的教学情境，而生动活泼、积极主动的课堂氛围又能激发学生的学习兴趣，并把兴趣培养成为学生学习英语的一种心理需要。这样学生才能保持英语学习的积极性，保持对英语语言的敏感性，从而进行积极的思考和创新思维，积极参与英语实践活动，与英语教师进行合作互动，培养语言运用能力，真正成为英语学习的主人，发挥学习的潜能。

《实用英语综合教程》版面丰富，图文并茂，为学生学习英语提供了大量的信息，但是教材的插图都是静态的，如果教师能让静态的插图"动起来"，采用计算机辅助教学或幻灯片显示，那么课堂将会容量大、信息多、趣味浓和效率高。为了拓展学生的思维，应进行风格不同的口语训练，活跃课堂气氛，合作互动，有益于开发学生的智力和拓展学生的创新思维。

四、完善教师个性，不断学习，丰富创新思维

作为一名英语教师，应该活泼开朗，善于表情达意，宽容随和，具有较好的亲和力，应该让学生接受、爱戴和尊敬。一名深受学生喜爱的英语教师在组织课堂教学、活跃课堂气氛、开展第二课堂活动时具有优势。当一名让学生害怕或厌烦的英语教师走进课堂时，学生就会无精打采，他们的心仿佛蒙上一层阴影，具体表现为：对英语教师的英语语言表达不敏感，甚至不愿听课，不愿与教师或同学们合作，不愿思考，更不用说进行创新思考了。而当一位受学生尊敬、在学生中有威信的英语教师走进课堂上课时，学生顿时情绪饱满、精神振奋，乐于听课、思考，在教师的引导下，更愿意去进行创新思维。

要培养学生的创新思维能力，教师首先应该有创新意识。从某种程度上说，学生的创新意识来源于教师的创新意识，教师的创新意识首先体现在教学方法上。目前高校英语教学不能停留在单词讲解、语法知识的传授和练习上，而应该教会学生学习，即教会学生阅读技巧、学习技巧。"授人鱼，供一餐之用；授人渔，则享用不尽"，英语教师在教学过程中要达到教师的最高教学境界——授人以渔，教会学生学习，这样就要有时间对学生进行语言操练，而语言操练过程，也是创新思维形成和发展的过程。作为教师，还要不断学习，学习新知识，积累新经验。没有丰富的知识，创新思维就失去了

基础。不但要加强专业基础知识的学习，了解本专业的最新发展，而且还要学习其他领域的知识，扩大知识面，与时俱进，这样才能在教学中了解大学生的知识结构和思维模式，加强学生创新思维能力的培养。

第四节　高校英语教学的创新性思维发展路径

2013 年 4 月，教育部高等学校大学外语教学指导委员会、中国外语教育中心和外语教学与研究出版社在厦门主办了主题为"以输出为驱动，探索课程教学的创新与突破"的全国高校英语教学发展学术研讨会。会议的中心就是要试图改变我国高校英语教学"以知识输入为核心"的教学模式，强调"以应用为主的输出"课程教学改革。这种由传统英语教学"以传授知识"为中心转变为"以实际应用"为导向，无疑在很大程度上推进了我国高校英语的教学改革。

这一改革的倡导者、中国外语教育中心主任文秋芳教授强调："输出是目标又是手段，是促进输入吸收的手段；以输出驱动既能够促进产出能力的提高，又能够改进吸收输入的效率。输出驱动假设并不否定输入的作用，这一假设是符合学生发展需求、社会发展需求和学科发展需求的。"她为了避免用"输出"加以概括的简单化，还提出了"消化"，也就是怎样让学生很好地"消化"已经输入的语言知识和技能。

实际上，"输入"和"输出"或者"消化"，仍然还是一种基于"目的性行为"的教学方法，即在教师的主导下实现着"输入""输出"或"消化"，这种"目的性"的理论概括只能够从一个侧面弥补我国高校英语教学的不足。因为每个学校都是各具特点的办学主体，每个学生更是不可重复的独立个体。如何让各个办学主体和独立个体成为具有真正的行动能力，与教育主管部门和教师形成互动的"交往行动"？

一、走出"趋同化"，实现"个性化"

目前中国高校英语教学改革面临的一个重要问题，就是"趋同化"，我们不能用一把尺子去衡量和评估不同学校的高校英语教学。在北京大学，一年级新生进校后，立即进行高校英语的四级考试，学生的通过率几乎是100%。在一般的"985"学校，高校英语的四级考试几乎已经不能够作为衡量教学水平的尺度。在"211"学校，学生一般要经过半年或一年的学习就能够通过高校英语四级考试，而在非"211"学校也许要经过两年左右时间的教学。其实，即使在同一种类型的学校，每个学生学习英语的能力也是不同的，很难用一种统一的模式去教学和评估。

"趋同化"主要的办学理念还是以"教"为核心，虽然也在强调"以生为本"，但是在实际的教学活动中则很难实现。若要克服"趋同化"，朝着"个性化"办学方向改革，或许哈贝马斯提出的"交往行动理论"是值得我们借鉴的。哈贝马斯认为，人类最理想的行动方式应该是一种双向互动对话的交往行动。他强调："交往行动模式并没有把行动与交往等同起来。语言是一种交往媒体，是为理解服务的，而行动者通过相互理解，使自己的行动得到合作，以实现一定的目的。"交往行动所表明的，是可以通过语言行动合作化，但不能借助语言行动概括的一种内部活动。

显然，"个性化"学习最大的困难是师资不足，教师无法与那么多的学生进行一对一的"交往"。学生之间的相互"交往"是一条较为切实可行的途径。在招收研究生、留学生和设有英语专业的学校，可以让研究生、留学生、专业英语的学生与非英语专业的学生结成对子，参与高校英语的教学活动，老师可以及时了解情况，进行宏观指导。同时，我们还可以利用网上互动平台，请老师和学生在网上进行互动，甚至可以通过对外交流的机会，让学生与母语是英语的境外学生进行"交往"。教师应该及时了解每个学生不同的问题，及时解决学生的学习困难。

显然，高校英语的教学活动不应仅限于"教"与"学"之间的"交往"，"教"的内部其实也不能只是规范和统一。高校英语教学的集体备课通常是规范教学管理十分有效的途径。然而，集体备课的目的不能就是为了统一教学进度、规范教学内容、统一测试标准，而且还更应该凸显每个教师之间教学的"个性化"，让不同的教学方法、手段和个性相互碰撞，从而能够针对不同学生采取"个性化"的教学手段，让每个教师的教学都在一定程度上拥有自己的"独特性"，学生也可以根据自己的需求和特点，选择不同教师班级进行学习。在集体备课时，教师既可以就自己的科研思考进行交流，提升高校英语教学的科研含量，也能够达到教师之间彼此"交往"的目的。在可能的情况下，教师的集体备课还可以对那些担任"导师"的学生开放，一方面让这些学生"导师"了解教师的教研状况，另一方面又可以让教师更清楚学生的学习状况，实实在在地让师生互动起来，推动教学的"个性化"。

二、跨出"外语圈"，探索"学科化"

在高校英语教学改革中，是否跨出"外语圈"，采取"英语 +X（专业英语）+Y（专业知识）"的模式，一直是学界争论的热点问题之一。无论是赞同还是反对，争论者们基本上都是基于"目的性行动"。实际上，语言的功能有许多，哈贝马斯所提出的"交往行动模式，同时注意到了语言的所有职能"。哈贝马斯认为，语言不只是一种表意的媒体或载体，其功能不仅体现在语词层面上的表意功能，而且还反映在社会行动层面上的交际功能以及更深层次的思维功能。可以说，在英语学习的初级阶段，语词层面上的表意功能无疑是学习者关注的主要功能。然而，随着中小学英语教学水平的不断提高，学生基本在中学毕业就已经完成了英语表意功能的系统化学习。特别是在"双一流"高校，如果再仅仅把英语的表意作为学习的主要对象，肯定是不够的，至少是满足不了学生的需求。

目前，我国的高校英语教学主要是为了让学生进一步掌握英语的表意功能，学习和完善语言知识体系的掌握，整个教学体系是围绕着"学习语言知识，掌握语言运用技能"展开的。如果从社会行动层面上的交际功能出发，高校英语教学的重心就应该有所转移，应该由"学"转向"用"，即转向以实际应用为目的的教学，在语言的应用过程中来学习语言。其实大学生的英语学习方法与中小学生不同，中小学生自然是以学习和积累语言知识为主，从如何发音、记忆词汇、掌握语法等语言基础知识入手，大学生则更应该在"用"中"学"，通过阅读、写作、翻译等实际语言实践过程，来提升自己的语言应用能力。

在我国的普通高等学校中，开设以学科为中心的高校英语博雅课程，是一条高校英语教学"学科化"的有效途径。在这一课程中，学生不仅可以了解本学科相关知识和发展状况的英语表述，还可以了解本学科的主要学术刊物、栏目等，指导学生用英语撰写学术论文并在国外学术刊物上发表，同时也能够帮助学生与国外学者、专家以及学校和科研机构建立联系等。如果我们的高校英语教学不尽早实现跨出"外语圈"，探索"学科化"的途径，就不可能适应飞速发展的我国高等教育事业的需求。

其实我国的高校英语教学改革的最终目的就是要走出外语圈，充分发挥高校英语教学的引领作用。我们可以通过用英语开设博雅课程的方式，向其他学科渗透，探索"2（前两年学习外语）+2（后两年学习专业）"的人才培养模式。例如，把"2（前两年学习英语）+2（后两年学习法律）"的模式运用到国际法的人才培养上，也许能够为我国法律界提供极度缺乏的、能够用英语打国际官司的律师人才。根据大学教育国际化的趋势，各高校都在按照教育部规划纲要不断开发与学生实际需求（学科、专业、就业、个人兴趣）相吻合的课程体系，力求尽可能地满足学生的个性要求。药学类院校也在积极努力构建多层次、立体式高校英语教学模式，确保不同层次的学生在英语应用、学科研究能力方面得到充分的训练和提高。

第七章　新形势下高校英语教学的新发展

第一节　现代多媒体技术在高校英语教学中的应用

一、多媒体技术的发展及其在教学中的应用

（一）多媒体的内涵及其发展

1. 媒体与多媒体

媒体指的是人与人之间实现信息交流的中介或载体，而多媒体是指利用技术手段整合人的感官所接收的文字、图形、声音、动画、图像和视频等多种媒体的信息传播方式。由于单一媒体在信息的表达与传播中往往会受到各种局限，因而在漫长的人类社会发展史中，人们努力将各种媒体相结合，通过信息的叠合、对比、呼应以加深受众的印象。随着电影、电视的出现，声音与画面同步，对人们的信息接收形成了有力的冲击。

2. 多媒体的历史

当代意义的多媒体技术是指以计算机技术发展为基础的多种媒体结合，实现信息传播的技术。在×86时代，显示芯片被用在了个人使用的电脑上，标志着计算机已经开始具备了图像处理的能力，随后显卡的发明与使用使计算机图像处理能力大幅提升，20世纪80年代声卡研发成功，电脑又具备了音频处理能力。至此，多媒体技术初露端倪。

3. 多媒体的现状

目前的多媒体技术正在深刻地改变着我们的世界，它包括视频会议系统，将通信的覆盖性、计算机的交互性和电视的真实性融为一体；虚拟现实情境，综合了计算机图像处理技术、模拟与仿真、显示系统、传感技术等设备技术的应用，以模拟仿真的方式，为用户展现一个真实的三维图像环境，并通过某些特定的设备为用户提供一个三维交互式用户界面；超文本，将声音、文字、图像结合在一起，综合表达各种信息；家庭视听娱乐，数字化的多媒体传输

储存方便、保真度非常高，使电影、电视和电子游戏画面更加绚丽、场景更加逼真、感受更加强烈。

4.多媒体的发展趋势

多媒体研究的未来重点在于对数据的压缩、多媒体建模及相关信息的组织与管理、多媒体的软硬件平台、虚拟技术、多媒体应用开发。网络和计算机技术的完美结合催生了交互式多媒体，它也将成为 21 世纪多媒体的发展方向。交互式多媒体的优点体现在可以从网络上选择信息、接收信息，还可以将信息发送出去。

多媒体的发展速度是极其惊人的，生活中数字信息在未来一段时间内将急剧增多，质量上同步得到改善。多媒体正在飞速地、以人们始料未及的方式进入人们生活的各个方面。现在，多媒体正逐渐成为便携个人多媒体。

（二）多媒体在教学中的应用

即使在传统教学过程中，为达到更佳的教学效果，教师也往往会不自觉地使用多种媒体，如在话语讲授的同时，使用实物、挂图等教具，甚至通过实地考察来加强教学效果。20 世纪 80 年代开始，多种电子媒体，如幻灯片、投影、录音、录像等逐渐被综合运用于课堂教学，这种教学技术又称为多媒体组合教学或电化教学。多媒体技术具有以下特点：

第一，集中性。多媒体的应用能够对知识进行多通道统一获取、存储。这一特点使教学资源更为集中，便于教师任意选取图像、文字、声音等各种有效的信息表现形式，进行教学与辅助教学，实现更加高效的信息和知识的传递。

第二，控制性。多媒体技术以具有强大计算和处理能力的计算机为中心，按人对知识和信息的要求以各种形式表现出来，并对信息接收者的感官产生影响。教师以教学组为单位统一制作或使用课程配套的多媒体课件进行教学，大大减轻了工作负担。

第三，交互性。传统媒体仅仅单向地传播信息，信息接收者只能被动接受，但是多媒体技术做到了传播者与接收者之间的信息应答和受众对信息的主动选择。多媒体技术在教学中的使用，使教学真正成为师生双向交流的过程。

第四，非线性。过去人们在信息编组中为使信息有序化，往往按一定逻辑采用篇、章、节的构架，受众只能按作者的逻辑循序渐进地获取知识，而多媒体技术借助超文本链接，使内容的编组离散化、立体化，受众对于信息的接受更灵活、更个体化，并能自己进行多变的信息编组。这一特点有助于增强学生的学习自主性和培养探索精神，从而提升其学习兴趣。

第五，实时性。多媒体系统能根据用户的操作指令及时展示结果，方便用户实时控制多媒体信息，这一特点凸显了多媒体技术的实践性和方便性，可以在教学过程中随时发现问题，并及时解决。

正是由于多媒体技术如此强大的实用性特点，多媒体被应用到教学当中。多媒体教学指的是教师在课堂授课过程中，根据教学目标和学生的特点，通过教学设计，对现代教学媒体进行选择和运用，并结合传统教学手段，一起参与教学全过程，通过多媒体信息作用于学生，从而形成良好的教学结构，最终实现最优化的教学结果。可以说，多媒体教学是一种多媒体教学硬件、软件与理念相统一，师生在多媒体环境中共同分享知识的过程。

随着多媒体技术的发展，多媒体教学不仅应用范围不断扩大，各种新教材、新教法也不断涌现。更重要的是，多媒体使教师与学生的视野都更加开阔，新的、更适应多媒体技术的教育理念将改变传统教育的思维与定式，使教育真正成为知识传播、个人成长与社会发展相结合的过程。

二、高校英语教学与多媒体技术

（一）多媒体技术在高校英语教学方法中的价值

在传统的英语教学方法中，限于技术手段和教学理念，教师往往只能使用较为单一的媒介，如话语讲授、板书、播放磁带等，这就极大地限制了教学方法的运用，着眼于单媒介的教学方法更新的余地也很小，很难有发挥的空间。而多媒体技术的运用，不仅使传统教学方法得到强化、简化，也为教学方法提供了更多的可能性。多媒体技术使传统教学方法强化、简化，指的是在课堂中基本不需要板书，使用多媒体技术通过声、光、电等手段使教师备课效率提高，从而生动、形象地把教学内容展示给学生。多媒体技术为教学方法提供了更多的可能性，指的是教师借助多媒体或在多媒体的启发下可以创造更多的英语教学方法，通过超级链接将多个知识点串联起来，增强知识体系的稳固性；通过视频使学生身临其境，增强学生对教学内容的理解；通过网络让学生直接与英美国家学生互动，在实战中检验英语应用能力等。多媒体技术在集合多种媒介的同时，也打破了课本知识与课本外知识、课堂内与课堂外、学生与社会的界限，使教学方法所受的局限更小，而所面对的领域更广。

（二）多媒体技术在高校英语教学环境中的价值

英语并非我们的母语，课堂上只有教师的话语讲授，课堂外学生只能看课本、听磁带，学生往往很难感受到英语学习氛围，而正是这种简单的英语教学环境使学生难以提起英语学习兴趣，不利于提升英语学习成效。在高校英语教学中全面采用多媒体技术和网络，将文字与课文、图形、视频、图像、音像进行多层次的融合，无论是课堂上还是课外，学生都能随时听到纯正的英语，看到英语应用视频，并通过多样的多媒体英语活动身临其境地参与英语日常使用，多感官、多渠道、立体化的信息接收会大大强化英语教学环境的拟真性，扩大语言接触面，使学生更真切、更轻松地体会英语的运用，提高听、说、读、写能力。比如在课堂教学中，教师可以利用多媒体技术对事件的发展模拟真实的场景，从而让学生针对不同的情景，做出相应的反应。课后学生可以通过相关网络课程所创建的学习环境以个人或小组的形式进行自主学习。在这种拟真环境下，学生的学习兴趣得到激发，学习效率和解决实际问题的能力自然也会得到提高。

（三）多媒体技术在高校英语教学理念中的价值

多媒体技术不仅改变了高校英语教学的方法和环境，更重要的是改变了高校英语教学的理念。一是因为新的技术往往自身蕴含着新的理念。新技术不仅推动了所属领域的发展，而且打破了诸多条条框框，带来了人们对世界、社会、个体的新认识，使人们的理念为之一新。这种理念的变化既可给高校英语教学理念带来启示，也可直接嫁接于高校英语教学理念之中。二是因为新的技术为新的理念奠定了坚实的基础，新的教学理念要转化为教学实践，必须以新的技术为手段，没有新技术的支撑，新理念再美好也没有实现的可能。多媒体技术对高校英语教学理念的更新主要体现在以下方面：

1. 创新集合式的理念

多媒体技术将符号、语言、文字、声音、图形、图像、影像等集合为一个整体，在同一时空内密集作用于接收者的各种感官。由于英语学习本身也是多感官结合，从而强化理解与记忆的过程，多媒体技术的使用可以很好地优化这一过程。传统的教学模式使用的媒介相对单一，对教学内容和教学手段的丰富性重视不够，也没有切实可行的媒介整合方法，而多媒体技术不仅使多媒体教学成为现实，也打开了集合式教学的新领域，推动教师以多种方式调动学生多种感官体验，在提高学生学习兴趣的同时，加大信息的输出量与语言学习的仿真性。

2. 创新交互式的理念

语言教学最重要的是教与学之间的双向交流，在传统的英语教学中学生学习渠道较少，主要靠教师的课堂指导，为在有限的时间内加大信息输出量，教师往往只能采用灌输的方法，学生被动地接受信息，并在课后予以消化与巩固。而多媒体和网络的普及使学习英语的渠道增多，主动性增强，教师不再主要是信息的传播者，而成为英语学习的组织者、引导者和评论者，有更充裕的时间与学生进行互动。同时，多媒体教学本身就是人机交互、人与人交流的过程，这种模式既发挥了人的主观能动性，也发挥了机器的功能，启发教育者意识到学习的主体应是学生，学生与教师通过多媒体技术进行对话，使课堂教学自主而不拘束、活泼而无压力。学生认识到英语学习的内在意义，并可以主动地检索、提问、回答、自测，而教师也可以通过学生的提问和反馈及时发现学生的不足与症结并予以纠正，使单向的信息传播成为双向的信息交互系统。

3. 创新非线性的理念

传统教育非常注重循序渐进，故而重视教材编写和教育过程的内在逻辑，但这种内在逻辑不能完全适应学生的真实接受水平和学习习惯。特别是在语言学习中，学习途径并不仅有一条，而固化的途径消除了学生的个性和学习的多种可能性。同时，线性的递进过程也往往将知识点拉成一条线，与知识点自身的网状结构并不吻合。

多媒体和网络重视信息的离散化，散落的信息通过超级链接串联起来，其内在逻辑可能不明显，但体现了学习尤其是语言学习的网状、立体框架。在备课过程中，教师可以把相关的信息挑选出来，进行加工整理，并以课件的形式发给学生，最后学生根据自身的实际情况进行选择，从而避免了以往教学中信息量少、方法过于单一的缺点，同时大大地提高了学习效率。此外，教师还可以指导学生自由地根据多媒体和网络提供的资料，进行适合自身学习条件和学习进度的信息编组和逻辑构建，从而真正实现英语学习的内化。

4. 创新网络化的理念

语言学习的根本目的是社会交往，主要途径也是在社会交往中实践。而多媒体教学、网络教学使学生之间、学生与教师之间形成英语学习网络，并扩大至构建课堂与课外、学校与社会的网络，课堂内学生并不与教师、同学发生单一的联系，而是多样、多线联络。这就使教育突破了时空的界限，以往只有在校园里才能获得的知识今天几乎全部能从网上获取。从更宏观的视角看，学生可以通过聊天软件、网络视频、多媒体数据流等接受世界各国的信息，并在网络实践中掌握语言的运用技巧，检验掌握语言的水平。网络化教学所蕴含的开放、共享的理念还将进一步推动教师和学生的学习理念的进步。

三、多媒体技术的应用与高校英语教学实践

基于多媒体的高校英语教学模式，不但丰富了教学手段，创造出更加拟真的教学环境，而且极大地创新了高校英语教学的理念，在多个方面显示出了其独特的优势和作用。在教学实践中，多媒体技术的应用可以分为以下几方面：

（一）多媒体课件

多媒体课件的使用是多媒体教学中的一个重要方面。教师在多媒体教室使用事先做好的多媒体课件可以将教学内容多维度、立体式地展示给学生，最大限度地发挥多媒体对学生多个感官的刺激作用，使学生更好地掌握所学内容。

1. 多媒体课件的制作

从制作的角度来看，高校英语教学中使用的多媒体课件可以分为两种：课程配套的或其他现有的课件和教师自制课件。目前，很多大学的英语课程都有相应的多媒体课件。其课件内容形式丰富多样，讲解非常详细，有很强的操作性。在高校英语课堂上，使用这些统一的教学课件，不但极大地减轻了教师的备课工作量，同时对于同一课程组平行课的教学有一定的引导和规范作用。当然，为了能够适应教学对象的接受程度和特点，很多学校也会采取教师自制课件的方式。教师个人或教学小组分工制作课件，可以使课件更具针对性，同时可以在教学实践中根据学生的反应和课堂效果不断改进。

2. 多媒体课件的优势

现在各高等学校使用的高校英语教材取材广泛，常涉及许多国家的历史、风俗等方面的背景文化知识，甚至还会涉及一些专业知识和科普知识（如克隆技术），合理利用多媒体教学课件，把相关的背景文化知识更生动、更直观地呈现给学生，使学生对所学知识的文化背景有所认识，从而让他们更容易对教材有全面而深入的了解，兼顾学生语言知识的习得和与语言密不可分的文化知识的了解。

一个合格的多媒体课件，可以使学生置身于图像、声音和文字所组成的三维空间，从词汇、句子、语篇等不同层次进行直观教学。在改变了以往机械化的教学模式的基础上，更大程度激发他们的学习兴趣，吸引了学生的注

意力。多媒体课件将以更直观的方式，将语言符号与相应的情景信息同步传输给学生，所以学习内容更加形象具体了，达到了突破难点、加深学生对知识的理解的目的。

同时，根据学生在课堂上的反应，教师自己掌握课件播放的速度，并能及时把握学生（而非教师自己）所认为的内容的重点、难点。由于掌握了学生的学习速度，教师在教学进度及教学重点内容安排方面更加游刃有余。在接收教学信息反馈的过程中，教师可以对教学过程进行调整，最大限度地发挥教学潜能，同时也体现了"以学生为中心"的教学理念。

（二）多媒体辅助课堂活动

在高校英语教学课堂上，除了课文内容的讲授以外，教师常常会安排一些课堂活动来激发学生的学习兴趣，帮助学生巩固所学知识及进行模拟实践应用。从语言环境的角度看，利用多媒体技术形象直观的特点，教师能在教学课堂上为学生创设各种情境，激起学生强烈的学习兴趣和学习欲望。比如在高校英语读写课上，为了让学生熟悉单元主题，教师可以利用多媒体安排一些热身练习，包括播放音乐、视频，组织小组讨论，或让学生展示课前准备的演讲等。

在高校英语听说课上，常常出现这样一个现象：很多同学面对话题感觉无话可说或由于怕出错不敢多说，导致课堂气氛沉闷，学习效果大打折扣。根据克拉申的输入理论可知，可理解性输入是语言习得的必要条件和关键，教师应为学生提供大于学生目前语言能力的信息输入量。针对输入不足而影响输出的问题，教师可以让学生先通过听相关的英语材料开始模仿，继而张口说英语。教师也可以选取适当的视频内容，先让学生观看，继而模仿，最后能够表演相关内容。教师还可以利用多媒体技术创设特定情境，组织小组讨论和分组汇报，然后全班同学进行交流和评价。比如，在练习课上，教师在学生回答问题前，可以先播放相关的音频、视频资料，让学生对该问题有进一步的了解，能够有的放矢地深入思考并做出解答。此外，教师还可以利用多媒体技术对学生进行提示或引导，帮助学生高效率地完成作业练习，起到调动学生在课堂上回答问题的积极性，从而使课堂的气氛更加活跃和谐，最后更加喜欢学习英语的作用。

（三）多媒体辅助课外活动

1.英文原版影视剧

对想要在自然环境中学好英语的学生来说，看英文原版影视剧对练习英语起着重要作用。影视剧通过图像和声音将视觉刺激和听觉刺激有效地结合在一起，同步作用于学生的感官，这也是其他学习方式所不能比拟的。教师可以向学生推荐适合学生能力的英文原版影视剧，还可以适时组织学生交流讨论。这样不但可以激发学生学习英语的兴趣，做到寓学于乐，还可以让学生学到更加地道的英语口语。

2. 英文主题小组活动

在高校英语听说课或其他高校英语探究式课程中，教师往往会要求学生进行英文主题小组活动，并在课堂上进行专题发言展示。在这一过程中，学生会围绕教师指定或学生自选的主题，利用网络、书报等媒体查阅资料，并进行取舍，最终形成专题发言的内容。一般来说，学生会像教师制作课件一样，在课前把主题发言制成 PPT 形式，以便课上向其他同学展示。

3. 英文墙报

教师也可以根据课程所涉及的话题、学生感兴趣的话题或当前热点话题来组织学生分组制作英文墙报。在制作过程中，由于篇幅所限，学生需要从大量的信息中选取最恰当的信息填充到墙报中去。因此，墙报的制作过程实际就是一个自主学习的过程，通过制作，学生可以了解相关信息，甚至成为某方面的行家。

4. 与英语本族语者在线交流

与本族语者进行交流，是学好语言的一个有效手段。多媒体技术和网络技术打破了空间的局限，可以使学生与英语本族语者自由地进行交流。例如学生可以给一个远在英国的学生发电子邮件，甚至使用聊天工具进行视频交流。

（四）网络课程

网络课程就是通过网络将某一门学科的教学内容及其所实施的教学活动进行整合，是信息时代的产物。它涵盖了传统的教学目标、教学内容和网络教学支撑环境。其中，网络教学支撑环境包括支持网络教学的软件工具、教学资源及在网络教学平台上实施的教学活动等。网络课程具有交互性、自主性、共享性、协作性和开放性等几种特点。

目前，很多高等学校的高校英语教学组设置了各种形式的网络课程，学生可以通过校园网或互联网参与本校甚至其他学校的网络课程。课堂时间毕竟有限，要想学好英语，课外自主学习不可或缺。而网络课程可以打破地域的限制，为学生创设更加自然真实的英语学习环境，强化语言的输入和输出，有效提高学生的语言实际运用能力。

有些网络课程是与真实课堂教学课程相关的。课前，学生可以根据教学计划或教师布置的具体任务，利用网络教学资源主动预习。课后，学生可以自主进行知识的巩固，参与各种训练活动及时消化学习重点、难点，深化、拓展所学知识。由于网络课程可以对某一知识结构进行形象化的阐述，课堂接受比较慢的学生可以通过网络课程反复学习和操练，更好地掌握知识，提高能力。要想实现既定目标，教师应将网络课程纳入整体教学计划之中，与真实课堂教学有机结合，适当互补，充分发挥两者的优势。

当然也有一些独立的高校英语网络课程。学生可以按照自身的兴趣特点、语言水平和时间安排，对网络课程进行选择和学习，较快地提高英语综合应用能力。开设网络课程的教师可通过网络工具与学生进行交流互动，通过在线答疑、在线讨论等方式，对学生进行统一或个别辅导；也可以指导学生进行探究式或发现式的学习，促使他们通过独立思考或相互合作，在网络上自己查阅资料寻找答案，然后在规定的时间与其他同学进行交流讨论，从而提高学生的思维能力和创造能力。

网络课程能否取得预期的效果，关键在于教师对课程的掌控能力。教师应设置一系列科学的学习任务，并让学生明确各个活动的目的、计划与时间安排；对网络学习的方式方法进行必要的指导，提高学生的信息辨别能力和自制力；设计合理的交互性的实践任务，让学生在实践中与教师或其他同学进行互动，体会语言的运用。

第二节　高校英语网络教学模式的构建

一、网络信息技术与课程的整合

现在飞速发展的网络信息技术，与课程的整合正在深刻地影响和改变着学科的发展，并预示了学科发展的未来。所以说，将来学生学习的主要途径也在与时俱进、不断更新，不再只是依靠教师的课堂讲授或书本上的知识，面对着一摞摞课本。原来教室、班级、教学内容、教学进程都是固定的，那么，在以后的教学中，这种形式都将被打破，形成一种新的教学模式。在这种新的教学模式中，学生以计算机及其他多媒体设备为中间环节，并且能在自主的选择上合理接受事物、科学加工材料、适时反馈的信息传输中展开学习。

随着信息技术在社会上的广泛应用，知识不断积累，信息产业技术产品出现了交替变换、变化速度大的现象。相关专家学者一致认为，信息技术是具有智能化、数字化、网络化、个人化、多媒体化的特征，物化形态技术与智能形态技术的相互利用。这时，社会又进入了"知识爆炸"的时代，如新兴科学不断地引进，知识占有量不断加大，知识也飞速更新发展。由于人们的学习观念发生了改变，这样自然就会对未来的教育有新的展望。

二、计算机网络环境下的高校英语教学的优势

英语课堂上最常见的无疑是教师、黑板和几个简单的教学工具，通过这些来实现一个教师一张嘴、众人听讲的传统教学模式。但英语是一门实践性和交互性都极强的学科，那么在学习英语的过程中如何来提高学生的学习兴趣，这成了许多高校英语教师思索的问题。现在，随着计算机多媒体教学的加入，这个问题迎刃而解。因为这一教学模式的引入，不但能够调动学生的积极性，而且能够让学生主动去学习，而不是被动去接受，极大地提高了学生学习的兴趣，打破了传统教学模式的单一性。多媒体现代化教学让教学形式多样化，摆脱千篇一律，它以更形象的形式出现在学生面前，使英语教学的交互性、协作性和自主性更加发挥出了特点。

传统的英语教学授课方式就是教师讲解、学生练习、学生提问，从而得到反馈，依据这些情况而确定是要重复讲解、重复练习还是结束教学。但这样的教学方式往往会令学生有枯燥乏味之感。现在，多媒体教学方式的引入，可以使大量的信息都以多样化的形式出现在学生们的面前，与文章有关的资料、图形、影音等交替使用，可以牢牢地吸引住学生的注意力并且充分地调动了学生的学习积极性，唤起了学生的思考欲望，通过不断思考、不断探讨、快速呈现、快速练习、快速反馈等，提高了学生的学习效率，使教学效果明显改善。

计算机网络和课堂的多媒体教学有助于提高学生自主学习能力和促进师生交流，让学生有了一个有益的课下自主学习平台。例如，某大学的英语教学课时一直都设置为每周 4 课时，这样学生与教师的接触每周仅有 4 课时的时间，交流的机会并不多。近年来，随着社会的发展，为提高大学的教学质量，学校开始建立多校区，但是许多教师还居住在原来的老校区，每天课下忙于赶校车，根本无法在课下辅导学生，这使学生和教师在课下的交流几乎为零。现在有了多媒体教学的加入，这个问题不再是学生和老师之间的阻碍，它使师生之间的交流变得通畅无阻，再不受教师教学时间、空间等的限制。教师可以通过多媒体网络教学和各种学习平台线下沟通，来指导学生的学习情况

和进度，可及时地对学生提出的疑问做出解答，了解学生学习成果。学生可以通过课余时间自由地选择学习内容，随时向教师提出疑问，还可以通过多媒体平台提交作业、试卷，与同学们一起探讨学习的乐趣。总之，利用多媒体教学多样化模式可以让学生在课堂、课下都能自主地去学习，提高学习效率，让英语教学进入一个全新的发展阶段。

三、高校英语多媒体网络教学模式的构建

多媒体网络教学的学习环境与建构主义学习理论的学习环境是一致的，而且它的某些特点又在技术层面上支持了建构主义学习理论，学习的自主性、社会性、情境性得到了体现。所以，我们必须要做的是用建构主义指导多媒体教学。这一方案是可行的。多媒体教学在高校英语中可按照以下几个主要环节进行设计和制作：

（一）定位和分析教学目标

这一步骤主要是对教学目标的制定和分析，学习内容确定下来后，制定出本课或本单元要实现的教学目标，并以此组织教学。高校英语是一门语言实践课。听和读的过程是学生由外到内获取语言知识，即"输入"的过程；而说、写、译则是学生将习得的知识从内而外再现的过程，即"输出"过程。所以，教师要制定出符合自己情况的教学方法和技巧，用实际操作和不断演练达到教学目的。教师提出的教学目标必须要有条理而且要使大多数学生都能接受，使得不同程度的学生都能够适应。教师为便于学生逐步学习和研究会将任务分为几个小目标。

（二）创设真实情境

语言类的学习总是能让学习者联系到某种情境，在这种情境下学习，能够让学生结合自己原有的知识结构去接受和学习新的知识，从而给新的知识以一定的意义。在这个过程中，如果自身原有的知识经验无法同化新的知识，那么要使用顺应过程，即对自身原来的认知结构立即进行重组和改造。所以，只有通过同化或者顺应才能完成对新知识意义的建构。每个学生的认知特点也会有所不同，这就要求教师要帮助每个学生分析自身的知觉、思维、记忆等特点，用最适合、最有效的外部刺激去完成他们对新知识的同化和顺应，从而达到对知识意义的建构，同时把学生的智力水平引向更高的层次。

教师还可利用网络开发教师的答疑管理系统，通过集视/音频文字于一

体的多媒体、网上交流等多种方法，带领与引导学生进行自主学习，有效地向自主式学习方向发展，不但使学生在自主化、个性化发展的过程中提高语言能力，而且使学生学习的知识掌握得更加牢固，达到引导学生用原有知识研究问题并且去解决问题的目的。

因此，创设不同层面、不同角度的多样化情境，可以为学生对知识的探索提供更多的方法和途径，使学生可随时随地进入任意的学习情境，实现语言知识的获得与迁移。

（三）自主学习能力的养成

当今教育教学活动中的重要任务就是培养学生自主创新能力和独立思考的能力。学生在整个学习实践过程中是现代英语理论所强调的重中之重。

在多媒体教学环境下，学生能够主动地与外界事物相联系，从而达到教学活动的目的。在学习活动中，学生根据自身对学习的知识的掌握程度，去寻找自己能力能够应对的学习目标及学习内容和方法，并且制定一套评估自身能力的体系。扩大学习活动的空间，最大限度地挖掘每个学生的潜能。换言之，教学对象要从客体渐变为主体，学生是主体，是内部因素；而语言本身、教材与教法同属客体，是外部因素。学生在多媒体网络教学系统所提供的相对自由的学习环境中，可以随时随地进行学习，而且能够随时下载或输出自己所需的资料，使学生在学习过程中遇到的问题能够得到及时有效的解答。例如，学生可以有针对性地对语言知识的重点和难点进行学习，或者可以反复练习听力和发音。自主学习的方式打破了课堂时间的限制，体现了个性化教学原则。

（四）共同与协作学习

由于在各种情境中解决问题的难度不同和知识的复杂性，需要通过分享和调整观点，来解决每个学生对外部环境的看法和理解的不同，这样也能使理解更为丰富、更加准确和全面，打破了每个学生经验不同、想法不同的局限性。因此，共同协作贯穿在整个学习过程中，然而会话交流是共同协作过程中最重要的环节。学生在各种内容丰富的情境中进行对话与合作，通过各抒己见之后的协商讨论达到对新知识的共享和建构。因此，知识意义建构的主要方法之一就是学生之间的沟通，多媒体教学将每个资源的分享者和获得者的智慧与思想共享，使得所有学生都可以通过多媒体网络进行面对面的交流和学习，这样，这个群体的所有人都可以对所学的知识达到意义建构的目的。虽然理解是个性化的东西，无法实现共享，但可以通过与他人的交流来检验和修正自己的理解。网络信息资源的提供者和信息的获取者之间有着双向的交流和互动，学生既可以访问固定的网站进行实时学习，也可以根据自己所需的学习内容通过搜索引擎在线检索网络资源，以实现学习的目的。除了学生之间的共同学习与协作学习之外，还存在学生与教师之间的共同学习。教师帮助学生的同时，也从中得到了来自学生的反馈。多媒体网络的各种工具使得教师在学习过程中既是发起者又是参与者。还可以用电子邮件等形式达到异步协作。异步协作学习至少要在两个以上的学生之间才能进行，既能在有组织的情况下进行，也可通过网络论坛的形式或者面对面地进行。

（五）意义建构

意义建构和建构意义的区别在于，建构意义是指将事物的本质、次序和事物联系在一起，而意义建构是说把学习活动作为最终目的。意义建构就是让学生在学习过程中将各类知识逐步转换为自己的知识和成果，而且要通过多媒体资料、文字影像、图形图表或者各类多媒体平台等方式表达出自己的理解和收获，实现对自我评价、组织对成员的评价及教师对学生的各类评价。意义建构主要是让每个学生在某一个学习环境中能产生学习欲望，而且通过团体里的每个成员之间的合作，让每个学生试着去完成对知识的意义建构过程。

随着现代化技术的飞速发展，建构主义理论起到了提高学习效率和提高教学质量的作用，同时也得到了网络教育技术的支持，优化了高校英语的教学目标、环境、资源及过程。因此，多媒体网络教学成为先进的教学理念和教学手段。所以说，现代信息技术所构建的外语教学环境具有了情境的网络信息化、学习的全球化和个性化，为高校英语教学的创新奠定了扎实的基础。因而，现代教育信息技术所支持的建构主义学习理论对于知识建构的作用可以理解为：学习是学生自主地建构内部知识经验联系的过程，它既包含了结构性的知识，又包含了很多非结构性的经验。对以往信息资源的建构和运用旧知识对新资源的理解及建构要同时进行。建构主义强调了教师和学生在学习过程中同样重要，每个学生对所见事物的不同理解，更有利于学生从中获得丰富的知识。意义建构强调学习环境和学习合作的安排，让学生能用身边已有的各种资料来主动学习，从而真正达到教学意义建构。

四、网络资源建设

（一）英语网络资源的内容与组织

学科资料素材库：素材是在制作软件过程中能被直接引用的一些基本元素，以图形文件、声音文件、动画文件、电影文件类型存在，呈现出多类型、多媒体、非规范、跨地域、跨语种的特点，为教学提供丰富多彩的媒体内容。传统的文字教材中，教学内容主要是描述性的文字和补充说明性的图形、图表，不能用声音、图像、动画一体化表现教学内容。电化教学开展后，只能用录音、录像教材来辅助文字教材进行教学，而多媒体的信息符号有文本、图形、图表、图像、音频、视频、动画，兼有静止的和运动的、分散的和合成的、视觉的和听觉的等多种类型，形成一种多媒体信息形态的结合体。素材的管理先按类型进行，再根据实际需要细化。

课件库：针对教学内容制作形式较完善固定的 CAI 软件，它们是直接应用于教学中的一些可执行文件或能独立运行的文件及供调用的支持文件。课件的管理先按学科进行，再按年级、章节进行细化。

专家库：把优秀教师的教学教案、教学过程、教学方法、教学思想、研究成果存入库中。

例题与考试题库：包括题目、正误判断、相关辅助资料的调用、教师答疑题，形成智能型综合题库，可进行题库的查询、更新、完善、智能组卷、成绩统计与分析。

图书资料库：建立以图书、音像资料目录的检索为基础，全文信息检索和数字化音像制品为核心的数字化图书库。

教学交流库：通过 Web 主页建立国内外校际的各种联系库，了解当前教学、科研的发展状况、专业设置、课程建设、师资培训模式等，动态制定一些选修课程，做到教学、科研、培养目标与社会发展同步或超前，参加网上教学研讨和交流活动。

虚拟库：模拟世界各地风土人情，为学生提供出国留学场景实习，模拟交易会情景、外事部门等环境，为学生提供实习机会，模拟网络考场，如GRE、TOEFL、GMAT、TSE，中考高考模拟考场，为教学提供各语种水平考试基地。在无穷的数字化空间内构建虚拟化实验室和课堂等，为教师和学生提供协作互动的工作、学习、研究、交际、生活环境。从数字化的目标和功能出发，师生不仅要在这种虚拟环境下进行学习，更重要的是通过自己创造，形成更为丰富的教学数字化资源库。

网络英语教学信息资源的组织是指根据英语教学信息资源本身的特点，运用各种工具和方法，对其进行加工、整理、排列、组合，使之有序化、系统化、规律化，从而有利于网络教学信息的需求。按照符合人类联想思维特点的超文本结构组织资源库，适合于学生进行自主发现、自主探索式学习，这样就为学生发散性思维的发展和创新能力的孕育提供了肥沃的土壤。全方位调动学生的视觉、听觉，使学生的信息获取渠道多元化，信息采集途径均匀化，摆脱了传统教学在同一时间内单一认知方式的弊端，使大脑的信息刺激增强，认知效率提高。

每个教学单元均包含课文、习题、提问、测验及相应的演示，把这些教学内容相关而教学要求不同的教学资料有机地组织在一起，无疑对课堂教学、课外复习大有好处。教学信息资源以知识为分类线索，把资源与教学思想、教法、学习理论相结合的主动权交给师生，具有高度灵活性和可重组性，任何师生都可以将最新信息添加入库。

传统的学科知识结构是以线性结构来组织的，知识内容的结构及其顺序都是以教为主，阅读时顺序性强，学生对教师的依赖性较大。而多媒体信息组织方式是一种非线性结构，把相互关联的知识点有层次地构成一种网络系统，系统由节点和链组成，节点表示教学内容的知识点，链是知识点之间的层级逻辑关系。这种非线性结构有利于学生进行发散思维，联想原有的知识，从而获得新知识。多媒体技术的发展打破了时间、空间的界限，建立了一种开放型教学环境。网络化是多媒体技术的特点，网络教学是多媒体教学组织形式的又一特点，是对传统教学组织形式的冲击和创新，使密集型课堂教学走向个别化、分散化、家庭化、社会化。

（二）网络资源建设的原则和步骤

1.网络资源建设的原则

（1）坚持质量第一、服务第一的原则

教育信息资源建设的最终目的是应用，为教学服务，供师生使用。资源的质量和服务是必须首先关注的问题。必须保证资源的教学性、科学性、可用性。必须从学生为教学主体的角度出发，以课程创新纲要为准，以学习为导向，以培养学生的信息素养和创造能力为目标，服务于素质教育。

（2）坚持动态、开放的建设观

教师和学生是教学活动的体验者，他们的经验更贴近教育信息资源使用的要求。教师群体和学生群体是取之不尽、用之不竭的源泉。教育信息资源建设不局限于图片、文字、动画、课件等素材，更重要的是具有互动关系的教师、学生及他们所进行教学活动和教学过程的资源。教育信息资源建设要以开放性的建设观，让用户、资源评价者和管理者、系统管理员及维护人员都参与到资源建设中来，尤其是教师和学生、教学活动和教学过程资源纳入资源建设中，实现教育信息资源建设从"库"的观念到"流"的观念的转变。这些内容伴随着时间的推移而逐渐更新，从而建设有自身特色、开放化、动态的合理的资源体系。

（3）明确分类、规范化建设

教育信息资源建设要服务于教学，按学科分类进行教育信息资源建设是行之有效的方法。学科资源中采用"积件化"的思想组织多媒体素材库、策略库、微教学单元库和模拟资源库的建设，系统地、分类地、有序地存储，便于快速查询。"积件化"的建设思想可以使教师根据自己的教学需要选择基本单元，自己组合生成适用于教学环境的教学资源。学科分类和"积件化"的建设思想，不仅可以使建设者有明确的建设目标，而且可以满足学科检索的使用要求，从而调动教师积极、自主参与资源建设，使教学资源随着教学进程自然地积累。使资源建设质量更高，数量更丰富，更新更快，避免资源的重复建设和查询时的"迷航"现象，提高资源利用率，实现教学最优化。

（4）重视人力资源建设

教育信息资源建设的目的是支持教学和学习，教师的能力素质和学生的信息素养是极其宝贵的人力资源，必须进行个性化的培训和辅导，掌握了知识和技能后才能更好地服务于工作。

2. 教育信息资源建设的方法

工作在教育最前线的教师是教育信息资源建设的主力军，他们对教育工作的现状和需求是最了解的，因此由他们来完成教育教学资源的建设任务是最合适不过的。为避免各校教师对资源的重复建设及教师工作负担过重的现象，相关上级主管部门应统筹规划，并且根据各校的实际情况，将资源的各部分内容划分下发给各校教师，并制定出合理的激励机制来激发教师工作的主动性和积极性。教育信息资源建设的具体方法如下：

确定内容：确定教育信息资源建设的详细内容，包括学科范围及按教学大纲和课程目录的顺序划分各学科要建设的资源的详细内容。

确定标准：根据《现代远程教育资源建设规范》确定资源建设的标准，要细化到对资源各个属性的具体要求，有利于实际操作。

确定编制评价的指标：工作小组和专家组对征集上来的资源进行审查，其主要依据就是编制资源的评价指标。另外，明确评价指标对保证资源的质量有帮助作用。

有关人员的培训：有针对性地对资源建设的有关人员进行培训和辅导，

使其掌握工作中需要的技术细节，必须对资源建设项目和整体实施计划等有清晰的认识和了解。

资源收集：向各个部门下发资源征集任务。在分配任务时，要根据各个地区、学校及任课教师的特点和优势，最大限度地发挥其特长，以确保资源征集活动的完善与成功。

对资源的审核：由资源建设领导小组组织专家组及各学科工作小组、技术小组按照已定的资源评价指标对征集到的资源进行审核、选择、优化整合并确定资源的级别和价格。

整理入库：通过计算机网络技术，可以将资源单个或者批量存入数据库中，在入库时需对资源的所有属性实行预校验，以确保资源库中所有数据的准确性。

（三）英语教师如何筛选和利用网络资源

1. 筛选的标准

英语资源并不是全部可以直接成为英语课程资源，它还只是初步备选阶段，因为只有经过教育教学方面的整理和加工并通过有效实施之后才能成为合格的课程资源。从理论上讲，至少要经过三个筛子的过滤筛选才能够确定此部分课程资源的开发价值：第一，教育哲学，即课程资源的开发利用要有利于实现教育目标，结合社会发展进步的需要。就英语学科而言，目的就是要培养学生适应现代社会的人文和科学素养，培养学生阅读理解与表达交流能力及使用现代信息技术收集和处理信息的能力。第二，学习理论，即课程资源必须要与学生学习的内容相符合，符合学生身心发展的特点，考虑到学生的兴趣和发展需求。第三，教学理论，即课程资源要与教师教学修养的现实水平相适应。由此可见，在教育课程中，鉴别其课程资源的开发利用价值是国家教育目标、教师教育水平与个人发展需要的有机统一。所以在实际开发过程中，要做到以下几点：第一，要开展当代社会调查，预测并跟踪社会需要的发展变化趋势，从而才能更好地把握社会所给予的机遇；第二，调查了解学生的基本情况，了解他们已经具备的知识、技能及素质，还有哪些方面存在不足，从而确定课程开发主导方向和重点；第三，调查了解当地课程资源的相关情况，如自然环境、经济文化状况、民俗风情等方面，以便日后有选择地进行开发和利用。

2. 利用网络课程资源的策略

事实上，英语课程资源的开发利用是从具体的问题和情境等着手的，也就是说，是以某一问题、课题或者情境为起点或切入点而展开的。

（1）从问题角度看

英语课程资源的开发利用可以由课内向课外开拓，由课堂教学所遭遇的实际问题引发开去，探寻课外学习资源，从课外学习资源中得到解决或再认识；可以由书本知识向学生生活、社会生活延伸，让书本知识在生活中获得新的生长点和生命；也可以从学生的经验和生活中的具体问题拓展开来，上升到更高层面进行探讨等。

（2）从课题角度看

师生以社区发生的重要事件为背景和对象，把它们纳入课程学习的视野，进行英语学习资源的开发和利用；或者以国内外发生的包括现代传媒技术所呈现的学生感兴趣的事件为课题，充分利用报刊、图书、影视、网络进行深入探讨；也可以以教科书中涉及的有关重要议题，特别是"综合性学习"设计的课题为研究主题，调动、发掘校内外可资利用的资源，开展研究性学习等。

（3）从学习情境看

学生可以到大自然中探求英语学习资源；可以到家庭中发掘英语学习资源；可以到校园、社区等一些富有文化内涵的场所和活动中获取学习资源；还可以以专家、学者、教师为英语学习的课程资源，因为各行各业的行家里手都是不可忽视的课程资源的生命载体。

从前文我们可以看出，首先，英语课程资源必须与英语新课标整合，开发出学生上课使用的学习资源。其次，新一轮课程创新要求课程资源在与课程标准整合时，必须以活泼、清新、富有实效的形式来参与教学，切实体现英语课程标准，也体现英语学科特色。最后，体现英语学科特色的课程资源必须具有时代性、前瞻性，落后于时代没有前瞻性的资源没有很强的生命力；同时这类资源还要与学生的生活紧密结合，和社会生活紧密结合，体现现实的针对性和广泛的社会性。

第三节　新技术教学环境下的英语教师发展

多年以来，教室、黑板、粉笔、书本及师生桌椅等要素构成了开展教学活动的基本环境和必要条件。无论是英语教学还是其他学科的教学，都是在这样的教学环境和条件下进行的。而如今，随着计算机技术和信息传播技术的飞速发展，一些以电化教学设备为主的现代新技术教学手段越来越多地应用于教育和教学活动中，应用于外语课堂之中，成为英语教育现代化和信息化的一个重要标志，并带来了英语教学手段和教学方式及外语教学模式的根本性变化。近年来，语言学、教育学和心理学等学科理论的发展，辅之以计算机应用为主体的多媒体技术和网络技术的迅猛发展，英语教学的现代化问题日趋显得重要，利用计算机辅助英语教学活动的可行性已经具备，其重要性和必要性也日渐突出。如何在英语教学中充分利用现代教育技术优化教学过程和教学效果，是当前英语教师所面临的重要课题之一。

一、新技术教学手段与英语教学

新技术教学是以现代电化技术为支撑的教学方式或手段，主要是指以计算机为主体的多媒体技术和网络通信技术在英语教学中的应用。

（一）新技术教学手段的界定

利用计算机教学辅助语言教学活动，在国际上通常称为 CALL。这场由新技术手段带来的教学变化，能否取得预期的教学效果，关键在于教师。英语教师不但要掌握使用计算机的各项技能，更要了解适合信息社会的英语教学新理念、新方法，了解信息技术在英语教学中的各种作用，将信息技术有效、灵活地运用于自己的教学中。

现在，我们经常谈论的一个词就是"多媒体"。媒体就是指"承载信息的载体"。多媒体，从字面上理解就是"多种媒体的综合"，那么多媒体技术就是运用多种媒体的技术。多媒体是信息系统、硬件系统和用户系统三者的有机结合。由于计算机能够集图形、文字、声音、影像和动画于一体，能够满足视觉、听觉及信息传输、储存的教学需求，因此，人们常用计算机辅助教学来指代多媒体教学手段的运用。而多媒体辅助外语教学就是以计算机为核心的多媒体技术和网络通信技术在外语教学活动中的具体应用。

目前，虽然越来越多的新科技成果运用于教育教学活动中，但是这种全新的教育教学尝试和实践在学术界仍没有统一命名，有着各种各样不同的名称，如电化教学、电化教育、电教技术、多媒体教学、教育技术、计算机辅助教学技术、教育信息技术及电子教育等。本书将运用现代科技成果辅助教育教学的手段统称为新技术教学。这个名称既可以基本囊括各种媒体都是用作储存、传递和处理教育信息之载体和工具的特征，又可以体现现代科技成果在教育教学中的运用。

（二）新技术教学手段的发展历程

在人类发展的历史长河中，人们总是力图将最新的科技成果（主要包括呈现和传播信息的视、听媒体技术）运用于教育教学活动，以期提高教与学的质量和效率。仅就近代和现代教育技术的产生与发展而言，已有百余年的发展进程。

教育技术的内涵在其漫长的发展进程中涵盖了诸多的媒体形式。我们今天谈论新技术教学手段，虽然主要是指以计算机技术为主体的多媒体技术和网络通信技术，但也不能忽视原有教学媒体（如幻灯机、投影仪、照相机、电影和广播等）的重要作用。

新技术教学手段包含两个层面的内容：一是硬件，主要指用于展示教学内容的设备，如投影仪、计算机、视听光盘及网络通信设备等，这些运用文字、声音、图形、图像、动画、视频及远程通信等方式是使教学内容得以呈现的必要手段；二是软件，主要指教师利用硬件设备设计教学课件、编制计算机程序及获取或发送网络信息等，使多种信息以多种形式作用于学生，从而达到最优化的教学效果。

二、新教学技术手段对英语教学的作用

在英语教学实践中，新技术的广泛运用引发了教学理念和教学模式、教学设计和课堂结构、教学方法和教学艺术、教学效率及学习方式的创新和变化。具体来说主要体现在以下几方面：

（一）视听刺激并重，多种感官并用，有利于提高教师教和学生学的效率

心理学研究结果显示，多项感官的刺激对于信息量的获取比单一感官（视觉或听觉）的刺激所获得的信息量要大得多。大脑会对多种感官所获得的信息进行更深层次的加工和处理，提高记忆和学习效率。在高校英语课堂教学中，运用多媒体而实现的多种感官刺激可以交互或同时作用于学生的视觉和听觉器官，使学生的耳、眼、口、手和脑并用，从而能极大地吸引学生的学习注意力，提高学习效果。在这样的教学环境下，不仅学生学得快、记得牢，而且教师教得轻松、效率高。

例如，有位教师这样记录了自己运用多媒体图、文、声并茂的特点来提高语法教学效果的具体做法。在讲解现在分词与过去分词的区别时，教师可以通过几组动画进行对比观察：正在落下的叶子与已经落在地上的叶子；正在升起的红日与已经高高挂起的太阳等。这比单纯的传授和讲解更加直观，更容易被学生接受和记住。

（二）有利于激发学生的学习兴趣

多媒体技术将文字、声音、图像和动画融为一体，形成立体化的学习材料，

超脱了传统教学中平面媒体（如教科书、黑板或书面文字材料等）信息传输方式单一的局限性，从而创设逼真的视听效果，营造出近乎真实的语言学习环境，还可以将一些抽象的或枯燥的教学内容生动形象地呈现给学生，极大地激发了学生的学习兴趣，有利于学生全面、深入地学习，掌握和拓展所学知识。

（三）人机互动，增强了学生对知识的理解和加工能力

学习过程实现了人机交互后，计算机技术运用于教育教学中带来的重大改变之一就是即时反馈。可以说，交互性是多媒体计算机的显著特点，也是其他电化教育手段无法替代的特性。由多媒体技术关联的人机互动的教学进程符合高校学生好奇心强和好动的心理特点，能极大地激发高校学生的学习兴趣，提高学习效率。

（四）有利于为英语教学提供强有力的信息支撑

超文本是互联网上信息之间的关联方式。互联网最大的优势即信息量大和传播速度快，可以为教师向学生传递大量的信息提供帮助，能够为学生提供更加丰富多彩的语言素材。而互联网的超文本链接功能则为教师查询和检索信息提供了一种非常简便迅捷的方式。正是互联网的这种功能，使互联网成为一个十分庞大的信息资源网，这极大地增加了教学内容的容量，开阔了教师和学生的视野，拓展了他们的知识面。

网络不仅能提供文字资料，而且网络中还蕴藏着大量的视频资源。充分利用这些资源可以使教学活动更为生动、形象，也更能激发学生的学习兴趣，同时也有助于学生巩固和记忆所学的知识。授课教师正是利用了网络中庞大的信息资源和超文本的链接功能，使得自己的教学设计和教学活动极富感染力，极大地提高了教与学的效果。

（五）有利于培养学生的研究能力和合作学习意识

多媒体技术为学生的英语学习提供了丰富的学习资源，学生可以利用计算机和网络进行探究式和协作式学习。学生可以根据自己的学习需要和兴趣，自主上网查询相关的信息，搜索有用的学习资源，针对某一专题问题（如环境保护问题）进行深入探索。在这一过程中，学生不仅满足了自己的求知欲和好奇心，而且发展了自己的分散性思维和创造性思维，培养了自己的探究能力。

计算机和网络技术还为开展协作式学习创造了有利条件。教师和学生之

间、学生与学生之间可以利用计算机的人机交互功能、网络的信息快速传递功能及其强大的信息资源网，相互合作，互相补充和分享信息，实现信息资源的充分共享和利用。

（六）有利于促进英语教学测试的创新和发展

多媒体和网络技术在语言领域的应用在提高了语言测试的效率的同时，也为多角度、多方位和多层次地对学生实施科学的评价提供了便利条件。

有了计算机技术的辅助，大规模测试中的许多问题就会迎刃而解。比如运用计算机技术实施语言测试中客观选择题的阅卷工作，不仅极大地解放了劳动力，而且误差率极小。

（七）有利于开辟新的、更有效的学习途径

近年来，计算机网络技术的迅速发展和日臻完善，为实施远程教育提供了技术基础。电子邮件、电子笔友、网络教学及远程教学等新名词层出不穷。有些人甚至认为现在的学习已经进入了电子团队合作的时代。在中小学外语教学实践中，开发和利用互联网的远程交互功能已是许多教师提高教学效率、改善教学效果的有效途径。例如，有位教师引导学生通过电子邮件与英语国家的中学生建立电子笔友联系，不仅提高了学生的英语读写能力，而且为学生创设了真实的英语交际语境，也让学生有了真实运用和体验英语的机会。

三、在英语教学中运用新技术教学手段的基本原则

（一）以学生为中心的原则

无论教学手段如何变化，无论教学媒体如何先进，外语教学中永恒不变的目的之一都是让学生学会所学的语言知识，掌握所学的语言技能。因此，新技术教学手段的运用必须凸显学生在学习过程中的主体地位。教师在选择使用多媒体教学手段时，要充分考虑所选用的新技术教学手段是否有利于发挥学生在学习中的主观能动性，是否有利于学生自主学习，是否有利于学生便捷、快速、牢固地掌握语言知识和技能，而绝不能仅仅为了教师的教学方便而运用不恰当的多媒体教学手段。

（二）教与学最优化的原则

　　运用新技术手段制作课件实施教学是一项系统工程，并不是只要使用了新技术教学手段就能使教学活动得以优化。教学活动是否得以优化首先要看教学内容的呈现方式是否有利于激发学生的学习兴趣，是否有利于学生学习和理解教学内容，是否做到了由简到繁、由易到难地呈现知识。在实际教学中，有些教师在呈现教学内容时，不是从教学的实际效果出发，而是仅仅考虑哪些教学内容方便用多媒体呈现，如将课本的原文原封不动地呈现在多媒体屏幕上，实际上是将多媒体屏幕当作黑板使用，没有发挥多媒体应用的功效。学生对这种简单地将教学内容"搬家"的教法并不感兴趣，因而也不能激发学生积极参与学习活动的积极性和主动性。还有些教师将原本简单的教学内容制作成纷繁复杂的课件呈现给学生，人为造成学生理解上的困难。还有些教师不考虑知识呈现的先后次序，使得学生的学习活动因缺乏层次而陷入困境。这些多媒体运用中存在的问题必须引起教师的高度重视。

　　教学设计是否合理也是衡量教学活动是否得以优化的重要标志。以新技术为特征的基础英语教学设计应当立足于创设外语学习的环境，充分考虑学生的学习特点和学习心理，周密分析教学目标，合理设置教学步骤，注重凸显教学的重点和难点。

　　新技术手段下的教学设计必须以对教学需求的分析为基础，从教学目标、教学方法、教学过程及教学评价等诸多方面整体设计和统筹安排。要照顾到大多数学生的能力和水平，涵盖本节课的主要内容，突出教学重点和难点。为此，教师可以利用多媒体课件将某些复杂的语言项目化解为一个个小的学习目标，将教学目标细化，便于学生通过一定的努力就能达到学习目标的要求，能够体验到学习成功的喜悦。同时，为了突出教学的要点、重点和难点，课件的设计和运用必须围绕教学目标，绝不能仅仅为了运用课件而设计课件。

（三）与传统教学媒体互补的原则

　　新技术教学手段在外语教学中的运用不仅促进了教师教学理念的变化，而且推动了教学方法的改进。随着教学条件的不断改善，可供高校英语教师选择使用的教学媒体手段会越来越多。可以说，现代化的教学手段在外语教学中的运用有利于为学生创设良好的语言学习和交际环境，开阔学生的视野，加大单位时间内师生语言输入和输出的量，为提高教与学的效率提供了有利的条件。

　　但是，教师必须认识到，新技术教学手段（计算机、多媒体及网络）在英语教学中虽然具有其他教学媒体（或工具）所不具有的优势，但它毕竟只是众多教学手段中的一种。因此，在使用新技术教学手段的同时不能彻底抛弃传统的教学手段，适时、恰当地使用传统的教学手段（比如板书、简笔画、挂图、卡片、模型等）及现代的教学技术（比如录音、录像和投影等）也能取得同样的教学效果。

（四）促使学生多种感官参与学习活动的原则

新技术教学手段集文字、声音、图像和动画于一体，这不仅能够刺激和调动学生的多种感官参与学习活动，而且为创设真实语言学习情境提供了有利条件。教师在运用新技术教学手段时，应注意发挥多媒体和网络技术能创设逼真的语言学习环境的重要功能，从视觉、听觉乃至动觉等多方面、多角度地刺激学生的多种感官。教师要充分利用新技术教学手段的优势，设法让学生耳听其音、眼看其形、口说其声、心想其意，必要时还可以让学生做相应的动作或表演，这样就把学生的各种感官都调动起来了。而当学生的多种感官参与到学习活动中后，学生就可以在近乎真实的听、说、读、写交际实践中学习、体会和掌握所学语言，从而体现了语言的交际性特征。这与新课程所提倡的让学生在用中学、在学中用的基本理念也是相吻合的。

四、新技术教学环境下教师专业化发展的新理念

随着计算机技术走进课堂教学，英语教学活动从简单的逐词逐句讲解课文的学习形式过渡到了以学生之间和师生之间的互动为特点、以培养学生交际能力为目的的现代模式，这就是计算机网络技术的发展为英语课堂教学的现代模式注入的新的活力。在新的发展趋势下，英语教师怎样才能适应这种新的变化？有学者提出了以下几个值得研究的问题：

教师是改变自己原有的教学方式，适应新技术给教学模式带来的变化，还是让新技术为自己原有的并被证明是行之有效的教学方法服务？

教师怎样才能把新技术与英语教学有效融合在一起？

哪些教学模式值得推崇和借鉴？

我们对多媒体技术知识掌握多少？

如何使用网络信息资源学习英语？

上述问题不能不引发我们的思考。新技术教学手段对外语教学产生了巨大的促进作用，那么它对教师的专业化发展又会产生怎样的影响？可以说，新技术教学手段在英语教学中的运用，不仅仅是教学方式或方法的改变，而

且必然会导致教学模式、教学途径以至教学理念的根本变化。

面对信息技术的革命，英语教学必须创新。这种创新最基本的内容应包含以下几个方面：其一，转变传统的教学观；其二，转变传统的教师观；其三，转变传统的学生观；其四，转变传统的教学媒体观；其五，转变传统的教学方法；其六，转变教学手段。

在新技术教学环境下，英语教学不再是教师讲、学生听或教师示范、学生操练的单调教学模式，而是在新技术的支持下，师生之间可以发挥教学媒体的多向互动功能和远程交互功能，开展互动式的教学和学习，实现师生的共同发展。英语教师的角色不再仅仅是语言知识的呈现者、传输者或语言能力的训练者，而是从学生掌握知识和形成能力的教导者变成学生运用知识和发展能力的引导者。学生也不再仅仅是知识的接受者，而是利用新技术提供的丰富的学习资源，成为知识的自主探索者和发现者。英语教学活动的教学媒介也不再仅仅局限于黑板、书本等平面媒体，而是扩展到音频和视频相结合的、新型的和立体的教学媒体，极大地改变了语言教学的传统方法和手段，使得教师教的方法和学生学的方法都发生了根本性的变化。而所有这些变化都对高校英语教师的专业化发展提出了更新、更高的要求。

总之，在新技术教学环境下，高校英语教师的专业化发展融入了新的内涵，在信息技术条件下，提出了对高校英语教师胜任基础英语教学工作的新要求。具体来说，面对新技术革命对教师专业化发展的挑战，高校英语教师应具备以下几方面的基本素养：

（一）利用新技术手段自我发展的能力

新技术的发展，尤其是网络技术的迅猛发展，不仅极大地方便了教师的教学，而且为教师的终身学习创造了前所未有的便利条件。教师专业化发展正是一个终身学习和终身发展的过程。在这个长期的不断学习和不断提高的过程中，教师不仅需要正规的学习来完善自己的专业知识体系，同时也更需要自主学习和自我发展。近年来，网络通信技术和互联网的飞速发展为远程教育和远程学习提供了更加灵活、便捷的方式。前些年，我们提及远程教育时，还主要是指以卫星广播电视为主体的远程教学；而现在所提出的远程教育，还包括了依靠网络进行的自主学习。基于网络技术的自主学习彻底打破了学习空间和学习时间的局限，不论在任何地方，只要能够用计算机连接到网络，教师就可以随时获取自己需要的教育信息和资源，实现真正意义上的实时学习和终身学习。

所以说，在这个电子团队合作的时代，高校英语教师必须学会在网络上学习。由于网络上的信息是以英文为主，所以英语教师利用网络资源有着得天独厚的优势。

（二）利用新技术手段开发教学资源的能力

新技术为教师充分开发和利用教学资源提供了有利条件，使得教师能占有足够的信息资源。以互联网为核心的网络技术是英语教学信息化和现代化的基础。运用互联网技术可以创设与网络连接的多媒体演示型的英语教学环境，可以建立网络化教室、校园网和互联网。随着网络技术的发展，网络在英语教育中的作用会越发重要。网络应用能力也必将成为现代英语教师不可或缺的技能。为此，高校英语教师必须掌握从网络上获取信息的能力。

互联网中存储着无限的信息和取之不尽的教学资源。教师可以从网络中获取包罗万象的语言知识素材，可以获得各种各样的语言技能训练材料，可以得到五花八门的文化背景资料，还可以下载图片、动画及影像资料等教学媒体资源。有了这些丰富的教学资源的辅助，教师的教学会变得更加生动、活泼，更有利于激发学生的学习兴趣，从而改善教与学的效果。

（三）利用新技术手段拓宽教学途径的能力

新技术的发展及其在英语教学中的广泛应用使教师所使用的教学媒介不再局限于黑板、粉笔和书本，教学方式不再是师生之间单一的讲与听、演示与操练的模式，可供教师选择的教学方法更是多种多样的。例如：早期的听力教学方法往往只是教师读、学生听后模仿；之后有了留声机、录音机，教师可以让学生反复聆听录音中标准、地道的英美人士的发音，这样就改善了听力教学的效果；然后，电视机、语言实验室、录像机等新设备的应用使教师能够让学生边看边听，在语言实验室中还能实现实时的师生或生生之间的相互交流，这又使英语教学有了一大进步。近年来，计算机技术和网络技术运用于英语教学后，极大地拓宽了英语教学的途径，教师在听力教学中除了能让学生听录音、看录像外，还能够让学生看到运用多媒体技术制作的各种语言教学的课件，还能直接从网络上下载国外的广播或电视节目供学生收听或收看。这样的听力教学效果与听、读、练的单一教学模式相比要好得多。不仅听力教学如此，其他语言技能的训练或语言知识的传授在新技术教学手段的干预下，教学途径也会得以拓宽。

为了跟上时代的步伐，高校英语教师应学会使用新技术实施课堂教学的能力。这种能力主要包括以下几个方面。

1. 编制技术

编制技术主要指教师利用计算机和多媒体技术制作教学课件的能力。教学课件的制作往往依靠一些计算机软件来完成。在英语教学中制作课件的常用软件有 Word、Excel、Powerpoint、Hot Potatoes 及 Flash 等。此外，编制技术还包括利用网络获取教学资源的能力及运用一些软件制作网页的能力。

2. 使用技术

使用技术主要指教师在课堂教学中使用教学课件（如呈现与演示教学内容）的能力。

3. 维护技术

在播放多媒体课件或运用网络时难免会出现一些故障。教师应学会课件使用过程中最常见故障的修复方法，以便教学正常顺利地进行。

4. 利用新技术手段反思教与学之过程的能力

自我反思是教师专业化发展进程中的必备能力。教师通常可以在脑海里反思自己的教学活动，以此通过对教学的反思追求自身的专业化发展。新技术手段的应用又为教师更好地反思自己的教学活动提供了便利条件。

过去，我们可以用磁带录像机把教师的教学活动录制下来，之后进行反复观看，深入反思教学中的得与失，这就是我们通常说的微格教学。微格教学是教师反思自己教学行为的重要途径之一。但是，磁带录像机不仅录制成本高，而且放像的操作也不方便（如为了找到所需的画面必须不时地进带或倒带）。在计算机数码技术应用到录像机后，不仅极大地节约了录制成本，而且数码技术的保存空间大，放像时的操作也十分方便。这就为在实际工作中大量采用微格教学提供了有利条件。高校英语教师应利用好新技术为自己的教学反思提供的方便条件，通过反复观看自己原有的教学行为，经常反思自己的教学，在反思中求发展，在反思中不断提高。

5. 利用新技术手段开展教学研究的能力

新技术的发展与教师开展教学研究也有着密切的关系。掌握一些计算机软件的用法对提高科研效率有重要意义。例如，以往我们通常使用手工或计算器来计算、归纳和统计研究的数据（如调查研究的数据、实验研究的数据、测试研究的数据等），而现在运用 Excel 软件，只要将原始数据输入计算机，在命令窗格中键入相关命令，一切问题都迎刃而解。目前，比较流行的 SPSS 软件在英语教学研究数据的处理和分析方面具有更为强大的功能，在呈现科研成果时，运用其制作图表与原来的手工绘制相比，不仅效率高，而且效果好。所以，高校英语教师在教学研究中应当掌握并能熟练运用一些常用的数据统计软件，以此辅助自己进行科研工作。

参考文献

[1] 王菲，陈琛，张庆敏.大学英语阅读教学与翻译理论研究 [M].北京：中国商务出版社，2023：10.

[2] 毕晓直.高校英语课堂教学与英美文学教育的研究探索 [M].北京：经济管理出版社，2023：10.

[3] 曾筝，熊潇潇，谭泉泉.混合式学习下高校英语教学与改革研究 [M].太原：三晋出版社，2023：9.

[4] 李俊丽.互联网＋时代高校英语教学与教师职业发展研究 [M].长春：吉林大学出版社，2023：8.

[5] 刘敏.高校英语教学探索 [M].青岛：中国海洋大学出版社，2023：7.

[6] 张慧.高校英语教学模式创新与实践研究 [M].天津：天津科学技术出版社，2023：7.

[7] 王美清，赵芳，陈园园.大学英语教学理论与实践研究 [M].北京：中国商务出版社，2023：7.

[8] 王玉珍，李渊博，刘鹏.高校英语教学方法与改革研究 [M].北京：中国商务出版社，2023：7.

[9] 袁婷，牛晓莉，黄婧.跨文化交际与英语教学融合途径研究 [M].北京：中国商务出版社，2023：7.

[10] 贺尔玲."双减"背景下提高英语课堂教学质量实践探究 [M].昆明：云南大学出版社，2023：7.

[11] 孙晓鸣，张锦娜，张逸洋.大数据时代大学英语教学模式创新与实践研究 [M].哈尔滨：哈尔滨出版社，2022：9.

[12] 卢杨，夏蒙.大学英语教学方法与策略研究 [M].延吉：延边大学出版社，2022：9.

[13] 南春萍.大学英语教学的方法与模式研究 [M].北京：中国原子能出版社，2022：9.

[14] 岳洪.大学英语教学方法改革与实践探索 [M].长春：吉林出版集团股份有限公司，2022：9.

[15] 罗桂温，白玉洁.高校英语教师专业发展与教学研究 [M].延吉：延边大学出版社，2021：12.

[16] 曾宇钧.信息技术背景下的英语翻译与教学实践 [M].北京：海洋出

版社，2021：12.

[17] 周颖莹，谭晓，邓昕 . 大学英语教学与中国文化融合研究 [M]. 北京：
九州出版社，2021.

[18] 巫峻 . 高校英语教学信息化应用研究 [M]. 长春：吉林教育出版社，
2021.

[19] 章倩雯 . 高校英语教学理论基础与实践研究 [M]. 长春：吉林教育出
版社，2021.

[20] 张杰，张爱苗，杨爱霞 . 高校英语教学理论与实践探索 [M]. 长春：
吉林教育出版社，2021.

[21] 程晓堂 . 核心素养下的英语教学理念与实践 [M]. 南宁：广西教育出
版社，2021：1.

[22] 王文静 . 高校英语教学现状及优化策略探讨 [J]. 现代英语，2023（11）：
50-53.

[23] 贺亮 . 高校英语教学改革策略研究 [J]. 新教育时代电子杂志(教师版)，
2023（16）：127-129.

[24] 石砾 . 互联网时代高校英语教学创新研究 [J]. 吕梁教育学院学报，
2023（3 期).

[25] 张翰旭 . 高校英语的教学策略 [J]. 文教资料，2019（10）：217-218.

[26] 申志华 . 高校英语教学模式创新的多维审视 [J]. 食品研究与开发，
2022（21）：241.

[27] 于中华 . 微课在高校英语教学中的应用 [J]. 海外英语，2022（14）：
111-112，117.

[28] 郑旭 . 关于高校英语教学若干问题的思考 [J]. 科教导刊(电子版)，
2022（9).

[29] 黄义强 . 高校英语教学中的文化教学研究 [J]. 现代英语，2022（1）：
98-101.

[30] 黄薇 . 信息技术助力高校英语教学创新 [J]. 文教资料，2021（21）：
230-231.

[31] 刘志伟，李雪梅 . 浅谈我国高校英语教学的行动研究 [J]. 海外英语，
2022（12）：3-6.

[32] 陈筱婧 . 基于 ESP 的高校英语教学模式探讨 [J]. 海外英语，2023
（21 期).

[33] 窦春园 . 基于信息技术的高校英语教学创新 [J]. 读与写，2021(26): 6.

[34] 马蕾 . 试论高校英语教学的发展与融合 [J]. 食品研究与开发，2021

（19）：247-248.

[35] 廖武全. 高校英语教学课堂互动探析 [J]. 山西青年，2021（12）：63-64.

[36] 周琳. 高校英语教学中的"课程思政" [J]. 文教资料，2021（11）：117-118.

[37] 周华. 高校英语教学模式的评价研究 [J]. 内蒙古财经大学学报，2021（6）：9-11.

[38] 周妍. 高校英语教学策略微谈 [J]. 散文百家，2021（5）：270-271.

[39] 张震. 探索人工智能技术为成人高校英语教学赋能 [J]. 品位·经典，2023（12）：163-165.

[40] 褚娟. 校企合作背景下的高校英语教学模式改革思考 [J]. 产业与科技论坛，2023（7）：128-129.

[41] 王群. "互联网+"时代高校英语教学改革探析 [J]. 教育信息化论坛，2021（7）：75-76.

[42] 李艳. 高校英语教学与慕课融合策略研究 [J]. 普洱学院学报，2021（2）：130-131.